# 最经典的

# 文化常识

盛文林◎编著

台海出版社

图书在版编目（CIP）数据

最经典的文化常识 / 盛文林编著. —北京：台海出版社，2011.2

ISBN 978-7-80141-747-3

Ⅰ. ①最… Ⅱ. ①盛… Ⅲ. ①文化史－世界－通俗读物
Ⅳ. ①K103-49

中国版本图书馆 CIP 数据核字(2010)第 253327 号

**最经典的文化常识**

| | | |
|---|---|---|
| 著　者： | 盛文林 | |
| 责任编辑：王艳 | | 装帧设计：天下书装 |
| 版式设计：盛文林文化 | | 责任印制：蔡旭 |

出版发行：台海出版社

地　址：北京市景山东街 20 号，　邮政编码：　100009

电　话：010－64041652（发行，邮购）

传　真：010－84045799（总编室）

网　址：www.taimeng.org.cn/thcbs/defauit.htm

E-mail：th-cbs@163.com

经　销：全国各地新华书店

印　刷：北京高岭印刷有限公司

本书如有破损、缺页、装订错误，请与本社联系调换

开　本：710×1000　1/16

字　数：200 千字　　　　　　　　　　印　张：16

版　次：2011 年 1 月第 1 版　　　　　印　次：2011 年 1 月第 1 次印刷

书　号：ISBN 978-7-80141-747-3

定　价：28.00 元

# 前　言

　　"文化"是常挂在我们嘴边的一个词，诸如西方文化、东方文化、服饰文化、饮食文化，再如文化素质、文化品味、文化情调、文化遗产等等。

　　那么究竟什么是文化呢？简单地说，文化是一个群体（可以是国家、民族、企业、家庭等）在一定时期内形成的思想、理念、行为、风俗、习惯、代表人物，及由这个群体整体意识所辐射出来的一切活动。

　　人类学的鼻祖泰勒认为：文化是复杂的整体，它包括知识、信仰、艺术、道德、法律、风俗以及其他作为社会一分子所习得的任何才能与习惯，是人类为使自己适应其环境和改善其生活方式的努力的总成绩。

　　"文化"二字，古已有之。按照我们中国古文的解释，所谓"文"，即是错综交杂的痕迹，指的是各种事物有章法地聚在一起，形成一种"美好和谐"的现象；而"化"就是改变、转化。概括地说，文化就是"以文化之"，用"美好和谐"的理念行之于一切。而"美好和谐"是文化的最高要求。

　　文化有广义和狭义之分。广义的文化是指人类作用于自然界和社会的成果的总和，包括一切物质财富和精神财富。狭义的文化是指意识形态所创造的精神财富，包括宗教、信仰、风俗习惯、道德情操、学术思想、文学艺术、科学技术、各种制度等。

　　总而言之，文化是人类生活的反映、活动的记录、历史的沉积，是人们对生活的需要和要求、理想和愿望，是人们的高级精神生活。文化是人们认识自然，思考自己，是人们的精神得以承载的框架。它包含了一定的思想和理论，是人们对伦理、道德和秩序的认定与遵循，是人们生活生存的方式方法与准则。思想和理论是文化的核心、灵魂。

　　由于人们对"文化"的理解不一样，往往导致它的内容和范围不一样。需要说明的是，本书的选目主要包括：天文、历法、神话、宗教、语言、文字、文学、戏剧、哲学、思潮、美术、书法、音乐、舞蹈、建筑、工艺、摄影、影视、衣饰、饮食、礼仪、习俗、称谓、典故等等。未选取政治、军事、法律、科技、体育等方面的内容。

谈了文化，我们再来说一下"常识"，所谓"常识"，一方面是指与生俱来、无须特别学习的判断能力，一方面是指众所周知、无须过多解释或论证的知识，还有一层意思是指对一个理性的人来说是合理的知识，即"日常知识"。

本书名为《最经典的文化常识》，编者力求选取世界文化中最基本最常用的知识，但由于世界文化源远流长，地域广大，内容博大，形式繁杂，加之编者水平识见有限，疏漏之处在所难免，敬请读者朋友指正。

# 目录

Contents

# 天文·历法

## 恒星、行星、卫星

恒星是由炽热气体组成的，是能自己发光的球状或类球状天体。由于恒星离我们太远，不借助于特殊工具和方法，很难发现它们在天上的位置变化，因此古代人把它们认为是固定不动的星体，故名。我们所处的太阳系的主星太阳就是一颗恒星。

行星是自身不发光的，环绕着恒星的天体。一般来说行星需要具有一定的质量，行星的质量要足够的大，以至于它的形状大约是圆球状，质量不够的被称为小行星。行星的名字来自于它们的位置在天空中不固定，就好像它们在行走一般。

太阳系内肉眼可见的 5 颗行星为水星、金星、火星、木星、土星。人类经过千百年的探索，到 16 世纪哥白尼建立"日心说"后才普遍认识到：地球是绕太阳公转的行星之一，而包括地球在内的八大行星则构成了一个围绕太阳旋转的行星系。

太阳系"九大行星"之说中的冥王星，自发现之日起地位就备受争议。2006年 8 月 24 日，根据国际天文学联合会大会 11 时通过的新定义，"行星"指的是围绕恒星运转、自身引力足以克服其刚体力而使天体呈圆球状、并且能够清除其轨道附近其他物体的天体。根据新定义，同样具有足够质量、呈圆球形，但不能清除其轨道附近其他物体的天体被称为"矮行星"。冥王星就是这样一颗矮行星。至此，冥王星最终"惨遭降级"，被驱逐出了太阳系行星家族。此后，太阳系八大行星即为：金星、木星、水星、火星、土星、地球、天王星和海王星。

卫星是指在围绕一颗行星轨道并按闭合轨道做周期性运行的天然天体或人造

天体。月球，就是最著名的天然卫星。在太阳系里，除水星和金星外，其他行星都有天然卫星。

人造卫星是由人类建造，以太空飞行载具如火箭、航天飞机等发射到太空中，像天然卫星一样环绕地球或其他行星运行的装置。用于科学研究的人造卫星，已成为现代通讯、天气预报、地球资源探测和军事侦察等方面一种不可或缺的工具。

## 彗星、流星

彗星是星际间物质，英文是 Cmet，是由希腊文演变而来的，意思是"尾巴"或"毛发"，也有"长发星"的含义。而中文的"彗"字，则是"扫帚"的意思。

彗星是太阳系中小天体之一，由冰冻物质和尘埃组成，当它靠近太阳时即为可见。太阳的热使彗星物质蒸发，在冰核周围形成朦胧的彗发和一条稀薄物质流构成的彗尾，由于太阳风的压力，彗尾总是指向背离太阳的方向。

历史上第一个被观测到相继出现的同一天体是哈雷彗星，牛顿的朋友哈雷在1705 年认识到它是周期性的，其出现周期是 76 年，它最近一次是在 1986 年通过的。

太阳系内除了太阳、八大行星及其卫星、小行星、彗星外，在行星际空间还存在着大量的尘埃微粒和微小的固体块，它们也绕着太阳运动。在接近地球时，由于地球引力的作用会使其轨道发生改变，这样就有可能穿过地球大气层。或者，当地球穿越它们的轨道时，它们也有可能进入地球大气层。由于这些微粒与地球相对运动速度都很高，其与大气分子发生剧烈摩擦而燃烧发光，即在夜间天空中划出一条光迹，这种现象就叫流星，一般发生在距地面 80 至 120 千米的高空中，流星中特别明亮的又称为火流星。造成流星现象的微粒称为流星体，所以，流星和流星

哈雷彗星

体是两种不同的概念。

流星包括单个流星（偶发流星）、火流星和流星雨三种，比绿豆大一点的流星体进入大气层就能形成肉眼可见亮度的流星。大部分可见的流星体都和沙粒差不多，重量在 1 克以下。

流星与彗星的关系密切。宇宙中那些千变万化的小石块其实是由彗星衍生出来的。当彗星接近太阳时，太阳辐射的热量和强大的引力会使彗星一点一点地瓦解，并在自己的轨道上留下许多气体和尘埃颗粒，这些被遗弃的物质就成了许多小碎块。如果彗星与地球轨道有交点，那么这些小碎块也会被遗留在地球轨道上，当地球运行到这个区域的时候，就会产生流星雨。

## 黑 洞

1798 年，法国数学家、天文学家拉普拉斯在研究牛顿的引力理论时预言宇宙中可能存在一种称为"黑洞的星体"。在恒星演化理论成熟后，"黑洞"又被理论分析所证实。在恒星演化的末期，其内部的核能消耗殆尽后，如果质量仍超过两个太阳的质量，恒星会不断塌缩，体积越来越小，密度也就越来越大，当达到某个临界点时，它的引力强到足以使一切物质和辐射都不能外溢，并且附近的物质和能量也被它完全吸进"洞里"，因此，这种星体被形象地称为"黑洞"。

"黑洞"虽然在理论推论上应当是存在的，但究竟在天体中是否存在，或者说存在又是不是绝对的"黑"？到现在争论仍很激烈。由于黑洞的引力场强得惊人，因此寻找"黑洞"有超乎想象的困难，但科学家们仍在致力于寻找。目前，已经发现了几个可能的黑洞，如天鹅座×－1、天琴座 B 和御夫座 e 等。

"黑洞"的研究和探测是目前天体物理学和天文学中的热门话题之一，相信不久的将来，"黑洞"会完全在人们面前曝光。

## 农 历

农历即我国民间通用的夏历，是阴阳历的一种，并非阴历。

阴历，是根据月相圆缺变化的周期（即朔望月）来制订的。因为古人称月亮为太阴，所以又有太阴历之称，是纯粹的阴历。一般人把我国使用的"农历"，叫作"阴历"，那是不对的。农历不是一种纯粹的阴历，而是"阴阳历"。

历法在几千年的华夏文明中占有重要的地位。中华子孙繁衍生息，最早就是依靠耕种为主的农业，先民们日出而做，日落而息，经过长期的经验积累，掌握了太阳的变化，依次区分出了春夏秋冬的季节变化，并配以天干地支来计算时间，这就是早期的历法。以此来确定什么时候应该耕种，什么时间该收获，这种历法一直延用了几千年，这在世界上也是首屈一指的。

相传在远古黄帝时期，就有专门观测太阳变化的官员，当时根据当地的生活生产需要，经过长期的观察，把一年定为 366 天，并区分出春夏秋冬四季，以甲、乙、丙、丁、戊、己、庚、辛、壬、葵为天干，以子、丑、寅、卯、辰、巳、午、未、申、酉、戌、亥为十二地支，相互配合，分成我国独有的甲子纪日法。这是我国的农历就是这种甲子纪日法，一直延续至今。这种古老的历法经过现代精确的计算，还是极为准确的，它是我国古代劳动人民智慧的结晶。

在西汉戴德编的《大戴礼》中有一篇叫《夏小正》的资料，相传是夏商时期历法的保留。《夏小正》中所使用的月份就是夏历，也就是今天的农历。其中记载着一年有 12 个月份，每个月份的物候、气象、天文耕种等与农事有关的资料。夏历又叫农历或阳历，它把一年称做一岁，把十二地支与 12 月份相互配合。把每一年的正月（一月）定为岁首，正月初一作为每一年的开端。可以说，现在我们每年的春节，就是夏历岁首的第一天。

与我国夏历有一定区别的太阴历。

早在 4000 多年前，两河流域（底格里斯河、幼发拉底河）人民就已经使用了这种历法，这是一种根据月亮圆缺的规律观测得到的历法。它也是将一年划分 12 个月，每月以月牙初露为月初，月圆之日为月中，月亮又变成月牙时为月末。为了纠正误差，每相隔几年就要设置一个闰月。

阴历把月亮圆缺循环一次的时间算做一个月，12 个月算做一年。然而，月亮圆缺循环一次为一个朔望月，是 29 天 12 时 44 分 3 秒，它比 29 天多，又比 30 天少。为方便，阴历把月份分成大月和小月两种，逢单的月是大月（30 天），逢双的月是小月（29 天），一年共是 354 天。

实际上，一个朔望月并不正好等于一个大月和一个小月的平均数 29 天半，而是比 29 天半多 44 分 2.8 秒。所以 12 个朔望月实际上要比 354 天多 8 小时 48 分 34 秒，30 年就要多出 11 天。因此，阴历 30 年中就要安插 11 年闰年，每逢闰年就在 12 个月多加一天。阴历的闰年是 355 天，这样，阴历每 30 年中有 19 年为 354 天，11 年为 355 天，平均一年的长度是 354 天 8 小时 48 分。它的一年比回归年差不多短了 11 天，3 年就短一个多月。所以，使用阴历时，新年不一定在冬天过，它可以在春天过，也可以在夏天或秋天过。它的唯一好处，就是阴历上的每一个日期都可以知道月亮的形状。

阴历作为一种历法，由于它与农业生产和人们的日常生活不相协调，所以当今世界上除了几个伊斯兰教国家因为宗教上的原因仍然使用外，其他国家一般已经废弃不用了。

农历，是把朔望月的时间作为历月的平均时间。这一点上和纯粹的阴历相同，但农历运用了设置闰月的办法和二十四节气的办法，使历年的平均长度等于回归年，这样它就又具有了阳历的成分，所以它比纯粹的阴历好。

现在所说的农历，据说是我们的祖先远在夏代（公元前 17 世纪以前）就已使用的历法，所以，新中国成立后人们还仍然称它为夏历，1970 年以后我国改称其为"农历"。至于"农历"一名的由来，大概由于自古以农立国，所以制订历法必须以农为本。

农历的历月是以朔望月为依据的。朔望月的时间是 29 日 12 小时 44 分 3 秒（即 29.5366 日），因此，农历也是大月 30 天，小月 29 天，但它和纯粹的阴历并不完全一样，因为纯粹的阴历是大小月交替编排的，而农历年大小月是经过推算而确定的。

农历每一个月初一都正好是"朔"（即月亮在太阳地球中间，且以黑着的半面对着地球的时候）。有时可能出现两个大月，也可以连续出现两个小月。由于朔望月稍大于 29 天半，所以在农历的每 100 个历月里约有 53 个大月和 47 个小月。

农历基本上以 12 个月作为一年，但 12 个朔望月的时间是 354.3667 日，和回归年比起来要相差 11 天左右。这样每隔 3 年就要多出 33 天，即多出 1 个多月。

为了要把多余的日数消除，每隔 3 年就要加 1 个月，这就是农历的闰月。有闰月的 1 年也叫闰年。所以农历的闰年就有 13 个月了。至于闰哪个月是由节气情况决定的。

# 公 历

现在世界上通用的历法——公历，有人曾似是而非地称之为"西历"。其实，究其根源，这种历法并非产生于西方，而是产生于6000多年前的古埃及。

古埃及气候炎热，雨水稀少，但是农业生产却很发达。这是为什么呢？原来这与尼罗河的定期泛滥有着密切的关系。埃及的大部分国土都是沙漠，只有尼罗河流域像一条绿色的缎带从南到北贯穿其间。直到现代，埃及的95%以上的人口也都集中在这条绿色的生命带中。因此，在希腊时代，西方人便把埃及称为"尼罗河送来的礼物"。古代埃及人更是将尼罗河视为"母亲河"。

尼罗河全长6648千米，同亚洲的长江、南美洲的亚马逊河和北美洲的密西西比河并称为世界最长的河流。发源于赤道一带，主流叫白尼罗河，从乌干达流入苏丹，在喀土穆和发源于埃塞俄比亚的青尼罗河汇合，流入埃及。

在埃及境内，尼罗河每年6月开始涨水，7至10月是泛滥期，这时洪水夹带着大量腐殖质，灌满了两岸龟裂的农田。几个星期后，当洪水退去时，农田就留下了一层肥沃的淤泥，等于上了一次肥。11月进行播种，第二年的3至4月收获。尼罗河还有一个特性，那就是每年的涨水基本是定时定量，虽有一定的出入，但差别不是太大，从没有洪水滔天、淹没一切的大灾。这就为古埃及人最早创建大规模的水利灌溉系统和制定历法提供了方便。

古埃及人为了不违农时，发展农业生产，逐渐认识到必须掌握尼罗河泛滥的规律，准确地计算时间，这就需要有一种历法。他们在长期的生产实践中，积累了许多经验。

古埃及人发现尼罗河每次泛滥之间大约相隔365天。同时，他们还发现，每年6月的某一天早晨，当尼罗河的潮头来到今天开罗附近时，天狼星与太阳同时从地平线升起。以此为根据，古埃及人便把一年定为365天，把天狼星与太阳同时从地平线升起的那一天，定为一年的起点。一年分为12个月，每月30天，年终加5天作为节日，这就是埃及的太阳历。

埃及的太阳历将一年定为365天，与地球围绕太阳公转一圈的时间（回归年）相比较，只相差四分之一天，这在当时已经是相当准确了。但是，一年相差四分之一天不觉得，经过4年就相差一天。经过730年，历法上的时间就比实际时间推进了半年，冬天和夏天正好颠倒过来。再过730年，才能回到原来的起点。公元前46年，罗马统帅儒略·恺撒决定以埃及的太阳历为蓝本，重新编制历法。恺撒主持编制的历法，被后人称为"儒略历"。

儒略历法对埃及太阳历中每年约四分之一天的误差，作了这样的调整：设平年和闰年，平年365天，闰年366天。每4年置1个闰年。单月每月31天，双月中的 2 月平年 29 天，闰年 30 天，其他双月每月 30 天。

恺撒死后，他的继承人奥古斯都因为自己生在 8 月，便从 2 月中抽出一天加在 8 月上，使 8 月也成为大月，即 31 天，同时相应把 9、11 两个月定为小月，10、12 两个月定为大月。经过这样的改动，各月的天数与今天使用的公历基本相同了。公元 3 年，罗马皇帝君士坦丁在一次宗教会议上，规定儒略历为基督教的历法，但没有规定哪一年是它的起点。到了公元 6 世纪时，基督教徒把 500 多年前基督教传说的创始人耶稣诞生的那一天，说成是公元元年。"公元"的拉丁文的意思就是"主的生年"，用拉丁文 A. D. 表示。在这一年以前，称为"公元前"，英文的意思是"基督以前"，用英文 B. C. 表示。

儒略历虽然比埃及的太阳历进了一步，但回归年仍有 11 分 14 秒的误差，积 128 年又要相差一天。儒略历在欧洲通行了 1600 多年，至 16 世纪下半叶，历法上的日期比回归年迟了 10 天。比如，1583 年的春分应在 3 月 21 日，历法上却是 3 月 11 日。此外，教会规定耶稣复活节，应在过春分月圆后的第一个星期日，由于春分已相差 10 天之多，耶稣究竟在哪一天"复活"的，也成了问题。因此，对儒略历做进一步的改革，已经势在必行。

罗马教皇格里高利十三世，在 1582 年组织了一批天文学家，根据哥白尼日心说计算出来的数据，对儒略历作了修改，将 1582 年 10 月 5 日到 14 日之间的 10 天宣布撤销，继 10 月 4 日之后为 10 月 15 日，所以 1533 年的春分又复归于 3 月 21 日；过去将 4 年置 1 个闰年，400 年共计 100 个闰年，现在改为 400 年中有 97 个闰年，从而大体上弥补了 11 分 14 秒的误差。公历闰年的精确计算方法（按一回归年 365 天 5 小时 48 分 45.5 秒）：①普通年能被 4 整除的为闰年（如 2004 年就是闰年，1901 年不是闰年）；②世纪年能被 400 整除而不能被 3200 整除的为闰年（如 2000 年是闰年，3200 年不是闰年）；③对于数值很大的年份能整除 3200，但同时又能整除 172800 则又是闰年（如 172800 年是闰年，86400 年不是闰年）。后来人们将这一新的历法称为"格里高利历"，也就是今天世界上所通用的历法，简称"格里历"或"公历"。

我们现在常用的星期是古巴比伦人发明的，星期的雏形是将一个朔望月分成四部分，每一部分为 7 天，后来古巴比伦人把星期对应的 7 天配上天体星座的名字，就是：星期一对应月亮，称月耀日；星期二对应火星，称火耀日；星期三对应水星，称水耀日；星期四对应木星，称木耀日；星期五对应金星，称金耀日；星期六对应土星，称土耀日；星期日对应太阳，称星期日。星期制后来传到古罗

马，古罗马也采用了星期制，星期制一直延续到今天。

中华人民共和国成立后，中央人民政府通令，中国以"格里历"为国家历法，并采用公元纪年，但不废除农历。

## 闰年·闰月

阳历有闰日或阴历（农历）有闰月的一年都叫闰年。

公历一般每4年有一个闰年。平年365日，闰年366日，这多出来的一天加在二月末，闰年的二月就有29日，这一天就叫闰日。

公历一般年份凡是能被4整除的都是闰年，如1984年就是闰年。

4年一闰的办法，使得一年的平均时间比一年的实际时间多了约1分14秒。为了消除这个误差，现行公历规定，400年间只允许有97个闰年而不是100个闰年。那些世纪整数年，如1900年、2000年，要能被400整除时才算闰年，否则仍算平年。因此，公元1800年、1900年都是平年，公元2000年、2400年才是闰年。

闰月，是一种历法置闰方式。在亚洲（尤其在中国），闰月特指农历每逢闰年增加的一个月，这是为了把回归年与农历年很好地协调起来，使农历的元旦（春节）总保持在冬末春初。于是每2至3年置1闰，19年置7闰。有时，闰月还指闰年中包含闰日的月份（特指公历闰年的二月）。

闰月是每逢闰年所加的一个月。阴阳历以朔望月的长度（29.5306日）为一个月的平均值，全年12月，同回归年（365.2422日）相差约10日21时，故顺置闰，3年闰一个月，5年闰2个月，19年闰7个月。闰月加在某月之后叫"闰某月"，如刚刚过去的2009年农历闰月为己丑年闰五月（2009年6月23日——2009年7月21日）、即将来临的农历闰月为2012年的壬辰年闰四月（2012年5月21日——2012年6月19日）等。

## 世界最早的天文钟

北宋哲宗元祐十一年（公元1088年），吏部尚书兼侍读学士苏颂和吏部会史韩公廉等人在开封研制成一种大型仪器设备"水运仪象台"，能用多种形式反映及观测天体的运行。水运仪象台是一部复杂的机械装置，整个机械系统是利用漏壶流水作动力，使仪器经常保持一个恒定的速度，和天体运行保持一致，又通过一套复杂的齿轮系统获得所需要的各种运动，从而既能演示天象，又能以多种形式计时、报时，欧洲人把这种仪器称为"天文钟"，后世的钟表就是从这儿演变出来的。

苏颂在1088～1094年所著《新仪象法要》中，详细介绍了水运仪象台的构造，反映了当时开封天文学和机械工程技术的伟大成就。该仪器的突出贡献有三：一、为了观测上的方便，屋顶做成活动的，这就是今天天文台圆顶的祖先。二、浑象一昼夜自转一圈，不仅形象地演示了天的变化，也是现代天文台的跟踪机械——转仪钟的祖先。三、所创造发明的"天关"、"天衡"和"天锁"等部件组成的杠杆装置，是世界上最早的"擒纵器"，为后世钟表的关键部件，因而它又是钟表的祖先，也是世界上最早的天文钟。水运仪象台是中国11世纪杰出的天文仪器，是中华民族的骄傲。

# 格林威治天文台

格林威治天文台是计算世界标准时间和地球经度的起点。它的原来地址，是位于伦敦东南泰晤士河畔的格林威治山头上。风景秀丽，地势险要。

早在15世纪初，英国摄政王汉弗莱曾在格林威治山头修建了炮台和望楼。17世纪初，航海家们虽确定了纬线，但没有确定经线，因而无法绘制精确的海图。为了适应航海事业的发展，1675年英王查理二世下诏在格林威治山修建天文台，任命天文学家弗拉姆斯蒂德为台长。当时天文台的主要业务是实用天文，如航海、守时、恒星方位和天文历书的出版等。1767年天文台开始出版以格林威治时间为准的《航海天文年历》，由于这本年历在航海人员中广泛使用，1848年20多个国家的天文工作者在华盛顿召开会议，确定以通过格林威治天文台中星仪的子午

格林威治天文台

线为经线的起点和国际时区系统的计算起点。

在子午馆墙外有一根嵌在大理石中间的铜条，标示出地球经度的"零度"线，这就是划分世界时区的本初子午线。铜线两边，分别标着"东经"和"西经"字样，向东为东经，向西为西经，各为180°。每15°为一时区，相邻时区相差一小时。1851年在那里安装了格林威治标准钟，作为世界标准时间，供世界各国校准时间之用。

第二次世界大战后，1948年英国政府将格林威治天文台迁到苏塞克斯郡的赫斯特蒙苏堡，仍旧称格林威治天文台。原天文台的设备继续使用到1958年，现在，原来的那些设备以及一些古仪器，已成为英国航海博物馆的一部分，馆里陈列有英国早期的各种天文观测仪器、天文时钟、天象图和航海图等。

在赫斯特蒙苏堡新建的天文台，于1967年安装了直径为2.94米的"牛顿望远镜"、观测太阳的小望远镜和一组观测恒星的仪器。该天文台既研究天体物理也研究实用天文。但是，由于赫斯特蒙苏堡台址大气层不稳定，星象模糊，年可测时数仅1200小时，因此，天文台再次迁到加那利群岛的拉斯帕尔。

## 国际日期变更线

地球每天自西向东旋转，黎明、正午、黄昏和子夜，由东向西依次周而复始地在世界各地循环出现。地球上新的一天究竟应该从哪里开始，到哪里结束呢？关于这个问题，历史上曾有不少争论，也产生过不少的误会和麻烦。

19世纪在俄国伊尔库次克附近一个小镇上有个邮政官于9月1日早上7点钟给芝加哥邮局拍了一份电报，可回电却说"8月31日9时28分收到来电……"这让人简直莫名其妙，9月里拍的电报，怎么会在8月里收到呢？类似这样的误会那时几乎天天发生。

全球各地都以自己所看到的太阳位置作为确定"一天"的标准，把自己所在地方相应的地球另一面的一条经线作为"日期变更线"，这样就有许多条"日期变更线"，使用起来很不方便。

为了解决这个问题，1884年国际经度会议规定了一条国际日期变更线。这条变更线位于太平洋中的180°经线上，作为地球上"今天"和"昨天"的分界线，因此称为"国际日期变更线"。

为避免在一个国家中同时存在着两种日期，实际日界线并不是一条直线，而是折线。它北起北极，通过白令海峡、太平洋，直到南极。这样，日界线就不再穿过任何国家。这条线上的子夜，即地方时间零点，为日期的分界时间。

按照规定，凡越过这条变更线时，日期都要发生变化：从东向西越过这条界线时，日期要加一天，从西向东越过这条界线时，日期要减去一天。

# 地球日

1970 年 4 月 22 日，是人类历史上第一个"地球日"。地球日的发起和组织者是美国的丹尼斯·海斯。他从小养成爱好大自然的个性，在哈佛大学法学院念法律时，也没放弃对环保问题的关心。1969 年威斯康星州民主党参议员盖洛德·纳尔截建议在全国各大学举办环保问题讲演会，海斯为专心从事环保活动办理停学手续，根据纳尔逊的构想，在美国全国各地展开了大规模的社区性活动，宣传保护地球环境，并选定 1970 年 4 月 22 日（星期三）举办第一个"地球日"活动。这一天，美国一些环境保护工作者和社会名流首次掀起了一场声势浩大的环境保护运动，美国各地的各阶层人士大约有 2000 万人参加了这次活动。人们高举遭受地球污染的模型、巨画、图表，举行游行、集会和演讲，呼吁政府采取措施保护环境。第一个"地球日"活动之后。美国政府通过了水污染控制法和清洁大气法的修正案，成立了美国环保局。

1972 年，联合国召开了人类环境会议，第二年又成立了联合国环境规划署，此后，许多国家都相继成立了环境保护机构。近些年来，环境保护已成为国际政治和国际关系的"热点"，世界各国的环保组织以及越来越多的政治家、科学家、有识之士已强烈地认识到，环境污染和生态恶化已成为 20 世纪 90 年代乃至 21 世纪人类面临的严重挑战。为了促使各国政府在保护环境方面采取更多的实际行动，他们组成了"地球日"协调委员会，地球日的发起者海斯倡议筹办"地球日"20 周年纪念活动，使 1990 年 4 月 22 日成为全球范围的第一个国际性"地球日"，他的倡议很快得到了世界上大多数国家和联合国的支持。这一年，有 130 多个国家、1000 多个国际团体和组织举办了形式多样的环境保护宣传活动，以唤起世界各国民众的环境意识，培养人们对自然的感情，广泛发动民众参与环境保护工作，使 20 世纪末的 10 年成为"保护环境的 10 年"。

## 星期制的源起

"星期制"是两河流域的巴比伦人发明的。早在公元前 2000 年左右，巴比伦人就有了区分恒星和行星的天文认识。他们认为行星一共有 7 个：金星、木星、水星、火星、土星、太阳、月亮。在他们心目中，地球是宇宙的中心，静止不动，其余星球都围绕地球运动。巴比伦人根据月象的变化，将 7 天定为一个星期，又叫一周。他们认为在这 7 天内，上苍每天派一个星神光临人间值班，太阳神马什、月神辛、火星神奥尔伽、水星神纳布、木星神马尔都克、金星神伊什塔尔、土星神尼努尔达，7 星共值一周。由于这 7 日都是天星值班的日期，就称为"星期"。"星期制"后来传播到犹太地区，犹太人把它传到埃及，又从埃及传到罗马。公元 3 世纪以后，"星期制"传入欧洲各国。明朝末年，星期制随着基督教传入中国。

## 一周从哪天开始

公元 321 年 3 月 7 日，君士坦丁大帝正式宣布 7 天为一星期，形成定律后一直相沿至今。

至于一周应从哪天算起，有两种不同的情况。古巴比伦人以星期日为一周之始，目前，人们也通用"一周从星期日开始"，星期六被称为"周末"。但一周从星期一开始的推算说法也有根据。《圣经》上说，上帝创造世界万物，上帝在第一天把光明和黑暗分开，有了白天和黑夜；第二天造天地，有了上下之分；第三天造草、木、蔬菜；第四天造日月星辰，确定年月日和季节；第五天造鱼、水生动物和各种飞禽；第六天造出牲畜、昆虫和野兽；最后一天造了男人和女人来管理这个世界。上帝造物之工已经完毕，所以第七天休息，称为圣日，又叫"安息日"。可见，按照《圣经》的说法，一周之始当在星期一。

## 踏上月球的第一人

1969 年 7 月 20 日，星期日，美国东部时间下午 4 点 17 分 42 秒，登月舱"鹰"舱接触月球并已着陆。机长尼尔·阿姆斯特朗背朝外，开始从九级的梯子上慢慢下去，在第二级阶梯上他拉了一根绳子，打开了电视照相机的镜头，让全世界看到他小心地着陆到荒凉的月球表面上。

阿姆斯特朗

他的九号半的脚接触到了月球表面，他说："对一个人来说，这是小小的一步，但对人类来说，这是一个巨大的飞跃。"这时是下午 10 点 56 分 20 秒。他拖着脚在月球上上走来走去，他说："月球表面是纤细的粉末状的，它像木炭粉似的一层一层地沾满了我的鞋底和鞋帮。我一步踩下去不到一英寸深，也许只有八分之一英寸，但我能在细沙似的地面上看出自己的脚印来。"阿姆斯特朗把那细粉放一些在他太空衣的裤袋里。

宇航员阿姆斯特朗成为人类踏上月球的第一人，他在月球上留下了清晰的足迹。

## 世界第一个女宇航员

世界上第一位女宇航员是原苏联的捷列什科娃少尉（生于 1937 年 3 月 6 日）。1963 年 6 月 16 日格林尼治时间 9 时 30 分，她乘坐东方 6 号宇宙飞船在拜克努尔宇宙飞行场起飞，从而成为进入宇宙空间的第一位妇女。她在离开地面 233 千米的地方，环绕地球飞行 48 圈以后，于 1963 年 6 月 19 日 8 时 16 分平安地在卡拉干达东北 620 千米的地方着陆，总共飞行了 70 小时 46 分钟。在捷列什科娃空间飞行期间，原苏联发射的另一艘宇宙飞船东方 5 号也在空中。东方 5 号与东方 6 号进行了编队飞行，两艘飞船最近时，距离不超过 5 千米。

捷列什科娃的飞行任务不仅要考察飞船的操纵系统，更重要的是要研究宇宙飞行条件下妇女生理的变化。

## 二十八宿与四象

"二十八宿"又叫二十八舍。我国古人把星空分为二十八个星区，用来说明日、月、五星运行的位置。每宿包含若干颗恒星。二十八宿的名称，自西向东排列为：东方苍龙七宿（角、亢、氐、房、心、尾、箕）；北方玄武七宿（斗、牛、女、虚、危、室、壁）；西方白虎七宿（奎、娄、胃、昴、毕、觜、参）；南方朱雀七宿（井、鬼、柳、星、张、翼、轸）。

"四象"，是我国古代表示天空东、南、西、北四大区星象的四组动物，又称四维、四兽。二十八宿体系形成后，以每七宿组成一象。即东龙、南鸟、西虎、北龟蛇（武）。春秋战国五行说流行后，四象配色成为：青龙、朱雀、白虎、玄武。所以东方七宿称东官苍龙，南方七宿称南官朱雀，西方七宿称西官白虎，北方七宿称北官玄武。

# 二十四节气

我国古代的劳动人民把一周年分成 24 个等分，用来表示季节的更替和气候的变化。它们分别命名为：

立春：春季开始的意思。

雨水：严寒就要过去，降雨开始，中国大部分地区从此雨量增加。

惊蛰：气温逐渐升高，有了雷雨，冬眠动物复苏，出土活动，从此进入春耕季节。

春分：春季的中间，太阳正好直射赤道，这天的白天和夜晚一样长，从此越冬作物进入春季生长阶段。

清明：气候温暖起来，草木繁茂，天气明朗，农业生产多忙于春耕、春种。此节气开始的一天为清明节，有踏青扫墓的习俗。

谷雨：降雨量增多，对谷物生长有利，是我国北方春季作物播种、出苗的季节。

立夏：夏季开始，作物生长旺盛。

小满：我国北方麦类等夏熟作物的籽粒逐渐饱满，南方进入夏收夏种季节。

芒种：麦类等有芒作物成熟，进入夏收夏种的大忙时节。

夏至：炎热的夏天到了，气温继续升高，这天白天最长，夜晚最短。

小暑："暑"，是炎热的意思。小暑表示还没有达到最炎热的程度。

大暑：最炎热的意思，是一年中最热的时节。

立秋：秋季开始，气温由最热点逐渐下降。

处暑：此时，中国大部分地区气温开始下降，雨量减少。

白露：这时节气温下降较快，夜间较凉，空气中的水分凝成露水，因此早上露水较重。

秋分：秋季的中间。这天的白天和黑夜也是一样长，我国北方进行秋收秋种。

寒露：此时，我国大部分地区天气凉爽，进入秋收秋种。

霜降：此时，我国黄河流域一般出现初霜，南方进入秋收秋种季节。

立冬：冬季开始的意思。

小雪：此时，我国黄河流域开始下雪。

大雪：黄河流域一带渐有积雪。

冬至：一年中最冷的时期开始，这天白天最短，夜晚最长。

小寒：此时，我国大部分地区进入严冬季节。

大寒：一年中最寒冷的时节。

从立春开始，单数（月初）的叫做节气，双数（后半月）的叫做中气。二十四节气的划分，起源于我国黄河流域，是我国古代历法特有的重要组成部分和独特创造。远在西周、春秋时代，古人就已用圭表测日影的方法定出春分、夏至、秋分、冬至四大节气，往后又测出立春、立夏、立秋、立冬四个季节，逐步完善。汉武帝时期成书的《淮南子》，已经有完整的二十四节气的记载，名称与顺序和现在完全一样。二十四节气的制定是我国古人在长期生产实践中，逐步认识气象变化规律的结果，它反映了太阳的周年性运动，所以在现行公历中的日期基本固定。每个月的节气和中气，上半年分别在 3 日至 5 日、18 至 22 日；下半年在 6 日至 8 日、23 日或 24 日，相差不大。农历因为闰月的关系，每年节气的日期相差较大，闰月没有中气。长期以来，二十四节气曾在我国的农牧业发展中起着重要的作用，至今在我国农村仍在发挥作用。人们为了便于记忆，还编出了二十四节气歌：

> 春雨惊春清谷天，
> 夏满芒夏暑相连，
> 秋处露秋寒霜降，
> 冬雪雪冬小大寒。

## 天干地支的起源

相传黄帝时代，因有蚩尤扰乱，黄帝忧民之苦，遂与蚩尤大战于涿鹿之野，流血百里不能治之。黄帝于是斋戒沐浴、筑坛祀天、方丘礼地，天遂降十干、十二支。帝于是将十干圆布模拟天形，十二支方布模拟地形，始以干为天，支为地，然后乃能治之。后有大挠氏将十天干、十二地支配成六十甲子，并以黄帝开国日定为甲子年、甲子月、甲子日，甲子时，此为天干地支的由来。大概而言，十天干代表天上的十种宇宙场；十二地支代表地球环境的十二种作用场，因为地球运行，这些作用场次序轮替，周而复始。

另一种传说是：《山海经》记载，帝俊有三位妻子：羲和、常羲和娥皇。这三位妻子之中，"羲和者，帝俊之妻，生十日"，"有女子方浴月，帝俊妻常羲，生月十有二，此始浴之"。

这两位了不起的女神生下了十日与十二月，从表象意义上讲，帝俊及其妻子们便是日月之父母，也是上古的日月之神。《世本》说："黄帝使羲和占日，常羲占月。"真实意义应该是：帝俊之妻羲和占日，祭祀日，观测日，制订十个天干（这大概是一年10个月的古火历的来源）；帝俊之妻常羲占月，祭祀月，观测月，制订十二个地支（这大概是一年12个月历法的来源）。

天干地支简称为"干支"，天干地支相当于树干和树叶，它们是一个互相依存，互相配合的整体。中国古代以天为"主"，以地为"从"。"天"和"干"互联叫做"天干"，"地"和"支"互联叫做"地支"，合起来就是"天干地支"。

天干依次顺序是甲、乙、丙、丁、戊、己、庚、辛、壬、癸，总称为"十天干"。

地支依次顺序是子、丑、寅、卯、辰、巳、午、未、申、酉、戌、亥，总称为"十二地支"。

## 传统的纪时纪年法

中国古历采用阴阳合历，即以太阳的运动周期作为年，以月亮圆缺周期作为月，以闰月来协调年和月的关系。古人根据太阳一年内的位置变化以及由此引起的地面气候的演变次序，把一年又分成24段，分列在12个月中，以反映四季、气温、物候等情况。这种由太阳运动而确立的24节气反映了一年四季的变化，与农牧业生产密切相关，因此又叫农历。在汉初的《淮南子·天文训》中首次出现了完整的 24 节气名称，与现今通行的名称一致。

## 纪　年

"年"的本义指谷物成熟、丰收，后来才由谷物成熟的周期引申指寒来暑往的周期，即今天意义上的"年"。古人纪年的方法主要有以下几种：

①先秦并采取君主称号加年次的纪年方法。如《廉颇蔺相如列传》中的"赵惠文王十六年"，又如《曹刿论战》"十年春，齐师伐我"中的"十年"即指鲁庄公十年。

②汉武帝之后，开始使用年号来纪年。例如《岳阳楼记》中"庆历四年春"，"庆历"是宋朝皇帝的年号。

③干支纪年法，是用十个天干和十二个地支按顺序两两相配的一种纪年方法。天干与地支可以有 60 种搭配，因而六十为一循环，周而复始。因为天干与地支是插花相配的，所以称为"花甲子"，简称"花甲"。今天称年过 60 为"年过花甲"就来源于此。如辛亥革命，辛丑条约，甲午战争，戊戌变法等。

④年号干支兼用法。纪年时皇帝年号置前，干支列后。如《扬州慢》"淳熙丙申"，"淳熙"为南宋孝宗赵昚年号，"丙申"是干支纪年；《核舟记》"天启壬戌秋日"，"天启"是明熹宗朱由校年号，"壬戌"是干支纪年。

## 纪　月

我国古代纪月法主要有三种：

①序数纪月法。如《采草药》："如平地三月花者，深山中则四月花。"《指南录·后序》"德祐二年二月"，"是年夏五"，"五"就是五月。《谭嗣同》："今年四月，定国是之诏既下"，"八月初一日，上召见袁世凯"，"以八月十三日斩于市"。

②地支纪月法。古人常以十二地支配称十二个月，每个地支前要加上特定的"建"字。如杜甫《草堂即事》诗："荒村建子月，独树老夫家"中的"建子月"，按周朝纪月法指农历十一月。

③时节纪月法。一年分为春夏秋冬四季，每季中的三个月按孟、仲、季来分别称呼，如孟春、仲春、季春等。农历一月叫正月，十一月叫冬月，十二月叫腊月。如《古诗十九首》："孟冬寒气至，北风何惨栗。""孟冬"代农历十月。

 纪　日

我国古代纪日法主要有三种：

①序数纪日法。如《梅花岭记》："二十五日，城陷，忠烈拔刀自裁。"《项脊轩志》："三五之夜，明月半墙。""三五"指农历十五日。

②干支纪日法。如《石钟山记》中"元丰七年六月丁丑"，即农历六月九日；《登泰山记》中"是月丁未"，指这个月的十八日。古人还单用天干或地支来表示特定的日子。如《礼记·檀弓》中的"子卯不乐"，"子卯"，代指恶日或忌日。

③月相纪日法。指用"朔、朏、望、既望、晦"等表示月相的特称来纪日。每月第一天叫朔，每月初三叫朏，月中叫望（小月十五日，大月十六日），望后这一天叫既望，每月最后一天叫晦。如《赤壁赋》中的"壬戌之秋，七月既望"；《与妻书》中的"初婚三四个月，适冬之望日前后"。

🖥 纪　时

我国古代纪时法主要有两种：

①天色纪时法。古人最初是根据天色的变化将一昼夜划分为十二个时辰，它们的名称是：夜半、鸡鸣、平旦、日出、食时、隅中、日中、日昳、晡时、日入、黄昏、人定。如《孔雀东南飞》："鸡鸣入机织，夜夜不得息。"《芙蓉楼送辛渐》："寒雨连江夜入吴，平明送客楚山孤。""平明"是平旦的别称。

②地支纪时法。以十二地支来表示一昼夜十二时辰的变化。如《失街亭》："魏兵自辰时困至戌时。"《景阳冈》："可教往来客人于巳、午、未三个时辰过冈。"《祭妹文》："果予以未时还家，而汝以辰时气绝。"《群英会蒋干中计》："从巳时直杀到未时。"

天色、地支纪时与现在时间的对照如下：

夜半即子时（23～1点），鸡鸣即丑时（1～3点），平旦即寅时（3～5点），日出即卯时（5～7点），食时即辰时（7～9点），隅中即巳时（9～11点），日中即午时（11～13点），日昳即未时（13～15点），晡时即申时（15～17点），日入即酉时（17～19点），黄昏即戌时（19～21点），人定即亥时（21～23点）。

# ➡ 神话·宗教 ⬅

## 奥林匹斯众神家族

原始氏族社会时期，流传在今巴尔干半岛南部，小亚细亚半岛西岸和爱琴海岛屿等地区的神话传说和英雄故事，是古希腊文学的主要构成元素，也是人类文化的源头之一。这些故事与传说反映了古代人类借助幻想征服自然的欲望，它们来源于原始氏族社会人民集体生产、生活之中，经历了原始图腾和神人合一两个发展阶段。是人类最早的世界观和原始社会生产状态的初始写照，其内容包括神的故事（如开天辟地、神的产生、俄林波斯神系、人类的起源）和半神英雄的种种传说。希腊神话的特点是：反映人民生产斗争的知识性，神的高度人格化，充满了追求光明的精神，肯定人的力量。希腊神话是世界神话中保存最完整、内容最丰富的，它对以后人类文化发展起到了巨大的作用。

希腊神话是古希腊人关于神和英雄传说的总汇，它以人民口头创作的形式在史前时代氏族公社各时期久远流传，逐渐完整和系统化。

"奥林匹斯众神家族"就是古希腊人按照人类父权制家庭的形式创造出来的。主要的神有 12 个：最高天神宙斯，被认为是众神和万民的君父，掌管雷电；宙斯的姐姐和妻子赫拉是空气女神，掌管婚姻和生育；宙斯的哥哥海神波塞冬能

奥林匹斯众神家族

呼风唤雨，他创造了马，并把驭马技术传给了希腊人；宙斯的姐姐和情人得墨特耳，是农业女神；宙斯的另一位姐姐赫斯提亚是灶神；宙斯与赫拉的两个儿子是战神阿瑞斯和火神、匠神赫斐斯托斯；其他诸神多为宙斯和情人所生，太阳神阿波罗和月神阿耳特弥斯是孪生兄妹。智慧女神雅典娜、爱神和美神阿佛洛狄特是宙斯之女，众神使者赫耳墨斯是宙斯之子。这个大家族的成员还有酒神狄俄倪索斯，9个文艺女神缪斯，3个命运女神摩伊拉，3个复仇女神厄尼厄斯，以及偷"天火"给人类的"恩神"普罗米修斯等。

古希腊人创造出来的天神有1000个，他们与人同性、同形，同人一样具有七情六欲，喜怒哀乐，也和凡人一样具有正直、勇敢、残忍、妒忌等品性，同样也受爱情的折磨与困扰。这些栩栩如生的众神形象，不仅反映了当时人们的爱憎感情，也反映了古希腊人认识自然、征服自然的愿望和斗争精神。

## 众神和人类之父宙斯

希腊神话中最高的天神，他统治着神和人的整个世界，荷马在《伊利亚特》中称他是"众神和人类之父"，是"明亮的闪电和黑云之神"。他"无所不见"，"全知全能"，他手中有雷电霹雳作武器，威力无穷。传说宙斯是克洛诺斯和瑞亚之子，他的兄弟姐妹有海神波塞冬、冥神哈得斯、农神得墨忒耳、灶神赫斯提亚，以及赫拉（亦为他的妻子）等。

据传，宙斯被母亲从吞吃自己孩子的克罗诺斯口中抢救下来，并藏到一个安全可靠的地方。宙斯长大成年，起而反对父亲，并强迫克罗诺斯把吞吃的兄弟姐妹吐出来，他们联合推翻克罗诺斯和提坦神的统治，占据奥林波斯山。而后，他与波塞冬、哈得斯拈阄三分宇宙，宙斯管天空和陆地，波塞冬管海洋，哈得斯管冥界。宙斯的子女众多，他和赫拉生战神阿瑞斯、工匠神赫菲斯托斯、青春女神赫柏，和墨提斯生雅典娜，和忒弥斯生时光三女神和命运三女神，和勒托生阿波罗和阿尔忒弥斯，和玛亚生赫尔墨斯，和得墨忒耳生珀尔塞福涅，和欧里诺墨生美惠三女神，和摩涅谟西涅生文艺九女神（即缪斯）。他还和凡俗女子结合生下许多子女，如狄奥尼索斯、赫拉克勒斯、海伦、佩尔修斯等。

宙斯和他的家族的神都住在奥林波斯山顶，他俯瞰世界，能够知道神和人的一切事情，而且能预知未来。他决定人间的祸福，给人们以法律，规定整个社会的秩序，庇护人民大会和议事会，监视宗教仪式的履行。在战争和竞技中，他是胜利的赐予者。他也被尊为丰产之神，体现自然界神秘力量、死而复苏的谷物之神。

在罗马神话中，宙斯又与罗马主神丘比特相混同。在古代艺术中，宙斯是全能主宰的形象，他端坐在王位之上，一手持权杖，一手持尼刻，王位下有一只鹰。现在，宙斯的转义是指公认的、比一般水平高出许多的首脑人物。

## 人类恩神普罗米修斯

普罗米修斯是希腊神话中造福人类的恩神，他是提坦族的后裔伊阿珀托都的儿子。传说他用泥土和河水按照神的形象塑造了人，智慧女神对人吹一口气，使人有了灵魂和呼吸，人类便逐渐繁殖起来。普罗米修斯又教给人类观察星辰、计算数目、驯服动物、掌握医药等多种生产和生活的技能，其后，他又用茴香管把天火偷下来带到人间，从此人类进入了文明时代。也他因此触怒了主神宙斯，宙斯派强力和暴力两仆用铁链将他吊在高加索山崖，并派神鹰啄食他的肝脏，夜间伤口愈合，天明神鹰又来啄食，让他永受折磨和痛苦，但是普罗米修斯坚忍不屈，宁受折磨也不投降。过了许多世纪以后，神鹰被大力士赫拉克勒斯射死，他才得以解救。普罗米修斯不畏强暴、殒身不恤的精神为历代文学家所歌颂。古希腊悲剧家埃斯库罗斯和英国诗人雪莱，根据他的传说分别写出了悲剧《被缚的普罗米修斯》和诗剧《解放了的普罗米修斯》。

## 智慧女神雅典娜

雅典娜是古希腊神话中的智慧女神，传说她是最高天神宙斯和聪慧女神墨提斯所生。宙斯害怕将来的儿女比他更强有力，就把怀孕的妻子一口吞了下去。后来，宙斯感到头部疼痛，就叫匠神用铜斧把他的头顶劈开，全身戎装、右手持矛、左手持盾的雅典娜大

雅典娜

声呐喊着从宙斯的头里跳了出来。因此，雅典娜具有宙斯的威力和墨提斯的智慧。

雅典娜又称帕拉斯，因为有一双明亮的蓝眼睛，又被称为"明眼女神"。她给希腊人传授了纺纱、织布、造车、造船、冶金、铸铁、制鞋以及雕刻等各种本领，她还发明了犁和耙，驯服了牛和羊，因而又是农业和园艺的保护神。此外，雅典娜还被尊为战争之神，法律和秩序的保护神。

雅典城是由雅典娜女神的名字而得名的。传说她曾与海神波塞冬争夺该城，众神表示谁给人类一件有用的东西谁胜。波塞冬用三叉戟敲了一下这个城的岩石，里面立即跳出一匹战马，这是战争的象征。雅典娜则用长枪敲了一下岩石，从里面长出一株丰产的油橄榄树，这是和平的象征。从此，雅典娜就成了该城的保护神。

在雅典的卫城中，古希腊人建筑了崇奉雅典娜女神的帕特农神庙。它以白色大理石砌成，有 46 根圆柱（每根高 10.43 米）。神庙里原有古希腊雕刻家菲狄亚斯用黄金和象牙镶成的雅典娜雕像，像高 12 米，一身戎装。帕特农神庙自中世纪后历遭破坏，现仅存残迹。

## 罗马神的系统

古罗马曾留下不少神话和英雄传说。罗马人的神的系统和希腊人一样，但有另一套名称。这套罗马的神名同样为欧洲人所熟悉，被欧洲人所采用。一些重要的神的罗马名称与希腊名称对照如下：

| 神的职司 | 罗马名称 | 希腊名称 |
| --- | --- | --- |
| 天神 | 朱庇特 | 宙斯 |
| 天后 | 朱诺 | 赫拉 |
| 月神、狩猎神 | 狄安娜 | 阿耳特弥斯 |
| 爱与美的女神 | 维纳斯 | 阿佛洛狄特 |
| 爱神 | 丘比特 | 厄洛斯 |
| 智慧女神 | 密涅瓦 | 雅典娜 |
| 谷物女神 | 色列斯 | 得墨特耳 |
| 海神 | 尼普顿 | 波塞冬 |
| 青春女神 | 尤文塔斯 | 赫柏 |

| 火神 | 伏尔甘 | 赫斐斯托斯 |
| 战神 | 玛斯 | 阿瑞斯 |
| 众神的使者 | 墨丘利 | 赫耳墨斯 |

# 夸父逐日

远古时候，在北方荒野中，有座巍峨雄伟、高耸入云的高山。在山林深处，生活着一群力大无穷的巨人。

他们的首领，是幽冥之神"后土"的孙儿，"信"的儿子，名字叫做夸父。因此，这群人就叫夸父族。他们身强力壮，高大魁梧，意志力坚强，气概非凡。而且还心地善良，勤劳勇敢。

那时，大地荒凉，毒物猛兽横行，人们生活凄苦。夸父为让本部落的人们能够活下去，每天都率领众人跟洪水猛兽搏斗。

夸父常常将捉到的凶恶的黄蛇，挂在自己的两只耳朵上作为装饰，抓在手上挥舞，引以为荣。

有一年的天气非常热，火辣辣的太阳直射大地，烤死庄稼，晒焦树木，河流干枯，夸父族的人在焦灼酷热中纷纷死去。

夸父看到这种情景很难过，他仰头望着太阳，告诉族人："太阳实在是可恶，我要追上太阳，捉住它，让它听人

夸父逐日

的指挥。"族人听后纷纷劝阻。有的人说："你千万别去呀，太阳离我们那么远，你会累死的。"有的人说："太阳那么热，你会被烤死的。"

夸父心意已决，发誓要捉住太阳，让它听从人们的吩咐，为大家服务。他看着愁苦不堪的族人，说："为大家的幸福生活，我一定要去！"

太阳刚刚从海上升起，夸父告别族人，怀着雄心壮志，从东海边上向着太阳升起的方向，迈开大步追去，开始他逐日的征程。

太阳在空中飞快地移动，夸父在地上如疾风似的，拼命地追呀追。他穿过一座座大山，跨过一条条河流，大地被他的脚步震得"轰轰"作响，来回摇摆。

夸父跑累的时候，就微微打个盹，将鞋里的土抖落在地上，于是形成大土山。饿的时候，他就摘野果充饥。有时，夸父也煮饭，他用三块石头架锅，这三块石头，就成了三座鼎足而立的高山，有几千米高。

夸父追着太阳跑，眼看离太阳越来越近，他的信心越来越强。越接近太阳，他越渴得厉害，已经不是捧河水就可以止渴的了。但是，他没有害怕，并且一直鼓励着自己："快了，就要追上太阳了，人们的生活就会幸福了。"

经过九天九夜，在太阳落山的地方，夸父终于追上了它。红彤彤、炙热难当的火球，就在夸父眼前，万道金光沐浴着他的身体。夸父无比欢欣地张开双臂，想把太阳抱住，可是太阳炽热异常，夸父感到又渴又累，他跑到黄河边，一口气把黄河水之水喝干，他又跑到渭河边，把渭河水也喝光，仍不解渴，夸父又向北跑去，那里有纵横千里的大泽，大泽里的水足够夸父解渴。但是，夸父还没有跑到大泽，就在半路上渴死了。

夸父临死时，心里充满遗憾，他还牵挂着自己的族人，于是，将自己手中的木杖扔出去，木杖落地处，顿时生出大片郁郁葱葱的桃林。

这片桃林终年茂盛，为往来的过客遮荫，结出的鲜桃，为勤劳的人们解渴，让人们能够消除疲劳，精力充沛地踏上旅程。

## 精卫填海

炎帝有一个小女儿，叫女娃，十分乖巧，黄帝见了她，也都忍不住夸奖她，炎帝视女娃为掌上明珠。

炎帝不在家时，女娃便独自玩耍。她非常想让父亲带自己出去，到东海——太阳升起的地方去看一看，可是，因为炎帝忙于公事，总也抽不出时间带她前往。

这一天，女娃没告诉父亲，便一个人驾着一只小船向东海太阳升起的地方划去。海上突然起了狂风大浪，山一样的海浪把女娃的小船打翻，女娃不幸落入海中，终被无情的大海吞没，永远回不来了。

女娃死后，她的精魂化作了一只小鸟，花脑袋，白嘴壳，红色的爪子，发出"精卫、精卫"的悲鸣，所以，人们便叫此鸟为"精卫"。

精卫痛恨无情的大海夺去了自己年轻的生命，因此，她一刻不停地从她所住的发鸠山上衔来一粒粒小石子，飞到东海掷下。她在波涛汹涌的海面上回翔着，悲鸣着，把石子、树枝一次次投下去，想把大海填平。

大海奔腾着，咆哮着，嘲笑她："小鸟儿，算了吧，你这工作就干一百万年，也休想把我填平！"

精卫十分执著，在高空回应大海："哪怕是干上一千万年，一万万年，干到宇宙的尽头，世界的末日，我终将把你填平的！"

精卫飞翔着、鸣叫着，离开大海，又飞回发鸠山去衔石子和树枝。她衔呀，扔呀，成年累月，往复飞翔，从不停息。

后来，一只海燕飞过东海时无意间看见了精卫，他为她的行为感到困惑不解，在了解了事情的起因之后，海燕为精卫大无畏的精神所打动，就与其结成了夫妻，生出许多小鸟，雌的像精卫，雄的像海燕。小精卫和她们的妈妈一样，也去衔石填海。直到今天，他们还在做着这种工作。

精卫锲而不舍的精神，宏伟的志向，受到人们的尊敬。晋代诗人陶潜在诗中写道："精卫衔微木，将以填沧海"，热烈赞扬小精卫鸟敢于向大海抗争的悲壮斗争精神。后世人们也常常以"精卫填海"比喻志士仁人所从事的艰巨卓越的事业。

## 基督教

基督教，是一个相信耶稣基督为救主的一神论宗教。基督教、佛教、伊斯兰教是世界三大宗教，目前全球约有15亿至21亿的人信仰基督教，占到世界总人口的25% - 30%。最早期的基督教只有一个教会，但在发展过程程中逐步分化出许多派别，其中以天主教、东正教、新教三大派别最具规模。

基督教发源于公元1世纪巴勒斯坦（旧称迦南地）的耶

耶 稣

路撒冷地区犹太人社会，并继承希伯来圣经为基督教《旧约全书》。

基督教的创始人是耶稣，30岁左右（公元1世纪30年代）时，他开始在巴勒斯坦地区传教。耶稣向人们表示，他的来临不是要取代犹太人过去记载在旧约圣经中的律法，而是要成全它。耶稣思想的中心，在于"尽心尽意尽力爱上帝"和"爱人如己"两点。他的教训和所行的神迹，在民众中得到极大的回应，使得罗马帝国信奉的犹太教的祭司团大受影响，深深感到自己地位不保，所以，要把他除之而后快。后来，由于门徒犹大告密，罗马帝国驻犹太的总督彼拉多将耶稣逮捕，耶稣受尽打骂侮辱，被钉在十字架上直至死去。据说，耶稣对被出卖及遇难的发生早有预见，而他之所以坦然承受这一切，只是希望以自己的牺牲赎世人的罪。依据门徒们的见证，耶稣死后第三天便从石窟坟墓中复活了，并又多次向满心疑惑的门徒们显现，他们渐渐确信耶稣真的复活了，是胜过死亡的救世主。在耶稣升天超离这世界的时空后，他的门徒们热心宣扬耶稣的教训，并且宣告他是复活得胜死亡的主。信徒们组成彼此相爱、奉基督之名敬拜上帝的团体，这便是基督教会。

基督教创立后，从以色列传向希腊罗马文化区域。公元313年，君士坦丁大帝颁布米兰诏书，基督教成为罗马帝国所允许的宗教。391年，罗马皇帝狄奥多西一世宣布它为国教。

# 基督教三大派别

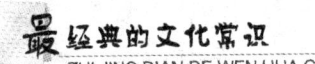 **天主教**

天主教又称公教，与东正教、新教并称为基督教的三大派系。天主教在中国的得名取自中国的一句古话："至高莫若天，至尊莫若主"。

395年，罗马帝国分裂为东西两部分，在政治、社会、语言、文化传统等方面的差异，影响了基督教，逐渐分成以罗马为中心的拉丁语派和以君士坦丁堡为中心的希腊语派，东西两派为教会最高权力和教义等问题长期争论，直至1054年正式分裂。

东派强调自己的正统性，称为正教；西派强调自己的普世性，称为公教。公教即天主教，在中世纪曾深入西欧社会的政治、经济、伦理、法律、学术、文化、教育和艺术等各个领域，成为无所不在的精神力量。直到16世纪宗教改革运动兴起，从中又分裂出与罗马教廷脱离关系的新教（抗罗宗）各派。

天主教一方面发动了与之对立的反宗教改革，加强教廷权力，整肃教会纪律，同时成立耶稣会等组织，深入社会各阶层加强天主教的活动。随着欧洲列强相继向海外扩张，天主教向非洲、中南美洲、北美洲和亚洲开展传教活动，扩大了其影响。

天主教信奉天主和耶稣基督，并尊玛丽亚为圣母，教义统一。基本教义信条有：天主存在；天主永恒、无限、全知、全能、全善，他创造世界和人类，并赏善罚恶；圣父、圣子、圣神三位一体、道成肉身、圣子受难，复活升天，末日审判等。天主教认为教会为基督所创，乃基督之身，人只有通过教会才能获得拯救。早期天主教主要根据亚历山大派神学及奥古斯丁神学解释教义，13世纪后，托马斯·阿奎那的神学体系逐步成为官方神学。20世纪后，新托马斯主义、超性托马斯主义也被用来论证天主教的信仰和教义。天主教把耶稣的诞生、死亡、复活、升天、圣母的升天都定为节日，记于专门的教历之上，每逢这些节日要举行以弥撒为主的仪式，又设有圣洗、坚振、圣体、终傅、告解、神品、婚配七项圣事。

天主教会的组织形式严格集中。它重视教阶制，分为神职教阶和治权教阶。神职教阶有：主教、神父和执事。治权教阶有教宗、枢机主教、宗主教、总主教、教区主教、神父等，教宗具有最高权威，神圣不可侵犯，由枢机主教构成的枢机团选举产生，枢机团也是教宗的主要咨询机构。天主教严格规定神职人员不得结婚，与俗人有明显界限。修会由信徒组成，会士须发"神贫、贞洁、服从"三愿，并过集体生活。除教宗之外，公会议也具有至高权威。公会议由教宗主持召开，代表为世界各地区的主教。

## 东正教

东正教又称正教、希腊正教、东方正教，是基督教的一个派别，主要是指依循由东罗马帝国（又称"拜占庭帝国"）所流传下来的基督教传统的教会，它是与天主教、基督新教并立的基督教三大派别之一，"正教"的希腊语意思是正统。

在拜占庭帝国时期，东正教是帝国国教，在很大程度上依附于世俗政权，大主教的任免、主教会议的召开、对教义的解释，均由皇帝控制掌握。日常领导则由牧首负责。早期主要牧首区有4个，即君士坦丁堡、亚历山大里亚、安提阿和耶路撒冷。

15 世纪拜占庭帝国灭亡后，各国家、地区和民族先后成立自主教会。16 世纪末，莫斯科都主教脱离君士坦丁堡自立，建立牧首区，形成使用斯拉夫语的俄罗斯正教会，东欧各国正教亦陆续宣布自主。各自主教会在法规和行政方面有独立自主权，并可自选大主教，但彼此在信仰和圣事上是共同的。东正教自主教会有 15 个：即君士坦丁堡正教会、亚历山大正教会、安提阿正教会、耶路撒冷正教会、俄罗斯正教会、格鲁吉亚正教会、塞尔维亚正教会、保加利亚正教会、罗马尼亚正教会、塞浦路斯正教会、希腊正教会、阿尔巴尼亚正教会、波兰正教会、捷克斯洛伐克正教会、美国正教会，另外在日本和芬兰也有自治教会。

20 世纪 60 年代，东正教各教会曾联合召开了几次世界性会议，讨论使其教义、礼仪符合时代要求，与罗马天主教平等对话以及参加"普世教会运动"等问题。

东正教在神学教义方面信守前七次基督教公会议的信条，反对天主教会称圣灵来自圣父和圣子，而主张按《尼西亚信经》最初的提法，称圣灵来自圣父。关于三位一体论，着重强调三位。东正教反对天主教关于天堂、地狱之间还存在炼狱以及其他教义。对圣母和圣徒的尊崇为东正教会所特别注重，敬拜供奉圣像也是教会认可和提倡的。祈祷仪式、祷词和赞颂诗方面，东正教与天主教也不相同。东正教和天主教一样奉行 7 项圣事，允许一般神职人员结婚，主教除外。

## 新 教

新教强调因信称义、信徒人人都可为祭司和《圣经》具有最高权威三大原则。这是和天主教针锋相对的，是新教各派共同的特点。

新教所代表的抗议原则和精神，可以追溯到 14 世纪后期的一些宗教改革先行者。英国威克里夫派和罗拉德派、波希米亚的胡斯运动和意大利 G. 萨伏那洛拉的信徒，把改革思想的种子撒播在欧洲广大地区。16 世纪 20 年代，马丁·路德发起宗教改革运动，迅即在整个德国形成燎原之势。在瑞士，茨温利和加尔文等改革活动，进一步扩大和加深了新教的影响。英王亨利八世出于政治上的原因，由上而下推行宗教改革，在克兰麦的协助下，组成具有独特形式的新教教会，以摆脱教皇的管辖。

到 16 世纪中叶，新教的三个主要宗派，即马丁·路德创立的"路德宗"，加尔文创立的"归正宗"和作为英格兰国教的"安立甘宗"，都已在欧洲出现，并同罗马天主教相抗衡。三大宗派在其形成的过程中，得到所在民族独立国家的世俗政权或诸侯的支持与保护。在长期复杂的"宗教战争"之后，根据随之订立的一些和约，如1555年的《奥格斯堡和约》和1648年的《威斯特伐利亚和约》确认的"教随国定"原则，基本上形成了新教在西欧各国分布的格局。

16世纪末到17世纪，新教的三个主要宗派在教会组织和崇拜仪式上已基本定型，对教义的表述和阐述，经过长期的争论，也逐渐形成体系。新教的理论家以欧洲一些大学为基地，编写了大量的神学著作，但内容充满烦琐的争辩和考证，失去改教初期那种富有抗议精神的活力，这一时期被称为新教经院主义时期。

17世纪中叶，英格兰的清教徒运动要求以加尔文主义改革妥协保守的安立甘国教会，曾成为资产阶级革命的一面旗帜，把新教运动又推进了一步，结果产生了脱离国教的一些新的独立宗派。清教徒运动后来又移民传到美洲，使新教在北美发展成为影响最广的教派。在德国，以斯彭内尔为代表的虔敬主义运动和清教徒运动相呼应，提倡个人的虔修生活和布道工作，举办慈善事业，由弗兰克等创办的哈雷大学成为德国虔敬主义的中心，对后来新教的发展有重要影响。

# 《圣经》

基督教以《旧约全书》和《新约全书》为宗教经典，称之为《圣经》。为什么叫"约"呢？犹太教认为《圣经》是上帝与人立下的"契约"，作为立约一方的人如果按照"约"的规定去做，那么立约另一方的上帝就会降福给人，犹太教把教义称为《圣经》、《古经》。基督教产生后继承了犹太教关于神与人立约的说法，宣称耶稣与人重立了"新约"，同时，继承了犹太教的经典，把它称为《旧约全书》，并作为基督教《圣经》的前一部分，同时，又编纂了基督教自己的经典——《新约全书》。

《旧约全书》是用希伯莱文写的，共39卷，分作4类：律法书、历史、文苑、预言。

《新约全书》共27卷，也分成4类：福音书、使徒行传、书信、启示录。

# 摩西十诫

《圣经》中记载，由于移居到埃及的犹太人劳动勤奋，且擅长贸易，积攒了许多财富，这引起了执政者的不满，再加之执政者对于以色列人的恐惧，法老下令杀死新出生的犹太男孩。摩西出生后，母亲为保其性命取了一个蒲草箱，抹上石漆和石油，将孩子放在里面，把箱子搁在河边的芦荻中，箱子被洗澡的埃及公主发现，带回了宫中。长大后的摩西失手杀死了一名殴打犹太人的士兵。为了躲避法老的追杀，他来到了米甸并娶祭司的女儿西坡拉为妻，生有一子。一日，摩西受到了神的感召，回到埃及，并带领居住在埃及的犹太人，返回故乡。在回乡的路上，摩西得到了神所颁布的《十诫》，即《摩西十诫》。

第一诫：除了我以外，你不可有别的神。

第二诫：不可为自己雕刻偶像，不可跪拜那些像，也不可侍奉它，因为我耶和华——你的神是忌邪的神。恨我的，我必追讨他的罪，自父及子，直到三四代；爱我、守我诫命的，我必向他们发慈爱，直到千代。

第三诫：不可妄称耶和华——你神的名；因为妄称耶和华名的，耶和华必不以他为无罪。

第四诫：当纪念安息日，守为圣日。六日要劳碌作你一切的工，但第七日是向耶和华——你神当守的安息日。这一日你和你的儿女、仆婢、牲畜，并你城里寄居的客旅，无论何工都不可作；因为六日之内，耶和华造天、地、海，和其中的万物，第七日便安息，所以耶和华赐福与安息日，定为圣日。

第五诫：当孝敬父母，使你的日子在耶和华——你神所赐你的土地上得以长久。

第六诫：不可杀人。

第七诫：不可奸淫。

第八诫：不可偷盗。

第九诫：不可作假见证陷害人。

第十诫：不可贪恋人的房屋；也不可贪恋人的妻子、仆婢、牛驴，并他一切所有的。

《摩西十诫》作为《圣经》中的基本行为准则，流传了下来，影响深远。它是以色列人一切立法的基础，也是西方文明核心的道德观。


## 诺亚方舟

诺亚方舟是出自圣经《创世记》中一个引人入胜的传说。

由于偷吃禁果，亚当夏娃被逐出伊甸园。亚当活了930岁，他和夏娃的子孙传宗接代，越来越多，逐渐遍布整个大地。此后，该隐诛弟，揭开了人类互相残杀的序幕。人类打着原罪的烙印，不得不付出艰辛的劳动才能果腹，因此，怨恨与恶念日增。人们无休止地相互厮杀、争斗、掠夺，人世间的暴力和罪恶简直到了无以复加的地步。

上帝看到这一切，非常后悔造了人，对人类犯下的罪孽十分忧伤。上帝准备将所造的人、走兽、昆虫以及空中的飞鸟从地上消灭，但是他又舍不得把他的造物全部毁掉。他希望新一代的人和动物能够悔过自新，建立一个理想的世界。

**诺亚方舟**

在罪孽深重的人群中，只有诺亚得到上帝的眷顾。上帝认为他是一个义人，很守本分，他的三个儿子在父亲的严格教育下也没有误入歧途。诺亚也常告诫周围的人们，应该赶快停止作恶，从充满罪恶的生活中摆脱出来，但人们继续我行我素，一味地作恶享乐。

上帝选中了诺亚一家（诺亚夫妇、三个儿子及其媳妇），作为新一代人类的种子保存下来。上帝告诉他们七天之后就要实施大毁灭，要他们用歌斐木造一只方舟，分一间一间地造，里外抹上松香。方舟上边要留有透光的窗户，旁边要开一道门，方舟要分上中下三层。他们立即照办。

方舟造好后，上帝说："我要使洪水在地上泛滥，毁灭天下，凡地上有血肉、有气息的活物无一不死。我要与你立约，你同你的妻子、儿子、儿媳都要进入方舟。凡洁净的畜类，你要带七公七母，空中的飞鸟也要带七公七母，这些都可以留种，将来在地上生殖。"

当诺亚600岁时，果然发了洪水。他遵照上帝的吩咐，带领家人、牲畜、飞鸟、昆虫上了方舟。滂沱大雨倾泻而下，持续了40个昼夜，淹没了高山峻岭，吞没了一切人畜和房屋，而诺亚一家却坐在方舟里，在水中漂荡，安然无恙。

当洪水即将退却时，诺亚打开方舟的窗户，三次放出鸽子。第一次，鸽子无处落脚而飞回来了，证明洪水还没有退去；第二次，鸽子口里衔着橄榄枝回来，可见洪水已退，树上长出了嫩枝绿叶；第三次，鸽子不再回来了，这说明地上可以立足和觅食。于是，诺亚一家便从方舟里走出来。

这就是"诺亚方舟"故事的由来。虽然是个传说，但由于《圣经》中记载的很多事情都被证实是真实的，所以，很多年以来，许多国家的圣经考古学家都希望揭开这个千古之谜。

# 基督教三大圣城

### 耶稣被钉十字架处——耶路撒冷

基督教徒特别尊敬耶路撒冷，不仅因为它在《旧约》中扮演的角色，也是因为它在耶稣一生中的意义。根据《圣经》记载，耶稣在出生后不久就被带到耶路撒冷。耶稣最后晚餐的地址位于锡安山，紧靠大卫墓。

耶路撒冷另一个重要的基督教遗迹是各各他，即耶稣被钉十字架的地方。《约翰福音》只是说这地方位于耶路撒冷城外，但最近的考古证据显示各各他位于距离耶路撒冷旧城城墙不远处，就在今天城市范围之内，现在被圣墓教堂占用。过去2000年间，各各他一直是基督教一个首选的朝圣地点，老城街头也常有朝圣者重走耶稣上十字架前所走的"苦路"。

### 耶稣出生地——伯利恒

对于基督教来说，伯利恒有着非同一般的意义。据称，这里既是基督教创始人耶稣的诞生地，又是仅次于耶路撒冷复活教堂的又一圣地。该城最著名的基督教古迹是坐落于市中心马槽广场的圣诞教堂。它位于耶稣出生的马槽所在地伯利恒之星洞遗址之上，其使用权主要归属罗马天主教、希腊东正教和亚美尼亚东正教等基督教派。

圣诞教堂始建于公元4世纪，公元529年毁于撒马利亚人起义。现在的圣诞教堂是在原址基础上重建的，并部分保持了原来的建筑风格。在过去的1000多年间，圣诞教堂屡遭战火洗劫，创痕累累。但是，随着时间的推移，教堂周围又增添了几个小教堂和修道院，建筑规模逐步扩大。

伯利恒之星洞是圣诞教堂中最具宗教和历史意义的部分。相传耶稣当年就出生在这个长13米、宽3米的地下岩洞中的一个泥马槽里。后来，泥马槽被人用银马槽所替代，再往后，银马槽又被换成了一个大理石圣坛，上面镶嵌着一枚空心的 14 角伯利恒银星，以表示耶稣出生的具体位置，并镌刻着拉丁文铭文：圣母玛丽亚在此生下基督耶稣。圣坛上空悬挂着 15 盏属于基督教各派在不同时间点燃的银制油灯，昼夜不灭地映照着这块狭小却牵动 10 多亿基督徒的神圣角落。

此外，伯利恒还有其他一些基督教圣地，如耶稣到埃及避难前住过的乳洞、圣凯瑟琳教堂、十字军庭院、无辜婴儿墓穴和首先拥抱耶稣的牧羊人的田野等。

### 耶稣基督的故乡——拿撒勒

传说耶稣在该城附近的萨福利亚村度过青少年时期，是基督教圣城之一，有"圣母领报洞"与"约瑟的作坊"等圣地。"圣母领报洞"上的大教堂则为中东地区最大的天主教堂。

拿撒勒所具有的特殊意义在于，那里是耶稣基督的故乡。《福音书》中描述耶稣的父母圣母玛丽亚和木匠约瑟夫住在这里。有一天，天使长加百利到玛丽亚那里告诉她，她将因圣灵怀孕，所生的是救世主，耶稣在降生以后就是在这里长大。

# 犹太教

犹太教是犹太人所信奉的宗教，是基于同一信仰的一种民族文化的复杂表现形式，是一整套基本信仰和崇尚，又是一种生活方式。信仰耶和华（亚卫）为独一无二的真神。表现为宗教文献和宗教观念，也表现为习俗、社会体制和文化。

公元前 13 世纪末，犹太先和摩西率领其十二支派离开埃及，返回巴勒斯坦，创立了人类历史上最早的一神教。摩西建立的亚卫一神信仰使处于埃及迫害下的以色列人加强了团结，并成为他们伟大的精神力量。

自产生迄今，犹太教已经历了古代犹太教、拉比犹太教、中世纪犹太教和近现代犹太教四个发展阶段。犹太教信仰的依据是希伯来圣经，即后由基督教继承的《旧约》，此外，还有从 2 至 6 世纪编纂的口传律法集《塔木德》。

犹太教的基本教义有：信仰唯一的真神耶和华创造并主宰宇宙万物；犹太人是与神立约的先民（但长期的苦难使他们对神人关系产生了特殊理解，即认为神不仅赐福，而且也降祸）；犹太人必须遵守上帝所启示的律法（即犹太律法）；

并期盼弥赛亚（即救主）拯救犹太人及整个人类。

其礼仪和教规规定，男孩出生后第 8 日必须行割礼，男孩和女孩满 13 岁时要到会堂行成年礼；星期六为安息日，不务俗务，信徒应到会堂作礼拜、读经，或在家中教导子女读经学道；凡律法规定不许吃的食物不得食用或接触，产妇与麻风病人被视为不洁净；严禁偶像崇拜；信徒不得与未受割礼的外族人通婚，外族人皈依犹太教必须接受割礼等。

犹太教节日较多，主要有逾越节、五旬节、住棚节、净殿节和普珥节等。

目前，犹太教徒遍布世界各地，主要有两个中心：以色列和美国。作为世界上第一个体制完备的一神教，犹太教为基督教和伊斯兰教的形成奠定了思想基础，并作了教义上的准备。

# 佛　教

佛教，世界三大宗教之一，发源于距今约 2553 年前的古印度。佛教的创始人是释迦牟尼佛，这个名号是印度梵语音译过来的，释迦是仁慈的意思，牟尼是寂默、清净的意思，佛是觉悟的意思。释迦牟尼佛是北印度人，就是现在的尼泊尔。

"佛"是一个理智、情感和能力都同时达到最圆满境地的人格。换句话说：佛是大智、大悲（或谓全智、全悲）与大能的人。更明确一点，应该说佛是一个对宇宙人生的根本道理有透彻觉悟的人。

东汉明帝永平十年（公元 67 年），明帝夜梦金人飞行殿庭，明晨问于群臣。太史傅毅答说：西方大圣人，其名曰佛，陛下所梦恐怕就是他。明帝就派遣中郎将蔡愔等十八人去西域，访求佛道。蔡愔等于西域遇竺法兰、摄摩腾两人，并得佛像、经卷，用白马驮着共还洛阳。明帝特建立精舍给他们居住，称做白马寺，于是他们在寺里译出《四十二章经》。这是汉地佛教初传的普遍说法。

佛教自东汉传入中国以后，千余年来逐渐成为中国人民的主要信仰，其间经历代高僧大德的弘扬提倡，许多帝王卿相、饱学鸿儒也都加入其中，终于使佛教深入社会各个阶层，令其信仰深入民间。佛教的哲理部份则与儒、道等文化相结合、相融会、相激荡，汇入了中华文化源远流长的江河之中，成为中华文化的一个重要组成部分。

## 佛教宗派

随着社会的变迁，约在公元前 4 世纪，印度佛教发生了第一次大分裂，出现了尊崇传统、保守旧规的上座部和较为进取、提倡改革的大众部。分裂的具体原因，其说不一，有的说是由于在戒律和持守上有了分歧，有的说是由于僧人大众要求改革遭到保守派的非难。之后，佛教内部这种分化的趋势愈演愈烈。公元前 4 世纪至公元前 3 世纪为部派佛教时期，并于公元 1 世纪，形成了大乘佛教。乘是"舟车"、"乘载"和"道路"的意思。后期的佛教自称为大乘，即"大道"、"大业"，部派佛教被称为小乘，谓之"小道"、"小业"。

大乘佛教追求菩萨道的普渡众生，求无上菩提的佛果；小乘佛教强调修炼自我的声闻乘，以罗汉的解脱为目标。大乘僧人基本食表，小乘僧人可食"三净肉"，二者都虔诚的佛教徒，但因宗派不同，一直争论不休。公元 8、9 世纪以后，由于印度教的兴起，佛教的内部的腐败和派系纷争，以及频繁的外族入侵等原因，佛教在印度开始衰微。

## 禅　宗

中国禅宗初祖为菩提达摩，南天竺人（今印度），自称佛传禅宗第二十八祖，南朝梁武帝时航海到广州。梁武帝信佛，达摩至南朝都城建业会梁武帝，面谈不合，于是一苇渡江，到达北魏都城洛阳，驻锡少林寺，面壁九年，传衣钵于慧可，后出禹门游化终身。东魏天平三年（公元 536 年）卒于洛滨，葬熊耳山。

敦煌有关出土资料认为，在达摩学说流传下来的许多著述中，只有"二入四行说"似乎是其真正思想所在。所谓"二入"即"理入"和"行入"，理入属于理论思考，行入属于修行实践，即禅法的理论和实践相结合的教义。达摩"二入四行"的禅法，是以"壁观"法门为中心，"以壁观教人安心，外止诸缘，内心无喘，心如墙壁，可以入道，岂不正是坐禅之法？"

达摩曾以四卷《楞伽经》授了慧可说：我看中国人的根器于此经最为相宜，你能依此而行，即能出离世间。后来，慧可成为禅宗二祖。

达摩在中国始传禅宗，"直指人心，见性成佛，不立文字，教外别传"，后世佛教徒以"教外别传、不立文字"为达摩禅法的标志，因它直以究明佛心为参禅的最后目的，所以又称禅宗为"佛心宗"。经二祖慧可、六祖慧能等大力弘扬，禅宗终于一花五叶，成为中国佛教最大宗门。

慧能（公元638～713年），是中国禅宗的第六祖。他的禅法以定慧为本，定是慧体，慧是定用，犹如灯光，有灯即有光，灯是光之体，这就是所谓的定慧一体观。他又认为觉性本有，烦恼本无。直接契证觉性，便是顿悟。他说自心既不攀缘善恶，也不可沉空守寂，即须广学多闻，识自本心，达诸佛理。因此，他并不认为只有静坐敛心才算是禅。这不同于北宗的教人静坐看心。慧能认为像那样将心境分为两截，不利于契证心性而生智慧。他教人只从无念着手，并不限于静坐一途，慧能尤其强调"见自性清净，自修自作法身，自行佛行，自成佛道"。

## 佛教的戒律

五戒和八戒是佛教男女信徒应遵守的最基本戒条。

五戒：（1）不杀生。（2）不偷盗。（3）不邪淫。（4）不妄语。（5）不饮酒。

在家男女信徒每年在一定时期要到寺院去受八种戒律。八戒比五戒多3条：（1）不涂饰、不听音乐、不看戏。（2）不睡高广大床。（3）过了中午不吃东西。

十戒，指佛教沙弥和沙弥尼所受的10条戒条：（1）不杀生。（2）不偷盗。（3）不邪淫。（4）不妄语。（5）不饮酒。（6）不涂饰香鬘。（7）不听视歌舞。（8）不坐高广大床。（9）不非时食。（10）不蓄金银财宝。

佛教戒条随着历史的推移变得越来越繁琐，中国西藏的喇嘛要遵守450条，汉族地区的和尚要遵守250条，尼姑要遵守348条。东南亚一些国家，规定和尚要遵守227条。

## 五百罗汉与十八罗汉

北京碧云寺、苏州西园、四川新都宝光寺、武汉归元寺等处，都有"五百罗汉堂"。你知道这500尊罗汉是根据什么形象塑造出来的吗？唐代高僧玄奘写的《大唐西域记》中，记载着这样一则故事：

摩羯陀国有1000个佛僧，其中500个是凡夫僧，500个是罗汉僧。所谓罗汉僧，是指那些断除了贪欲之念，已得正果，不受生死轮回的佛僧。这500罗汉僧平时不露真相，连国王无忧王也不知道他们的真实身份。在500凡夫僧中，有一个名叫摩诃提婆的，经常发表一些违背教规的言论，影响了一大批佛僧。无忧王很生气，想把1000个佛僧全部淹死。这时，500罗汉僧才各显本相，腾云驾雾而去，在迦湿弥罗国的一个山谷里隐居起来。无忧王知道后，又悔恨又惧怕，亲自到罗汉僧隐居的地方承认自己的过错，并请他们回去。罗汉僧们不肯，无忧王便在国都建起一座寺庙，照500罗汉僧的模样塑造了500尊像，不时供奉。从此，"五百罗汉"像就流传下来，也传到了我国。

　　"十八罗汉"是指佛教传说中18位永住世间、护持正法的阿罗汉，由十六罗汉及二尊者组成。他们都是历史人物，均为释迦牟尼的弟子。十六罗汉主要流行于唐代，至唐末，开始出现十八罗汉，到宋代时，则盛行十八罗汉了。十八罗汉的出现，可能与中国传统文化中对某些数字的偏好有关。

　　关于"十八罗汉"，还有另一种说法。据经典记载，有16位佛的弟子受了佛的嘱咐，不入涅槃。公元2世纪时狮子国（今斯里兰卡）庆友尊者作的《法住记》中，记载了这十六阿罗汉的名字和他们所住的地区。这部书由玄奘法师译出之后，十六罗汉普遍受到我国佛教徒的尊敬。到五代时，绘图雕刻日益兴盛，后来画家画出了十八罗汉。据推测，画家可能是把《法住记》的作者庆友和译者玄奘也画了进去，虽然宋代已经有人指出了这一错误，但因为绘画题赞者有许多著名书画家和文学家，所以，十八罗汉较顺利地受到人们的接纳，并渐在我国流传开来。

十八罗汉图

苏轼在《自南海归过清远峡宝林寺敬赞禅月所画十八大罗汉》一文中，一一列举出十八罗汉的姓名。前十六位罗汉即《法住记》中列的十六罗汉名，新增补的两位罗汉，第十七位是"庆友尊者"即《法住记》的作者，第十八位是"宾头卢尊者"，与第一位其实是同一位，只不过一个用全称、一个用尊称而已。

后来，宋代志盘在《佛祖统计》卷三十三中提出新见解，认为第十七位应是迦叶尊者，第十八位应是君徒钵叹尊者，也就是"四大罗汉"中不在"十六罗汉"中的那两位。

到清代乾隆年间，乾隆皇帝和章嘉呼图克图认为，第十七位罗汉应是降龙罗汉即迦叶尊者，第十八位应是伏虎罗汉即弥勒尊者。皇帝还钦定，自此"十八罗汉"就以御封为准了。

不过，藏传佛教十八罗汉的第十七位是释迦牟尼的母亲摩耶夫人，第十八位是弥勒佛。

## 南无、如来、阿弥陀释义

这是人们比较常见的几种佛称。

"南无"是梵语 Namas 的音译，读作"那摩"，其意义是"敬礼"。今天印度人相见，互道"那摩悉对"，即为敬礼之意。在中国广东、福建部分地区，仍保持了古音。

"如来"从梵语 tathagata 译出，"如"字就是"真如"，即一切法（事物）的真实状况，也包含"如实"的意义。佛经对"如来"的解释是"乘真如之道而来"、"如实道来"。"如来"是"佛陀"的异名，是一个通用名词。

"阿弥陀"是梵语 Amita 的音译，意义是"无量的光明"，是另一个世界上的佛。

## 印度教

印度教形成于 8 世纪，是综合婆罗门教和佛教等各种宗教信仰产生的一个新教，得到了当时印度上层王公贵族的支持。印度教继承婆罗门教的教义，仍信仰梵，并对存在着造业、果报和轮回的观点大为赞成并积极发挥，但其并不同于婆罗门教的教义、教规。

首先，婆罗门教原是一个多神教，而印度教是一个具有相当特殊性的神教。印度教也信仰多神，但在多神中以梵天、毗湿挐、湿婆三神为主神。梵天是主管创造世界之神，毗湿挐是主管维持世界之神，湿婆是主管破坏世界之神。在三个主神中，又往往把毗湿挐或湿婆立为一个主神，其他神都在其下，并都是这两个神之一的化身，所以是具有特殊性的神教。

其次，印度教吸收了佛教禁欲的主张，并把释迦牟尼吸收为其主神的化身之一。

再次，印度教也普遍建立起僧团和寺庙。印度教自建立起，祭祀活动就在寺庙举行，有些庆典祭祀，还有专门的舞蹈者跳祭神舞，吸引了成千上万的人，形成了盛大、热烈的场面。因此，其产生的影响也就越来越大。

最后，在哲学上，印度教以一个更完整的客观唯心主义体系为基础，提出这一体系的是 8 世纪吠檀多哲学大师商羯罗。他创立了不二论，即一元论学说，认为除宇宙精神梵以外没有任何真实的物，梵和个人精神是同一的、"不二"的。为人们指出了如何摆脱虚妄，达到真实的道路。在商羯罗的眼里，人的本我，也即他的不死的灵魂，他的精神，在本性上是与最高实在梵完全相同。人生的目的，就是摒弃虚幻不实的物质世界，使人的本我与梵合一。至此便可以摆脱痛苦的世世轮回，进入神妙而又销魂的纯粹极乐状态。商羯罗还亲自组织了一些重要的宗教活动，并在印度建立了四个圣地和仿照佛教僧团成立了"十名教团"印度教组织，这对印度教在本土最终取代佛教的领导地位起了很大作用。

## 伊斯兰教

伊斯兰系阿拉伯语音译，原意为"顺从"、"和平"，该教主张人们应顺从和信仰宇宙独一无二的最高主宰安拉及其意志，以求得两世的和平与安宁。信奉伊斯兰教的人统称为"穆斯林"（Muslim，意为"顺从者"与伊斯兰"Islam"是同一个词根）。

伊斯兰教兴起前，阿拉伯半岛上的阿拉伯人主要信仰原始宗教，相信万物有灵和灵魂不死，盛行对大自然、动植物、祖先、精灵和偶像崇拜等多神信仰。其中拉特（即太阳神）、乌扎（即万能神）和默那（即命运神）三大女神尤受崇拜，麦加城中心的克尔白神殿供奉有 360 多尊各氏族部落的神像。信奉一神的犹太教和基督教早已传入半岛，在也门地区及一些城镇和农业区流行，因犹太教和基督教不适应阿拉伯社会变革的需要，未能得到广泛传播，但其一神观念、经典、传说、礼俗对伊斯兰教有显著影响。

克尔白神庙

在阿拉伯社会变革和一神教观念的影响下，阿拉伯人由多神信仰向一神教信仰过渡，产生了一神倾向的哈尼夫派。他们承认独一神，反对偶像崇拜，相信天命、复活、惩罚和报应，注重个人隐居修炼，过着禁欲的生活。哈尼夫思想成为伊斯兰教思想的先驱和中介。

随后，阿拉伯日益加剧的社会危机和外族的不断入侵，促进了阿拉伯民族的觉醒，社会各阶级都在寻求出路。阿拉伯贵族为维护其统治，企图打破氏族壁垒，夺取新的土地，重新控制商道。广大的下层人民和奴隶要求和平与安宁，渴望摆脱经济剥削和政治压迫，改善自己的贫困地位。伊斯兰教的兴起，正是阿拉伯半岛各部落要求改变社会经济状况和实现政治统一的愿望在意识形态上的反映。穆罕默德正是顺应了这一历史发展的需要，接受真主的启示，大力传播、推广了伊斯兰教。

622 年 9 月，穆罕默德同麦加穆斯林迁徙麦地那，标志着伊斯兰教进入新的历史发展阶段。穆罕默德领导穆斯林进行了政治、经济、宗教等一系列改革。

穆罕默德首先以伊斯兰教作为统一和团结的思想旗帜，号召穆斯林"顺从安拉和使者"，并派出门下弟子到麦地那各阿拉伯部落传教，当地绝大多数居民很快归信了伊斯兰教。

他制定了穆斯林和犹太人在处理内部民事和对外关系中共同遵守的《麦地那宪章》，在信仰自由和结盟的基础上同犹太人各部落达成某些协议，实行和平共处。

在实现了麦地那的统一后，以伊斯兰教共同信仰代替部落血缘关系，建立了以"乌玛"（意为"民族"、"国家"）为形式的政教合一的政权，穆罕默德成为麦地那宗教、政治、军事和司法的最高领袖。在"凡穆斯林皆兄弟"的号召下，将迁士和辅士团结在乌玛的周围。

穆罕默德以安拉"启示"的名义，完成了伊斯兰教义体系及各项制度的创建。他完整地确立了以信奉独一安拉为核心的五大信仰纲领，规定了穆斯林必须履行的五项天命功课及仪则，制定了包括宗教教规、民事、刑事、商事、军事等方面的法律制度，确定了以止恶扬善为核心的一系列行为规范和社会道德准则。

穆罕默德曾经说过："如果你有两块面包，你要用其中的一块去换一朵水仙花。"他的话鼓舞了广大穆斯林积极进取的愿望。从公元 7 世纪开始，阿拉伯穆斯林就沿着海陆交通线到达了世界各地，或是进行贸易，又或是旅行，伊斯兰教亦跟随着他们传播着。

在亚非 50 多个伊斯兰国家中，穆斯林占全国总人口的大多数。在 30 多个国家中，伊斯兰教被定为国教。尽管穆斯林们分布于世界各地，国籍，民族、肤色和语言各不相同，却共同恪守着古老而纯洁的教义，即宇宙间只有一个主宰——安拉。在当代，伊斯兰国家和穆斯林人民在国际政治生活中发挥着日益重要的作用。

## 《古兰经》

《古兰经》亦译为《可兰经》，是伊斯兰教的根本经典，"古兰"是阿拉伯文 kuran 的音译，意为"诵读"。《古兰经》在穆斯林的宗教与世俗生活中具有极重要的地位，在中国，旧称《天经》、《天方国经》或《宝命真经》。

《古兰经》是穆罕默德在 23 年的传教活动中，根据宗教和政治的需要，针对当时的实际情况，综合其所拥有的宗教知识，以安拉"启示"的名义，陆续发表的有关宗教和社会主张的言论。起初由其弟子默记或记录在兽皮、石板和枣椰叶上，在他逝世以后才有人进行搜集整理，并汇集成本，订正编纂。奥斯曼担任哈里发以后，统一各地经文，流传至今。

《古兰经》的基本内容包括：1. 伊斯兰教的基本信仰和基本功课，强调"安拉独一"；顺从、忍耐、行善、施舍和宿命；2. 对阿拉伯半岛的种种主张和伦理规范；3. 政教合一的宗教公社的宗教、政治、经济、社会、军事和法律制度；4. 同多神教徒、犹太教徒和基督教徒进行论辩的记述；5. 根据传教需要引用的一些流行阿拉伯半岛的以及阿拉伯人的故事、传说和谚语。

《古兰经》的内容决定了伊斯兰教的基本教义和作为一个穆斯林的基本宗教职责，它甚至还在生活方面作了一些规定，其中一些规定在长期发展中已成了伊斯兰教民族的共同习俗。

# 道　教

　　道教是中国的本土宗教，因以"道"为最高信仰，认为"道"是化生宇宙万物的本原而得名。东汉张道陵创立的"五斗米道"为道教的定型化之始。因世人尊称创立者之一的张道陵为天师，故又叫"天师道"。道教奉老聃为教祖，其为尊称"太上老君"，并以《道德经》、《正一经》和《太平洞经》为主要经典，奉"三清"（即玉清、太清、上清）为最高的神。

　　道教的教义深深扎根于中华文化的沃土之中，具有鲜明的中国特色，并对中华文化的各个层面产生了深远影响。

　　道教以"道"名教，或言老庄学说，或言内外修炼，或言符箓方术，认为天地万物都由"道"而派生，即所谓"一生二，二生三，三生万物"，社会人生都应法"道"而行，最后回归自然。具体而言，是从"天"、"地"、"人"、"鬼"四个方面展开教义系统。天，既指现实的宇宙，又指神仙所居之所。天界号称有三十六天，天堂有天门，内有琼楼玉宇，居有天神、天尊、天帝，骑有天马，饮有天河，侍奉有天兵、天将、天女，其奉行者为天道。地，既指现实的地球和万物，又

张天师

指鬼魂受难之地狱，其运行受之于地道。人，既指总称之人类，也指局限之个人。人之一言一行当奉行人道、人德。鬼，指人之所归，人能修善德，即可阴中超脱，脱离苦海，姓氏不录于鬼关，是名鬼仙。神仙，也是道教教义思想的偶像体现。

　　道教是一种多神教，沿袭了中国古代对于日月、星辰、河海、山岳以及祖

先亡灵都奉祖的信仰习惯，形成了一个包括天神、地祇和人鬼的复杂的神灵系统。道教提倡无极、元极、太极，中庸即为"道"的教理，既中庸之道。

　　道术是道教徒实践天道的重要宗教行为，一般认为有外丹、内丹、服食等内容。外丹，指用丹炉或鼎烧炼铅、汞等矿石，制作人服后能"长生不死"的丹药。内丹，为行气、导引、呼吸吐纳之类的总称，指用人体作炉鼎，使精气神在体内凝结成丹而达到长生不死的目的。内丹之术自金元以后逐渐盛行，其渊源上溯至战国时代，对于中国的医学和养生学有过很大的影响。服食，指用服食药物以求长生。

# 语言·文字

## 楔形文字

楔形文字是由古代西亚两河流域的苏美尔人所创造，开始于公元前 4000 年代末。它原是一种图画类型的文字，到公元前 3000 年代，逐渐演变成按照惯例书写的线形笔画文字。同时因为这种文字是用一支斜尖的笔划在泥板上的，笔道很自然地呈现为楔形，所以人们称之为楔形文字。

楔形文字曾经是古代西亚地区广泛使用的文字。古代的苏美尔人、阿卡德人、巴比伦人、亚述人、赫梯人、波斯人、埃兰人都先后使用过这种文字。到公元 1 世纪后，楔形文字被拼音文字所代替，逐渐消失而被人遗忘了，现在已知最晚的楔形文字泥板是公元 75 年写的。

楔形文字的首次发现，是 1623 ~ 1625 年在波斯波里斯，发现者是意大利旅行家彼得罗·德拉·瓦列。1802 年，德国学者格罗特芬解读了波斯王大流士的两段铭文。1835 年，英国人罗林生在伊朗西部克尔曼沙赫附近的贝希斯敦山岩上，发现大流士时的石刻。这石刻被称为贝希斯敦铭文，它是用古波斯文、埃兰文和巴比伦文三种楔形文字写成。1846 ~ 1847 年，英国人罗林生、爱尔兰人兴克士和德国人奥波尔特 3 人，解读了贝希斯敦铭文中的波斯文，接着又解读了巴比伦文。从此，楔形文字才被人们所认识。

## 古埃及象形文字

传说，古埃及象形字是由一位叫图特的古埃及神创造的。这位神是人身鸟头，他左手拿着书板，右手执笔书写。古埃及象形文字产生于公元前 3200 年以前，一直使用到公元 3 世纪逐渐被当时流行的科普特文字所代替，最后被阿拉伯文化所征服而消失。埃及象形文字已成为无人知晓的历史陈迹，然而，罗塞达石碑却成为破译古埃及象形文字的钥匙。

1799 年 8 月，远征埃及的法国拿破仑军队在尼罗河口附近的罗塞塔城郊挖掘战壕时，发现了一块黑色玄武岩石碑，长 115 厘米，宽 73 厘米，厚 28 厘米。碑上刻有 3 种内容相同的文字，上半部是古埃及的象形文字，中间是埃及世俗体文字，下面是希腊文。拿破仑闻知后，下令将石碑送到开罗印成几份拓片，分送给欧洲学者们进行研究。1802 年 4 月，斯蒂芬·韦斯顿首先将古希腊文译成英文，同年，法国学者希尔斯特和瑞典学者阿克伯来研究出世俗体文字中的代名词和物主代词。此后，英国学者托马斯·扬找到了石碑中 3 种文字的联系，并解译出世俗体碑文的大部分意思。后来，法国学者商博良于 1808 年对石碑 3 种文

罗塞塔石碑

字进行对比研究，首先破译出象形文字中的"托勒密国王"的名字，并把其表音符号用罗马音符标出，以此为楔子经过一年多的钻研，终于揭开了古埃及象形文字的奥秘。

## 众多民族文字之母——腓尼基字

古代腓尼基位于今天的黎巴嫩地区。约公元前 3000 年至公元前 2000 年初，那里出现了一些城市国家。到公元前 13 世纪时，腓尼基人创造了一套拼音字母。在此以前，腓尼基有两种字母。一种是北部的字母，它受两河流域楔形文字的影响，共 29 个（一说 30 个），没有元音；另一种是南部的字母，它是受西奈文字的影响而形成的。后来，南方的线形字母逐渐取代了北部的字母，成为腓尼基人共同统一使用的字母。

腓尼基人的字母表由 22 个字母组成，只有辅音，没有元音，书写时从右到左。这种文字体系，由腓尼基商人传播到整个地中海地区，对世界上许多民族文字的形成起到过重大的作用。在东方，由于腓尼基文字的影响，形成了阿拉美亚字母，随之又演化出了希伯来字母、古波斯字母（外形是楔形的）、安息字母、阿拉伯字母等。在西方，古希腊人在学习腓尼基字母的基础上创造了希腊字母，在希腊字母的基础上，又形成了以后的拉丁字母。希腊、拉丁字母是以后一切西方国家字母的基础。比如罗马帝国解体以后，古拉丁语湮没，从 6 世纪到 9 世纪，在民间拉丁语的基础上，逐步形成了法语、意大利语、西班牙语、葡萄牙语等罗曼语。如果追根溯源，这些文字的基础是腓尼基人的字母。

# 梵　语

梵语是印度古代的文学语言和标准语言，也是印度婆罗门教的宗教语言。与印度民族的悠久历史一样，梵语是世界上最古老的语言之一，至今仍在印度诸语言中占有一定地位。

梵语最古老的形式是以婆罗门教的古代经典《吠陀经》命名，叫做吠陀梵语（也叫早期梵语），《吠陀经》就是用这种古老的文字写就的。据推测，最重要的圣典产生于公元前 1500 年前。也就是说，最早的梵语距今至少有 3000 多年的历史了。后来的梵语，被称作古典梵语，盛行于公元前 5 世纪至公元 10 世纪。此时，梵语已和这个国家的口语（通称巴罗克利特语）脱节，不再作为日常生活中的交际语言，而仅用于文学作品的写作。3000 年来，梵语作为一种学术和研究的语言，一直处于兴旺状态，直到 19 世纪，还可以看到很多用梵语写作的文学作品。但由于英语的竞争和现代印度诸语言影响的加强，其优越地位已被削弱。虽然如此，人们学习这种语言的热情仍然不减，许多印度学者至今还讲这种语言，婆罗门教徒也仍用其作为宗教语言。

梵语共有 48 个字母符号，其中 34 个是辅音，14 个是元音或双元音。这个字母表是迄今为止最完善的文字系统之一，它的书写体被称为"天城书"。

梵语对中亚一些民族语言的形成起了重要影响。公元前 5 世纪，印度中部和北部地区的梵语口语逐渐与梵文书面语脱节，形成了巴罗克利特诸语言。后来，在巴罗克利特语的基础上，又产生了印地语、孟加拉语、马拉蒂语、古吉拉特语、尼泊尔语和在斯里兰卡通行的僧伽罗语。

18 世纪时，语言学家们注意到梵语同拉丁语和希腊语之间有明显的相似之处，通过进一步研究，发现了所有印欧语系的相互关系，从而为现代的比较语言学和历史语言学奠定了基础。

## 最古老的文字——甲骨文

汉字是世界上最古老的文字之一，大约已有 6000 年的历史。今天我们所能认识的最古老的汉字当推 3000 多年前的甲骨文。

甲骨文虽说是最古老的文字，发现它却仅 100 多年。在很长一段时期里，没有人知道这种刻在龟甲兽骨上的文字，挖掘出来的骨骸，不是被毁弃，就是被当作"龙骨"卖给药材商。直到 1899 年，才有一个姓范的古董商带了一些有字的甲骨到北京，给著名的金石学家王懿荣看。王氏鉴定甲骨上的古文字是"三代"古文，便让古董商给他收购，从此，甲骨就进入了"古文物"的行列。所以大家把 1899 年作为甲骨文最初发现的一年。

王懿荣不仅第一个发现了甲骨文，而且也是他第一个将其时代断为商代。商代崇尚迷信，凡祭祀、征战、田猎等，常用龟甲兽骨占卜吉凶，并在其上刻写占卜时日、占卜者的名字、所占卜的事情和占卜结果。这种文字发现于殷墟（殷王朝都城遗址，位于河南省安阳市西北），又大都和占卜有关，所以也称为甲骨卜辞或殷墟卜辞。

研究甲骨文，解字是最重要的基础工作。在早期研究中，贡献最大的是孙诒让、罗振玉和王国维。1904 年，孙诒让著《契文举例》，对甲骨文加以考释。1928 年后又作了多次发掘，先后出土达 10 万多片，单字总数在 3500 个左右，其中一半以上已可以识别。

这种文字的特点是线条细瘦，多直少曲，结构不定型，象形性强。但文字结构已由独

甲骨文

体趋向合体，而且有了带表音成分的形声字，是相当发达的一种文字。现在通行的汉字就是从甲骨文逐步演变而来的。在形体上逐渐由图形变为笔画，构成方块符号，所以一般也把汉字叫作"方块字"。

甲骨文不仅是研究我国古代社会历史和古代文化的珍贵史料，而且还以丰富和精美著称于世。自从甲骨文发现以后，引起各国的极大兴趣，成为世界各国博物馆的珍贵藏品。郭沫若、胡厚宣都是我国当代研究甲骨文的著名专家。

# 汉字的造字法——六书

"六书"，是对古人解说汉字结构和使用方法进行归纳而得出的六种条例，即"象形、指事、会意、形声、转注、假借"。

"六书"大约反映了战国末到汉代人们对汉字结构和使用情况的认识。它基本上是建立在小篆基础上的，是一个不够完善、周密的条例。但是，对于大多数的汉字，特别是对古文字，它还是能够予以说明的。"六书说"，是我国文字学史上的一个重大创见。

## 象 形

属于"独体造字法"。用文字的线条或笔画，把要表达物体的外形特征具体地勾画出来。例如"月"字像一弯明月的形状，"龟"字像一只龟的侧面形状，"日"字就像一个圆形，中间有一点，很像我们在直视太阳时，所看到的形态。

"象形字"来自于图画文字，但是图画性质减弱，象征性增强。它是一种最原始的造字方法，局限性很大，因为有些事物是画不出来的。

## 指 事

属于"独体造字法"。与象形的主要分别在于，指事字含有绘画中较抽象的东西。例如："刃"字是在"刀"的锋利处加上一点，以作标示；"凶"字则是在陷阱处加上交叉符号；"上"、"下"二字则是在主体"一"的上方或下方画上标示符号；"三"则由三横来表示。这些字的勾画，都有较抽象的部分。

## 形 声

属于"合体造字法"。形声字由两部分组成：形旁（又称"义符"）和声旁

（又称"音符"）。形旁是指示字的意思或类属，声旁则表示字的相同或相近发音。例如："樱"字，形旁是"木"，表示它是一种树木，声旁是"婴"，表示它的发音与"婴"字一样；"齿"字的下方是形旁，画出了牙齿的形状，上方的"止"是声旁，表示这个字的相近读音。

## 会　意

属于"合体造字法"。会意字由两个或多个独体字组成，以所组成的字形或字义，合并起来，表达此字的意思。例如"酒"字，以酿酒的瓦瓶"酉"和液体"水"合起来，表达字义；"解"字是用"刀"把"牛"和"角"分开来表达字意。

有部分汉字，会同时兼有会意和形声的特点。例如"功"字，既可视为以"力"和"工"会意，而"工"亦有声旁的特点，这类字称为会意兼形声字。

## 假　借

汉字是由象形、象意的文字发展起来的，有的外物有形象可以描绘，有的意思可以利用图像和笔画来表达，可是，有很多代表某些事物的概念不能用象形、象意的方式造出文字来表现，于是，就假借已有的音同或音近的字来代表，这种跟借用的字的形义完全不合的字就称为"假借字"。假借字有两类：一类是本无其字的假借，也就是上面所说的假借字，如"钱"本是一种田器，后借为货币的钱；"才"是"草木之初"，假借为人才之才。

## 转　注

属于"用字法"。对此，各家解释不同，大致有"形转"、"音转"、"义转"三说。江声认为所谓"建类一首"是指部首，"考"和"老"同属老部。戴震认为转注就是互训，《说文解字》"考"字下说"老也"，"老"字下说"考也"，这便是一个"转相为注，互相为训"的例子。

不同地区因为发音不同以及地域上的隔阂，以至对同样的事物会有不同的称呼。当这两个字是用来表达相同的东西、词义一样时，它们会有相同的部首或部件。例如："考"、"老"二字，本义都是长者；"颠"、"顶"二字，本义都是头顶；"窍"、"空"二字，本义都是孔。这些字有着相同的部首（或部件）及解析，读音上也是有音转的关系。

## 汉语拼音是怎么诞生的

汉语拼音是中华人民共和国的汉字"拉丁化"方案，于1955～1957年文字改革时，由中国文字改革委员会汉语拼音方案委员会研究制定。

该拼音方案主要用于汉语普通话读音的标注，作为汉字的一种普通话音标。

最早可以追溯到1906年朱文熊的《江苏新字母》和1908年刘孟扬的《中国音标字书》，还有1926年的国语罗马字和1931年的拉丁化中国字，所有这些汉字拉丁化方案都为汉语拼音的制定提供了基础。

1949年，吴玉章给毛泽东写信，提出为了有效地扫除文盲，需要迅速进行文字改革的建议。毛泽东把信批复给郭沫若、茅盾等人研究，于1949年10月成立中国文字改革协会，其中一项任务就是研究汉语拼音方案。

1954年，中国文字改革协会改为国务院直属的中国文字改革委员会，期间收到各种汉语拼音方案1600多个。大致有这样几种形式：汉字笔画式、拉丁字母式、斯拉夫字母式、几种字母的混合形式、速记式、图案式、数字形式。

最后，决定采用拉丁字母作为汉语拼音的符号系统，以便于国际间的交流与合作。1958年2月11日，全国人民代表大会批准公布该方案。1982年，拼音成为国际标准ISO7098（中文罗马字母拼写法）。

目前，大部分海外华人地区如新加坡在汉语教学中均采用汉语拼音。

## 世界语

"世界语"又称"万国语"，是一种没有国籍的语言，诞生于1887年，是一位名叫柴门霍夫的波兰医生研究创造的。创立这种语言的目的是为了打破各民族语言的隔膜，便利交往，因此，又有人称世界语是"国际普通话"。

"世界语"以印欧语系罗马语为基础，因为有严密的科学性和逻辑性，读写统一，音形统一，单词易记，因此能很快被人们所接受。它从创立至今有了很大发展，词汇已从当初的900个增加到现在的15000个。在柴门霍夫的"世界语"诞生后，人们又提出了几百种世界语方案，但其科学性和逻辑性都不及柴门霍夫世界语。如今，柴门霍夫的"世界语"足迹已经遍及世界各地，我们通常所说的世界语就是这一种。

## 一套由文盲创造的文字

在美国俄克拉荷马州东北部塔莱夸镇附近，以及北卡罗莱纳州西部的切罗基城附近的印第安人保留地上，如今还有 10000 多人操切罗基语并使用切罗基文字。这是一种属于易洛魁语系的印第安人语言，由美洲印第安历史伟人之一——塞奎亚创造的。

塞奎亚于 1773 年出生在田纳西州切罗基的塔斯基奇村，是欧洲人和印第安人的混血儿，父亲是英国商人，母亲是切罗基人。塞奎亚出生以前，母亲遭丈夫遗弃。青年时代的塞奎亚在一次狩猎事故中受伤，落下终生残疾，只能从事银匠职业。成年后，他对书籍表现出极大兴趣。他认为，要获得像白人那样的权力，关键在于掌握文字。于是他决心钻研文字的秘密，为自己的民族创造出一套书面文字。当时年已 30 岁的塞奎亚实际上还不能读写，一个地道的文盲想创造出书面文字，开始就受到人们的嘲笑和怀疑。经过十多年的努力，他终于在 1821 年设计出 86 个音节字母，代表切罗基语的所有语音，这种文字很快为成千上万的切罗基人所掌握。三年后，出现了一本用切罗基文字译写的《圣经》。1825 年，一份叫做《切罗基凤凰》的英语和切罗基语双语种报纸问世，随后，切罗基部落联盟的一些法律也用切罗基文字制定。

切罗基文字从英语中借来许多字母，只是发完全不同的音。例如：字母 d 发 a 音，而 h 发 ni 音，w 发 la 音，z 发 n 音……切罗基语至今还在使用塞奎亚的字母表。一个没有系统学过任何文化的猎人和工匠，竟然能够完成一件现在只有语言学家才能做到的工作，成为历史上仅有的一个独立创造一种书面语言的人，这不能不说是文化史上的一个传奇。

为了纪念塞奎亚，俄克拉荷马州在首府给他建造了塑像。美国有一种红木水杉被取名为"塞奎亚树"，还有一个以塞奎亚的名字命名的国家公园。1980 年 12 月 27 日，美国还发行了一枚纪念他的邮票。

## 布莱叶与盲文

布莱叶 1809 年 1 月 4 日出生在法国一个贫苦的马具匠家里，他 3 岁时玩弄小刀不慎失手，刺伤了一只眼睛，不久又感染另一只眼睛，以致双目失明。

布莱叶的父母没有放弃对他的培养，父亲在木板上用钉子组成字母，教他认字，后又送他到村里的小学读书。布莱叶聪明而又刻苦，深受老师和校长的喜爱。

1819年，布莱叶被送进巴黎皇家盲人学校。盲生的课本，用放大的凸版的普通字母印刷而成，又重又笨，摸起来很慢，书写更困难，而且课本的数量很少，大部分课程靠口授。布莱叶求知欲强，但没有可供阅读的书籍，他由此意识到，必须创造一种容易摸读和书写的盲文，才能打开知识宝库的大门。

1821年，有一天学校校长请来退休海军军官查尔斯·巴比埃，给学生们讲授和示范一种"发音"法，或叫"夜间书写"法及其所用的符号，它是一种用两行各6个凸点的符号来表示各种音标的方法，是专为夜间作战时传递命令和加强联络而创造的。年仅12岁的布莱叶听完这个报告后，激动地对巴比埃说："以凸点代替线条的方法肯定可以创造新的盲文……"

此后，布莱叶专心致志地研究这种盲文：究竟需要多少凸点为最佳？怎样编排字母和其他符号？用什么样的写字工具？点距应多大……

1824年，刚满16周岁的布莱叶从人体构造方面受到启发。他想，每个人都有两个肩膀、两臂和两个膝盖，在这些部位上若各加上一个凸点，不就成了放大了的6个凸点了吗？多么有意思的6个点啊！经过一番精心安排，一套以不同方式排列、有规律可循的法语字母方案拟定出来了，6个凸点，加上空白，共有64个变化。

1829年，布莱叶在原方案基础上加入了数学符号和音乐符号。他把这个方案首次向皇家盲人学校全体师生宣读，要求校领导予以审查和推广。1837年正式定稿，次年，出版了世界上第一本布莱叶盲文读物。

但是，布莱叶的6点制盲文遭到校领导的反对，他们坚持延用原来的盲文，不准布莱叶在学校传授和使用他的盲文。布莱叶又把修改后的盲文方案提交给法国学术研究院的教授，请他们评价，得到的回答仍是否定。

布莱叶从盲人学校毕业后，一直留校任教。他曾担任过代数、几何、史地和音乐的教学工作。尽管工作繁重，健康状况不佳，又遭遇很大挫折，但他并不气馁。由于他的盲文具有很大的优越性，既便于摸读，又便于书写，深受学生们的欢迎。学校里不准学，他们就在校外偷偷地跟布莱叶学，并义务为他做宣传。

1851年12月，这位年轻的发明家积劳成疾，一病不起。就在去世的前几天，他的一个双目失明的女学生在一次盛大的音乐会上演奏钢琴，竟有如此娴熟的演奏技巧，令观众大为惊叹！他们纷纷要求她介绍学习钢琴的经过，并传阅搁在钢琴上的盲文乐谱，而这位女学生则将自己的成就完全归功于老师布莱叶，她把他怎样创造盲文，又怎样耐心地教她，以及这种盲文至今尚未被学校当局所采用的情况一一讲了出来，大家深受感动。第二天，巴黎报纸上详细登载了这则消息，巴黎皇家盲人学校在社会舆论压力之下，不得不采用了布莱叶的盲文。

1852 年 1 月，消息传到布莱叶的病榻前，奄奄一息的他为自己的劳动成果终于被承认而感到欣慰，不久，他即去世，年仅 43 岁。

布莱叶逝世后，他发明的 6 点制盲文逐渐为世人承认。1887 年，被国际公认为正式盲文。为了纪念这位卓越的创造者，1895 年，人们将他的姓——布莱叶，作为盲文的国际通用名称。

## 标点符号的来历

古时候写文章是没有标点符号的，读起来很吃力，甚至容易产生误解。到了汉朝，才发明了"句读"符号。语意完整的一小段为"句"；句中语意未完，语气可停顿的一段为"读"（念 du，相当于现在的逗号）。

1919 年，国语统一筹备会在原有标点符号的基础上，参考各国通用的标点符号，规定了 12 种符号，由当时教育部颁布全国。建国后，出版总署进一步总结了标点符号的用法规律，于 1951 年刊发了《标点符号用法》，同年 10 月政务院作出了《关于学习标点符号用法的指示》。从此，标点符号才趋于完善，有了统一的用法。1990 年 4 月，国家语言文字工作委员会和新闻出版署修订颁布了《标点符号用法》，对标点符号及其用法又作了新的规定和说明。

## 联合国的六种语言

联合国规定，联合国代表官方使用的正式语言只有六种，按英文字母顺序排列为阿拉伯文、中文、英文、法文、俄文和西班牙文。这六种语言具有同等效力，代表们可以选用其中任何一种。

秘书处日常使用的工作语言则只有两种，即英文和法文。凡是联合国的正式会议，秘书处都要负责在现场把代表们的发言用阿、中、英、法、俄、西六种语言通过话筒进行"同声传译"。凡是联合国的正式文件，包括重要发言，都要用六种文字印出，一般工作文件则只用英、法文。各国代表都十分重视他们使用的正式语言，因此，每一次正式会议，秘书处都必须认真安排好六种语言的翻译，若有疏漏，有关代表会当即愤然退场以示抗议。为了完成这样繁重的翻译任务，联合国总部秘书处有一支庞大的口译和笔译队伍，近 500 人。在联大开会期间，无论是口译还是笔译，若遇人员不够用时，就要再聘用一些从联合国退休或离职的老翻译。

## 阿拉伯数字

公元 500 年前后，随着经济、文化以及佛教的兴起和发展，印度次大陆西北部的旁遮普地区的数学一直处于领先地位。其时，天文学家阿叶彼海特在简化数字方面有了新的突破：他把数字记在一个个格子里，如果第一格里有一个符号，比如是一个代表 1 的圆点，那么第二格里的同样圆点就表示 10，而第三格里的圆点就代表 100。这样，不仅是数字符号本身，就连它们所在的位置次序也同样拥有了重要意义，此后，印度的学者又引出了作为零的符号。可以这么说，这些符号和表示方法是今天阿拉伯数字的祖先。

公元 771 年，印度北部的数学家被抓到了阿拉伯的巴格达，被迫传授当地人新的数学符号和体系以及印度式的计算方法（即我们现在用的计算法）。由于印度数字和印度计数法既简单又方便，其优点远远超过了其他的计算法，因此，阿拉伯的学者们很愿意学习这些先进知识，商人们也乐于将这种方法运用到生意中去。

后来，阿拉伯人把这种数字传入西班牙。公元 10 世纪，又由教皇热尔贝·奥里亚克传到欧洲其他国家。公元 1200 年左右，欧洲的学者正式采用了这些符号和体系。13 世纪，在意大利比萨的数学家费婆拿契的倡导下，普通欧洲人也开始采用阿拉伯数字，15 世纪，基本普及。那时的阿拉伯数字的形状与现代的阿拉伯数字尚不完全相同，后又有许多数学家花费了不少心血，才使它们变成今天的 1、2、3、4、5、6、7、8、9、0 的书写方式。

## "＋、－、×、÷、＝"符号的来历

加、减、乘、除的符号不是由同一个人在同一时期发明的，它的完成经过了大约 500 年的历史。

"+"、"-"符号大约在 500 多年前，由德国数学家魏得美发明。他在实践中体会到，必须确定一种简明的加减符号来方便运算和书写，于是，他按照大写字母 T 的书写规律，先横后竖并在横上再加一竖来表示增加，即成了"+"的样子。又根据减法的定义，从"T"号上去掉下面一竖，即成"-"号。

"="号是在大约 400 年前，由英国学者列科尔德发明的。由于当时人们习惯于将平衡的东西看成相等，所以，他认为表示平衡最形象的书写方式是画两条长度相等的平行线，于是，"="号诞生了。

"÷"号是在 300 年前由瑞士数学家哈纳发明的。他认为除法是将一个数分解开来，所以，他用一条横线将一个完整的东西切开，这样，就出现了"÷"号。同期，英国数学家欧德莱发明了"×"号。他认为乘法是加法的一种特殊形式，于是，就把"+"号转动 45°成"×"，作为乘号。

## "K" 探源

"K"是一个风靡世界的国际通用词，但对于它的起源却众说纷纭。

在讲德语的美国人中，有的说"K"表示最高统帅（美国内战期间有过这一军衔），有的说，某个德国新闻记者在佳作末尾要写上"K"，以表示没有错误，还有人说，"K"起因于一个名叫奥托·凯瑟的商人，他在检验产品后，要贴上带有自己姓名第一个字母的标签。

在辞典和语言专家中有另一种说法：1840 年，美国民主党人马丁·范布伦在竞选连任总统时用"OK"作为竞选口号，意思是竞选成功，"K"字母则取自他的出生地老金德胡克（ld Kinderhek）。

但是，通常认为"K"最早出现在 1839 年 3 月 23 日。当天，一位《波士顿晨邮报》的记者在文章付印前于文章末尾写上"K"，这是由"完全正确"（All Correct）一词的奇怪拼法 Ou Korreet 而来的。此后，这个词便流行于纽约、费城和波士顿等地。

事实上，千百年前，希腊教师在优秀的学生论文末尾就喜欢写上"K"（la Kala 事事皆好）。因此，研究古希腊语言的学者认为，《波士顿晨邮报》的记者受过古典教育，懂得希腊语和拉丁语。古代英国的论文后面也写"K"，1565 年时，英语遗嘱中就已出现这个符号了。1760 年，美国总统杰克逊也这样用过。

## V——胜利的标记

用"V"字来表示胜利，出现在炮火连天的第二次世界大战之中。1940年，一个逃亡英国的比利时人维克托·德拉维利在对比利时的广播中，首先建议用粉笔在各公共场所写上"V"字，以表示坚信盟军必胜，激励他家乡的人民坚持战斗到底。一时间，用有色粉笔写的"V"字席卷了比利时及欧洲其他沦陷国的大街小巷，甚至连德国军官专用的厕所里也有。

用"V"字代表胜利出自英语中Victory的第一个字母，而且在西班牙语、捷克语里也简代胜利之意，在荷兰语中，"V"字代表"自由"，塞尔维亚语中，"V"代表"英雄气概"。

与此同时，英国广播公司对欧洲广播时，开头用的是贝多芬命运交响曲起首的四个音符，而"嘀嘀嘀哒"这四个音符，译成摩尔斯电码，恰好也是V字符号。于是，在欧洲，这个令法西斯胆颤心惊的"V"字像魔影一样追随着他们。无论是敲门、拉汽笛、按汽车喇叭，都是"嘀—嘀—嘀—哒"，服务员把刀叉有意摆成"V"字，把时钟也拨到11点5分。与此同时，英国当时的首相邱吉尔，首创用食指和中指分开形成"V"字形手势代表胜利，把"V"字这个胜利的标记的表达推向了高峰，这个手势逐渐成为无人不知的世界性手势语言。

# ···➤ 文学·戏剧 ◄···

## 《荷马史诗》

《荷马史诗》据传为古希腊盲人诗人荷马所作，约成书于公元前 3~2 世纪，是世界上最早的史诗，也是古希腊文化的代表成就。包括《伊利亚特》和《奥德赛》两部史诗，是欧洲叙事诗的经典范作。它反映了古希腊的社会生活、社会斗争以及政治、军事、道德观念等等，因而具有极高的价值。两部史诗各分 24 卷，都是由一万余行的六音步长短短格的英雄诗体构成。其中，《伊利亚特》是描写特洛伊战争最后 51 天发生的事，而《奥德赛》则叙述了奥德赛战后重回故园的艰苦历程。贯穿两部史诗的共同思想是热爱现实，肯定人的奋斗精神。《荷马史诗》又称"英雄史诗"，它的成就在于以简炼鲜明的笔触勾勒出一系列英雄形象。该史诗结构巧妙，布局完整，艺术价值极高。它不仅是欧洲文学史上最早的优秀作品，也是研究古希腊早期社会的重要文献。

## 骑士文学

骑士文学是反映骑士阶层生活理想的文学，出现于 11~12 世纪。骑士是封建主中最低层的等级，他们的信条是忠君、护教、行侠和文雅知礼，这也是骑士文学的主要内容。法国是骑士文学最兴盛的地方。骑士文学的主要体裁有抒情诗和叙事诗。前者的主要作者是封建主和骑士，内容是描写骑士们"典雅的爱情"，主题是对家庭妇人的爱和崇拜，其中以《破晓歌》最为著名。后者则是描写骑士们为了获得贵妇人的爱而进行的各种冒险活动，也有表现出一定反封建精神的作品，如《特里斯丹和伊瑟》。骑士文学在艺术上有千篇一律的弊病，而成

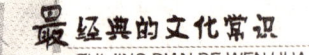
就则是注意心理描写、语言形象生动、诗律新颖多样，在体裁结构上为长篇小说打下了基础，并确定了"爱情"这一源远流长的创作主题，对后来欧洲诗歌发展有一定影响。

# 但 丁

但丁（1265～1321年），是中世纪向近代资本主义过渡时期的伟大诗人，意大利民族文学的奠基者、欧洲文艺复兴运动的先驱。他是中世纪最后一位诗人，同时又是新时代最初一位诗人。但丁生于佛罗伦萨一个没落贵族家庭，青年时代参加市民阶级的归尔弗党，做过执政官，后被流放。代表作为《神曲》，其他作品有《新生》、《飨宴》、《诗集》等。《论俗语》是其最主要的理论著作，提倡建立本民族的标准语言，对于语言学的建立具有开创性意义。其传世之作《神曲》分《地狱》、《炼狱》、《天堂》3部，共14000余行。全诗结构完整，塑造了众多鲜明的人物形象。《神曲》使得意大利文学跃居当时欧洲文学的前列，对后世的文学、艺术有着巨大的影响。

## 塞万提斯

塞万提斯（1547～1616年），是西班牙作家，他于1605—1616年创作的长篇小说《堂·吉诃德》是文艺复兴时期欧洲古典文学的一个高峰。小说以现实主义创作方法塑造了堂·吉诃德和桑丘·潘沙两个不朽的典型形象，完成了小说艺术上的改革，成为欧洲近代现实主义小说的先驱，对欧洲的现实主义文学有着深远的影响。

《堂·吉诃德》是一部讽刺灭亡了的骑士制度的长篇小说。它以恢复古代骑士道来扫尽人间不平的主观幻想与正处在资本主义兴起阶段的西班牙社会的丑恶现实的矛盾为情节基础，以讽刺夸张的手法，以史诗般的规模，描绘了那个时代广阔的社会画面，作者借主人公之口也表达了自己期望改革社会的人文主义愿望。在艺术和思想两方面，《堂·吉诃德》都堪称后世之楷模。

## 歌 德

歌德（1749～1832年），德国文学家和文艺理论家。生于法兰克福，一生创作了许多杰出的作品，在世界文学中占有重要的地位。无论在文学、文艺学、造型艺术或自然科学都卓有成就，对后世有着深远的影响。其代表性作品有：中篇小说《少年维特的烦恼》，戏剧《葛兹·冯·伯利欣根》、《普罗米修斯》和《哀格蒙特》，长篇小说《威廉·迈斯特》，长篇诗剧《浮士德》等等。歌德一生和席勒等著名文学家合作，领导推动了一个接一个的世界性文学运动，被人们尊为世界文学史上的巨擘。他在文学上的天才和孜孜不倦的奋进精神，历来为后人敬仰。

# 大仲马

大仲马（1802～1870年）生于法国东北部埃纳省的维埃－科特莱，祖母是来自拉美的黑奴，父亲是共和派的一名将军。

法国大革命爆发后，大仲马屡建奇功，当上共和政府将军。他终生信守共和政见，一贯反对君主专政，憎恨复辟王朝，不满七月王朝，反对第二帝国。家庭出身和经历使大仲马形成了反对不平、追求正义的叛逆性格。

大仲马自学成才，一生写的作品达300卷之多，以小说和剧作著称于世。大仲马的剧本《亨利第三及其宫廷》（1829）比雨果的《欧那尼》还早问世一年，这出浪漫主义戏剧，完全破除了古典主义"三一律"。这期间，他创作的《雨》闻名于世。

大仲马的小说多达百部，大都以真实的历史作背景，以主人公的奇遇为内容，情节曲折生动，处处出人意外，堪称历史惊险小说。异乎寻常的理想英雄、急剧发展的故事情节、紧张的打斗动作、清晰明朗的完整结构、生动有力的语言、灵活机智的对话等，构成了大仲马小说的特色。最著名的是《三个火枪手》（又名《三剑客》）和《基督山伯爵》。

1870年，大仲马与世长辞。2002年11月30日，他的遗骸由家乡运抵巴黎，移放在名人身后殿堂——巴黎先贤祠，大仲马是第70位进入先贤祠的人，也是继伏尔泰、卢梭、雨果、左拉和马尔罗之后第六位进入先贤祠的法国作家。法国总统希拉克在致词中说，共和国向大仲马如同巨河般的业绩致敬，他以其著作展开了"一个永恒、多虑、战斗、英勇与优雅的法兰西的画卷"。

## 古典主义文学

古典主义产生于17世纪初的法国，是17世纪欧洲最主要的文艺思潮，持续到19世纪初，影响遍及欧洲各国。古典主义文学是在封建君主专制政权的扶植下日益成长起来的，是新兴资产阶级与封建贵族在政治上妥协的产物。

古典主义理论的开创者布瓦洛，著有《诗的艺术》一书。古典主义的杰出的代表是英国的理论家德莱顿，作家平·琼生，诗人弥尔顿，法国著名剧作家高乃依、拉辛以及杰出的寓言诗人让·拉封丹。古典主义文学的代表作有弥尔顿的诗歌《失乐园》，莫里哀的喜剧《怪客人》和《伪君子》，高乃依的悲剧《熙德》和拉辛的悲剧《费得尔》等。

古典主义的繁荣同路易十四的爱好和政策存在着密切关系。他爱好宫廷喜庆和热闹的场面，鼓励戏剧创作。他虽然喜欢崇高壮丽的风格，但同样欣赏莫里哀的滑稽讽刺，由于得到他的保护莫里哀坚持自己的创作方向，取得《伪君子》的胜利。他深知天才与顺从不相调和，甚至容许作家有某种抨击社会的独立性。他不喜欢拉封丹，但他的报复只局限于推迟这位寓言家入选学士院。这个热衷于荣耀的君主明白，后世会赞赏他，因为他是文学、艺术的明智保护人。

## 浪漫主义文学

浪漫主义文学为文艺的基本创作方法之一，与现实主义同为文学艺术上的两大主要思潮。作为创作方法，浪漫主义本质上就是理想主义，强调从主观内心世界出发，描写作家认为可能有的或应该有的生活，抒发对理想世界的热烈追求，常用热情奔放的语言、瑰丽的想象和奇特的夸张等手法来塑造艺术形象。

浪漫主义文学盛行于18世纪后半叶到19世纪上半叶的欧洲，艺术上和古典主义相对立，思想上反映了资产阶级上升时期对个性解放的要求。代表作家有英国的柯勒律治和骚塞，法国的夏多布里昂、拉马丁、雨果、乔治·桑、拜伦、雪莱，德国的荷尔林、海涅等。他们共同的特点是着重主观世界、抒发个人感情。19世纪中期以后，批判现实主义文学逐步取代了浪漫主义文学。

## 浪漫主义文学领袖——雨果

雨果（1802～1885年）是19世纪法国作家和文艺理论家，生于法国东部火尚松。雨果的主要作品有：小说《巴黎圣母院》、《悲惨世界》、《海上劳工》、《笑面人》、《九三年》等；诗集《东方》、《秋叶集》、《静观集》、《惩罚集》等；剧本《克伦威尔》、《欧那尼》。在文学理论界雨果有着同样卓著的成就，1827年发表的《克伦威尔序》是他在文艺理论方面的代表作，因此被公认为浪漫主义文学的领袖。长篇历史小说《巴黎圣母院》被公认为雨果的代表作，作者在小说中深刻探讨了社会制度、贫富差别和善恶美丑等多方面的问题。政治上，雨果是一个共和主义者，因为巴黎公社辩护而受到流放。

雨 果

## 批判现实主义文学

批判现实主义文学是继浪漫主义文学之后，19世纪30年代开始在欧洲文学艺术中占主导地位的文艺思潮。它深刻揭露资本主义社会的矛盾、批判其不合理性，以图改良社会，所以高尔基称之为"批判的现实主义"。主要代表有法国的司汤达和巴尔扎克、英国的狄更斯和萨克雷、俄国的果戈理、托尔斯泰和契诃夫。他们都以人道主义为创作的思想基础，有意识地描写下层人民的苦难，对劳动人民寄于同情。在艺术上，他们重视细节的真实，着力于表现人物性格和社会生活的联系。

## 巴尔扎克与《人间喜剧》

巴尔扎克（1799～1850年），法国19世纪伟大的批判现实主义作家，欧洲批判现实主义文学的奠基人。

1829 年出版的长篇小说《最后一个舒昂党人》，初步奠定了其在文学界的地位，1831 年发表的长篇小说《驴皮记》再次为他赢得声誉。他早有把自己的作品联系成一个有机整体的设想，1841 年他在但丁《神曲》的启示下，正式把自己作品的总名定为《人间喜剧》，并在前言中宣称，要做社会历史的"书记"。巴尔扎克认为社会环境能陶冶人，因此，创作应着力于"人物和他们的思想的物质表现"；他认为作家应具有"透视力"和"想象力"；注重对地理环境和人物形体的确切描写。从 1829～1849 年，巴尔扎克为《人间喜剧》写出了 91 部作品，包括长篇、中篇、短篇小说和随笔等，分为《风俗研究》、《哲学研究》和《分析研究》三个部分。其中风俗研究又分为私人生活场景、外部生活场景、巴黎生活场景、军事生活场景、政治生活场景和乡村生活场景六大部分。

《人间喜剧》包含着一部封建家族的衰亡史和一部资产阶级的罪恶发展史，从中可以看到一部生动、形象的法国社会的历史。巴尔扎克用编年史的方式几乎逐年地把新兴的资产阶级对贵族社会日甚一日的冲突深刻地揭示了出来。

《人间喜剧》中的代表作有《高老头》、《欧也尼·葛朗台》、《幻灭》等等，其艺术上的最大特色是通过对现实的细致观察进行准确地描写，重视人物形象的真实感和典型性。作者用"人物再现"的方法使人物在不同作品中重现，从而把各个独立的单篇连成一个互相关联的艺术上的"有机整体"。

《人间喜剧》写了 2400 多个栩栩如生的人物，是人类文学史上的文学丰碑，被称为法国社会的"百科全书"。

巴尔扎克塑像

# 罗曼·罗兰

罗曼·罗兰（1866～1944 年），是法国思想家、文学家、批判现实主义作家、音乐评论家和社会活动家。

其 1866 年 1 月 29 日生于法国中部高原上的小市镇克拉姆西，15 岁时，随父母迁居巴黎，其后，入罗马法国考古学校当研究生。归国后，在巴黎高等师范学校和巴黎大学讲授艺术史，并从事文艺创作。这时期他写了 7 个剧本，以历史上的英雄事件为题材，试图以"革命戏剧"对抗陈腐的戏剧艺术。

20 世纪初，他的创作进入一个崭新的阶段。罗兰为让世人"呼吸英雄的气息"，替具有巨大精神力量的英雄树碑立传，连续写了几部名人传记：《贝多芬传》、《米开朗基罗传》和《托尔斯泰传》，统称《名人传》。同时，发表了他的长篇小说代表作《约翰·克利斯朵夫》，被高尔基称为"长篇叙事诗"，被人称之为 20 世纪最伟大的小说，罗兰凭此书获得 1915 年诺贝尔文学奖。

《约翰·克利斯朵夫》共 10 卷，以主人公约翰·克利斯朵夫的生平为主线，描述了这位音乐天才的成长、奋斗和最终失败的经历，同时，对德国、法国、瑞士、意大利等国家的社会现实作了不同程度的真实写照，控诉了资本主义社会对艺术的摧残。全书犹如一部庞大的交响乐，每卷都是一个有着不同乐思、情绪和节奏的乐章。

在两次大战之间，罗曼·罗兰的创作又一次达到高潮，并于 1922 至 1933 年发表了另一部代表作《欣悦的灵魂》。

罗曼·罗兰的艺术成就主要在于，他用豪爽、质朴的文笔刻画了在时代风浪中为追求正义、光明而奋勇前进的知识分子形象。在提到艺术风格时，罗曼·罗兰表示，除了"诚恳"二字，他不希望别人承认他有什么别的优点。他是一个有广泛国际影响的作家，也是著名的社会活动家，一生为争取人类自由、民主与光明进行了不屈的斗争。

# 自然主义文学

自然主义文学作为西方文学的一个流派，产生于 19 世纪下半叶的法国，19 世纪末和 20 世纪初传至欧美和世界各国。自然主义文学是西方现实主义文学发展到极致蜕变的产物，也是生物学、遗传学等科学理论影响文学创作的结果。自然主义思潮持续的时间并不长，成就基本只局限于文学领域，尽管"自然主义"一词本身来自绘画艺术领域。

龚古尔兄弟是法国自然主义文学的先驱，他们自称是描绘当代生活的小说家，乐于描写下层阶级，偏爱于病理学的特殊病例研究。

左拉是自然主义文学最杰出的作家，他提出了一整套自然主义文学理论，而且身体力行地贯彻到创作实践之中。左拉的主要作品包括20余部涉及社会生活各个方面的巴尔扎克式的长篇小说系列《卢贡—马卡尔家族》，长篇小说《三城市》三部曲，系列长篇小说《四福音书》等，其中代表性的作品是《萌芽》。左拉虽然倡导自然主义创作方法，但由于他严肃的创作态度和作家的社会责任感，使他的创作突破了自然主义的限制，深刻、真实地反映了法国当时的社会状况，左拉的作品因此成为19世纪批判现实主义文学遗产中不可缺少的组成部分。

此外，莫泊桑也是自然主义文学的杰出代表。他的代表作包括《羊脂球》、《一生》、《漂亮朋友》等。莫泊桑的小说重视心理分析和朦胧潜意识的研究。他一方面坚持现实主义的真实论，一方面又认为作家必须保持无动于衷，"不着痕迹，看上去十分简单，使人看不出也指不出作品的构思，发现不了他的意图"。

自然主义是西方近代文学的重要流派，也是近代文学向现代文学转化的过渡流派，对20世纪的现代主义文学诸思潮产生了深刻的影响。现代主义文学追求非理性、无意识的境界其实就是从自然主义处继承而来。自然主义作为连接现实主义和现代主义的桥梁起到了承前启后的重要作用。

## 现代主义文学

1880年前后，西方主要国家进入迅猛的经济发展和国际扩张阶段，其中尤以英、法、德三国为最。工业化和城市化的进程随之加快，极大地改变了人们的生活，人们的价值观、世界观、宗教信仰等受到激烈的冲击和挑战。欧美社会的个人出现了普遍的疏离感、陌生感和孤独感，现代主义文学最重要的"非人化"元素就由此而来。

发生于1914年~1918年的第一次世界大战，对现代主义文学的重大影响也是不可低估的。战争彻底打破了欧洲社会岌岌可危的旧秩序和旧宗法，给整个欧洲带来的巨大灾难，致使敏感的知识分子尤其是文学家和艺术家们，对资本主义的价值体系和伦理体系产生严重的怀疑，并滋生反叛情绪。

科学的发展在一定程度上影响了文学和艺术的发展。例如，作为现代主义文学重要流派之一的"未来主义文学"，就是在新科技发展的直接影响下诞生的。在哲学与文化领域，尼采"重估一切"的极端主张，对德语世界的表现主义文学产生了深远的影响。奥地利精神病学家弗洛伊德的精神分析学理论，引导文学家深入开掘潜意识和无意识领域，直接影响了意识流小说。而对现代主义文学影响最大的，则是法国哲学家亨利·柏格森，他的直觉主义理论在一定程度上奠定了整个现代主义文学的理论基调。此外，康德的不可知论、荣格的集体无意识理论和克罗齐的直觉美学理论，也对现代主义文学的发展产生了不同程度的影响。

如果单从欧洲文学史的角度看，现代主义文学可以看作是19世纪传统的浪漫主义文学向唯美主义文学转变、现实主义文学向自然主义文学转变的结果。以王尔德为代表的唯美主义文学，是浪漫主义文学随欧洲民族民主革命的低落而蜕变的产物，其继承了浪漫主义对社会现状的不满，却丧失了浪漫主义的批判与重建精神，遁入象牙塔，主张"为艺术而艺术"。这一观点直接影响了大批现代主义作家，尤以法国象征主义作家为最。而以左拉为代表的自然主义文学，则是19世纪在欧洲盛极一时的现实主义文学蜕变的产物。它强调对外界现实的模仿，侧重描绘遗传和环境对人的决定性影响、病态事物和繁琐细节。可以说，自然主义文学作为桥梁连接了现实主义文学和现代主义文学。

此外，法国诗人波德莱尔和美国诗人爱伦·坡被认为是现代主义文学的远祖。波德莱尔的《恶之花》第一次摒弃浪漫主义对田园牧歌生活的歌颂，转而以愤世嫉俗的态度揭露城市的丑恶和人性的阴暗，奠定了后来盛极一时的法国象征主义文学的创作基调。而爱伦·坡则倡导所谓"使灵魂升华的美"，反自然、反说教，强调形式美和暗示性、音乐性，后来都成为现代主义文学中诗歌的重要表现手法。然而，严格地说，上述两人并不能算是真正意义上的现代主义作家，但他们的理论和创作却是文学史上"现代主义"这一理念的雏形。

19世纪90年代，法国象征主义文学波及到欧美各国进而演化为一个国际性文学运动，标志着现代主义文学作为西方文学史上一个重要思潮进入人们的视野。在随后的20年间，出现了很多重要的现代主义作家和作品。法国的象征主义文学产生了马拉美、瓦雷里等成就斐然的诗人；德语国家的表现主义戏剧正式登上国际舞台；爱尔兰出现了自己的"文艺复兴运动"，其领导人物叶芝是这一时期英语作家中成就最高者。在小说创作上，波兰裔英国作家康拉德的作品已经出现暧昧的现代主义元素，而法国的普鲁斯特则完成了鸿篇巨著《追忆逝水年华》，成为意识流文学的先驱。

早期现代主义文学的发展并不局限于法国、英国和德国，也波及到欧洲其他国家。如比利时的法语剧作家梅特林克创作的梦幻剧《青鸟》，奥地利诗人里尔克把法国象征主义引入德语世界，瑞典剧作家斯特林堡以其代表作《走向大马士革》奠定了表现主义戏剧鼻祖的地位。

总体上看，这一时期的现代主义仍是比较庞杂的，许多作家的风格仍较暧昧。大多数早期现代主义作家都经历了从其他文学流派转向现代主义的过程，比如叶芝早年的诗歌具有唯美主义的因素，感情纤细，而晚年的作品则彻底转变为纯粹现代主义的抽象化。

从 20 世纪初叶开始，现代主义文学各流派纷至沓来，欧美文坛出现前所未有的繁荣。除法国象征主义文学得以继续深入发展外，意大利的未来主义文学、英美的意象主义文学和法国的超现实主义文学也相继诞生。意识流文学正式成为现代主义文学所有流派中的中流砥柱，产生了一批杰出的文学大师和作品。几乎所有最重要的现代派作品都在这一时期问世，如卡夫卡的《变形记》（1912 年）、乔伊斯的《尤利西斯》（1922 年）、艾略特的《荒原》（1922 年）、奥尼尔的《琼斯皇》（1922 年）等等。这一时期的特点是英、美、法、德、意各有自己的现代主义流派，而巴黎则是整个西方现代主义文学的大本营。

第二次世界大战导致一战后对资本主义社会秩序的一切建构再次坍塌，知识分子对资本主义价值观、伦理的思考逐渐由"非理性"转向"虚无"，存在主义哲学应运而生。以法国作家萨特和加缪为代表的存在主义文学迅速发展，不过这已经超出了正统的现代主义文学的范畴，而成为"后现代主义文学"的第一个重要分支流派了，正统的现代主义文学声势渐微，开始为后现代主义文学所取代。

## 卡夫卡

卡夫卡（1883～1924 年）是奥地利小说家，生于布拉格的一个犹太家庭。卡夫卡受存在主义哲学影响，作品多神秘、迷惘的色彩。主要作品有：长篇小说《审判》、《城堡》（未完），短篇小说《变形记》、《地洞》。全部作品贯穿着社会批判的精神，向人们展示了资本主义社会的异化实景。他笔下的人物多是小资产阶级知识分子，表达了他们孤独、苦闷、恐惧、自疚的心情。其作品擅

卡夫卡

于通过奇特的构思勾勒出夸张的场面，产生如梦的、直觉的效果，但有时显得支离破碎，主题晦涩不明。卡夫卡与乔伊斯、普鲁斯特一起被视为西方现代派文学的重要奠基人。

## 意识流小说

意识流小说是20世纪初在西方现代哲学特别是现代心理学的基础上产生的小说类作品。

意识流的概念最早由美国心理学家威廉·詹姆斯提出。他认为人的意识活动不是以各部分互不相关的零散方法进行的，而是一种流，是以思想流、主观生活之流、意识流的方式进行的。同时，又认为人的意识是由理性的自觉意识和无逻辑、非理性的潜意识所构成。还认为人的过去意识会浮现出来与现在意识交织在一起，会重新组织人的时间感，形成一种在主观感觉中具有直接现实性的时间感。

法国哲学家柏格森强调并发展了这种时间感，提出了心理时间的概念。奥地利精神病医生弗洛伊德肯定了潜意识的存在，并把它看作生命力和意识活动的基础。他们的理论观点，促进了文学艺术中意识流方法的形成和发展。

意识流小说着力展示人物的内心世界，采用迥异于传统文学的心理描写方法，开创了现代小说的新纪元。这些作品在当时虽然受到某些责难，但也并未引起当时人们足够的重视，直到第二次世界大战以后才得到承认和广为流传。

意识流小说打破传统小说基本上按故事情节发生的先后次序或是按情节之间的逻辑联系而形成的单一的、直线发展的结构，而是随着人的意识活动，通过自由联想来组织故事。故事的安排和情节的衔接，往往表现为时间、空间的跳跃、多变，前后两个场景之间缺乏时间、地点方面的紧密的逻辑联系。时间上，常常是过去、现在、将来交叉或重叠。这种小说常常是以一件当时正在进行的事件为中心，通过触发物的引发、人的意识活动不断地向四面八方发射又收回，经过不断循环往复，形成一种枝蔓式的立体结构。

意识流小说作品很多，其中法国普鲁斯特的《追忆逝水年华》、爱尔兰乔伊斯的《尤利西斯》和美国福克纳的《喧哗与骚动》，被称为意识流小说的三大杰作。

写作纯粹的意识流小说有很大的局限，但作为一种艺术手法，它渐渐融会到

了其他类型的小说创作中。

## 迷惘的一代

迷惘的一代是20世纪20年代主要流行于美国的一个文学流派。一位侨居巴黎的美国女作家曾对海明威说："你们都是迷惘的一代"，该派由此得名。迷惘的一代的作家大多数是青年，他们都亲身经历过战争，认识到战争的残酷，并懂得帝国主义战争是欧美青年一代产生精神悲剧的根源。所以，他们通过作品描写战争对人民的摧残，在作品中表现出一种迷惘、悲观、彷徨的情绪。这类作品的主题大多是反战的，表现的人物大多是苦闷、悲观的。该派最重要的作家是海明威，作品有《太阳照样升起》、《永别了，武器》。此外，还有帕索斯的《三个士兵》，福克纳的《士兵的报酬》，肯明斯的《巨大的房间》。英国作家奥尔西顿的《英雄之死》和德国作家雷马克的《西线无战事》，也属于此类作品。

## 海明威

海明威（1899～1961年）是美国小说家，生于芝加哥，青年时代曾充军参加过战争，1922～1924年间发表两篇集子《三个短篇和十首诗》、《在我们的时代里》。1926年其代表作《太阳照样升起》问世，使海明威成为"迷惘的一代"的代表人物。以后，海明威又发表了《永别了，武器》等长篇著作。在他的中篇小说中，《老人与海》最为著名。海明威的作品中常表现出一种悲观失望的情绪，体现了战争给人们在身心两方面造成的创伤。1954年，瑞典皇家科学院以"精通现代叙事艺术"授予海明威诺贝尔奖。晚年，海明威患有严重的精神抑郁症，1961年7月2日，他用猎枪自杀。

海明威

## 黑色幽默

"黑色幽默"是20世纪60年代美国出现的一种文学流派。1965年，美国当代作家弗里德曼编了一个小说集，里面收集了托马斯·品欣、约瑟夫·海勒等12位美国当代作家的作品片断，书名为《黑色幽默》。因为这些作家的作品有一些共同的特征：经常是通过离奇、怪诞的情节，运用嘲讽的手法对人物和环境进行漫画式的夸张，来表现恐怖的主题，如死亡、污染、战争等等。所以人们便把这些作品称之为"黑色幽默"文学。

所谓"黑色幽默"是指一种荒诞的病态的幽默。有人解释说，"黑色"是指可怕而又滑稽的客观现实；"幽默"，是指有自由意志的人对这种现实所采取的绝望的嘲笑，它以笑当哭，把可笑和可怕结合在一起，是悲剧内容和喜剧形式交织混杂的新品种。"黑色幽默"的作品，正是通过这种含蓄的形式来表现"当今世界的荒谬、冷漠、自相矛盾和残酷无情"。

由此可见，这个流派的产生，是美国作家对现实社会不满情绪宣泄的结果，同时也受到弗洛伊德、柏格森和萨特等人的现代派理论的重大影响。他们的作品虽对资本主义的各种弊端有一定的揭露批判作用，但把资本主义世界同全人类划等号，把资本主义社会的阴暗腐朽看作是人类必然灭亡的趋势，从而散布虚无主义、悲观主义和唯我主义的消极思想，具有明显的资产阶级颓废倾向，是资本主义危机在精神领域的一种反映。

"如果你能证明自己发疯，那就说明你没疯。"这句带有黑色幽默意味的话，源出自1961年美国作家约瑟夫·赫勒根据自己在第二次世界大战中的亲身经历创作的黑色幽默小说《第二十二条军规》。这部小说影响巨大，以至于在当代美语中，"第二十二条军规"已作为一个独立的单词，用来形容任何自相矛盾、不合逻辑的规定或条件所造成的无法摆脱的困境、难以逾越的障碍，表示人们处于左右为难的境地，或者是一件事陷入了死循环，或者跌进逻辑陷阱等等。

## 俳　句

俳句是日本特有的一种诗体，也叫"俳谐"（它本是"诙谐"的意思）。古代的日本人，把以智巧和滑稽为主的汉诗或者和歌叫做"诙谐体"。到了中古时期，他们把凡是不属于正雅的汉诗、和歌、连歌全叫做"俳谐"。17世纪以后，经日本"俳圣"松尾芭蕉提倡，"俳谐"成为一种独立的诗歌体裁，即特指连歌中的发句，"连歌"相当于中国的"联诗"。创作时，歌人们聚在一起，由一个人先吟出第一句，这叫"发句"。然后，另一歌人吟出后一句，这叫"连句"。然后又咏发句、连句，如此反复，可长可短，长的可达千句以上，是当时贵族们的一种风雅的文学活动。后来，人们只用连歌中的发句吟出一些幽默讽刺的短诗，作为和歌与连歌创作的余兴，于是就产生了名副其实的俳谐。俳句一般是3句17音，即首句5音，次句7音，末句5音，所以又称"17音"。19世纪末，经诗人正冈子规的革新，又产生了新派俳句。

## 东方文学之最

东方文学，又称"亚非文学"，是包括亚洲和非洲的各国文学。其悠久的历史、丰富的创作、多样的风格和手法，在世界文学史上都占有重要的地位，对世界文学的不断发展作出了伟大的贡献。除中国古代文学之外的东方文学之最，举例如下：

古巴比伦的《吉尔伽美什》，是迄今为止发现的人类最早的一部史诗。

古埃及的劳动歌谣、《亡灵书》和故事，是人类迄今为止所看到的最早的书面文学。

古希伯来的《旧约》、印度的《吠陀》、佛教的"三藏"和伊斯兰教的《古兰经》，是世界文学史上最庞大的几种文献汇编。

世界上最长的史诗是古印度的《摩诃婆罗多》。

世界上最早的写实长篇小说是中古日本女作家紫式部的《源氏物语》。

中古阿拉伯的民间故事集《一千零一夜》是世界上最早用框式结构把许多短篇故事联为一个整体的文学专集，欧洲文艺复兴时期意大利作家薄伽丘写的《十日谈》、英国作家乔叟的《坎特伯雷故事集》都学习借鉴了这种结构方式。

中古波斯的"鲁拜体"诗（每首4句，像中国的绝句）以及从17世纪至今的日本"俳句"（每首17个音节，像中国的小令）是除中国之外，世界上最短的抒情诗。

中古印度的《舞论》是世界上最早的系统戏剧理论。

在近代和现代，东方文学也成就辉煌，印度的泰戈尔、日本的川端康成和大江健三郎、尼日利亚的沃莱·索因卡、埃及的马夫兹等都先后荣获诺贝尔文学奖。日本的推理小说，在世界文坛也独树一帜。

# 古希腊三大悲剧家

## 埃斯库罗斯

埃斯库罗斯，公元前525年出生于希腊阿提卡的埃琉西斯，公元前456年逝世于西西里岛上的杰拉，是古希腊悲剧诗人，有"悲剧之父"的美誉。

埃斯库罗斯出生于一个古老的贵族家庭，很早就喜欢戏剧和阿加索克利斯与阿波罗多的诗，传说狄俄尼索斯在梦中亲自向他传授诗的艺术。埃斯库罗斯早年曾在自己的剧中扮演角色，25岁时他第一次参加雅典的诗人比赛，但没有获胜。

公元前490年，他参加马拉松战役，在这场战役中他的兄弟阵亡。公元前480年，雅典被毁后，他在希腊舰队里参加了萨拉米斯海战。埃斯库罗斯多次前往西西里岛，公元前475年，他在那里与诗人西摩尼得斯和品达相会。

公元前472年，他回到雅典，他的《波斯人》首次上演，赢得了诗人比赛的最高奖。公元前468年，他输在索福克勒斯手下，但他一生中一共赢得了13次雅典诗人比赛的最佳奖。

他最后一次去西西里时没有能够及时回雅典，传说是被一只从天上掉下来的乌龟砸死的。他被葬在格拉，墓碑上写着：

> 墓碑下安睡着雅典人埃斯库罗斯，欧福里翁之子。
>
> 在丰饶的格拉死亡战胜了他。
>
> 但马拉松的战场可以证明他的勇敢，
>
> 连长发的米底人也得承认。

据说这段墓志铭是由埃斯库罗斯本人撰写的。

他的死讯到达雅典后，雅典人决定他的剧作可以继续在比赛中上演（不作为参赛的剧作）。只要上演他的悲剧，提出申请的演出者就可以获得免费的助演歌队。

据说埃斯库罗斯一共留下了90部剧作（包括山羊剧），其中79部的名称流传了下来，但其中最著名的20部都遗失了，他的悲剧有7部完整地流传到今天。

从他早年的作品到他死前不久的作品有一个明显的艺术发展过程，他早年的作品叙述相当简单，而晚年所作悲剧的戏剧色彩非常浓厚。

他是第一个在希腊话剧中引入第二个演员的剧作家，通过对话的形式他改革了希腊话剧，他的语言、风格和使用的希腊神话中的故事，深深地影响了后人。他的人物都不是普通人，他们的感情，特性以及他们有力、简短、高雅和生动的语言都超于一般人之上。

埃斯库罗斯留存的主要作品有：

《被缚的普罗米修斯》　上演时间不明，可能在公元前480年以后，是三连剧的第一部或第二部，其他两部《送火者普罗米修斯》（可能为第三部或第一部）和《被解绑的普罗米修斯》（可能为第二部或第三部）已佚，配套的山羊剧不明。

《波斯人》　上演于公元前472年，是独立的悲剧，也是现存唯一的取材于历史题材的古希腊悲剧。

《祈援女》　上演于公元前470年以后，是三连剧的第一部，其他两部可能是《埃古普托斯的儿子们》（或《埃及人》）和《达奈俄斯的女儿们》已佚，配套的山羊剧是《阿慕莫奈》。

《七勇攻忒拜》　上演于公元前467年，是三连剧的第三部，其他两部是《莱俄斯》和《俄狄浦斯》已佚，配套的山羊剧是《斯芬克斯》，获当年头奖。

## 索福克勒斯

索福克勒斯生于公元前496年，死于公元前406年，恰逢雅典的鼎盛时期。在三大悲剧诗人中，他享寿最高，获奖最多。他去世的时候，雅典和斯巴达之间战火再起，诗人的遗体因此无法归葬故里。斯巴达将军闻讯后特别下令停战，让雅典人放心地将其安葬。

索福克勒斯早年就盛名远扬，他从公元前468年在戏剧比赛中赢了埃斯库罗斯，到72岁后败给欧里庇得斯，期间罕有人能与之匹敌。在长达70年的创作生涯中，他共写了130多部悲剧和滑稽剧。最初他以埃斯库罗斯为样板，但很快形成了自己的独特风格。他首先引进了第三个演员，便于更充分地表现剧中人物的冲突。在他的悲剧中，合唱队的重要性大大减低，戏剧对话和动作的重要性大大增强，对话成了戏剧中第一位的东西，成了刻画人物的有力手段。他把许多可怕的剧景引介到剧场，比如埃阿斯当众自杀、俄狄浦斯刺瞎双眼后再度登台等等。

其作品流传至今的只有 7 部，即《埃阿斯》、《俄狄浦斯王》、《安提戈涅》、《厄勒克特拉》、《特拉喀斯少女》、《菲罗克忒忒斯》和《俄狄浦斯在科罗诺斯》，其中《安提戈涅》和《俄狄浦斯王》最能反映他的创作才能。

《安提戈涅》的大致内容是：安提戈涅的两位兄长波吕涅克斯和厄忒俄克勒斯彼此不和，为争夺王位发生激战，结果同归于尽。克瑞翁以舅父身份继承王位，他宣布曾流亡国外并借助外国力量来争夺王位的波吕涅克斯为叛徒，因而不准任何人埋葬其尸骨。按照古希腊神律，一个人死后如不下葬，他的阴魂便不能进入冥土，而露尸不葬，也会触犯神灵，殃及城邦。安提戈涅义无反顾地尽了亲人应尽的义务。悲剧的结局很惨：安提戈涅在牢中自缢，其未婚夫、克瑞翁的儿子海蒙殉情自杀，克瑞翁的妻子愤而自尽，只剩下克瑞翁一人在那里叹息。

该剧反映了国法与神律、人情之间的冲突，后来的柏克、黑格尔等人都将其归结为不同类型正义准则的冲突。不过，在索福克勒斯的笔下，克瑞翁是个僭主，以自己的意志为城邦的意志，把城邦的法律置于神律之上，刚愎自用，残暴凶狠，最后落得一个孤家寡人的下场。

《俄狄浦斯王》最具有震撼力：一向繁荣的忒拜城突然遭到了厄运，土地荒芜，庄稼歉收，牲畜瘟死，妇人流产。城邦在血红的波浪里颠簸不定，全城到处是求生的歌声和苦痛的呻吟。无尽的痛苦折磨着众人，也令爱民如子的国王俄狄浦斯忧心如焚。这一切到底是为什么？俄狄浦斯派人请来了阿波罗的神示：由于多年前一个人所犯的杀死前王拉伊科斯的罪孽，城邦才遭此劫难，只有严惩凶手，才能拯救城邦。

剧情围绕着寻找凶手而进行，全剧共有两个线索。其一是，忒拜牧人曾说拉伊科斯死在三岔口，其妻子伊俄卡斯特曾提到拉伊科斯的相貌、年龄、侍从人数以及被杀的时间，这一切证明俄狄浦斯是杀死拉伊科斯的凶手，但俄狄浦斯仍未想到那人是他的父亲。另一线索，科任托斯牧人告诉俄狄浦斯，他并非波吕波斯的儿子。当这两个牧人相遇时，两条线索交织在一起，真相也就大白了。该剧通过倒叙的手法，环环相扣，一步步地把戏剧冲突推向高潮，悲剧气氛也随之趋于顶点——伊俄卡斯特自杀，俄狄浦斯自刺双目后离开忒拜城，行乞涤罪。

希腊人笃信命运，这在悲剧中也有所反映。埃斯库罗斯的《奥瑞斯提斯》被看做是命运剧，《俄狄浦斯王》更是命运剧的代表。命运虽然是不可战胜的，但俄狄浦斯并不是消极地等待，而是展开英勇的斗争。他的品德，他那种完全不顾自己痛苦的行动，他那种不惜任何代价去寻求真相的决心，本身就是可歌可泣的。可以说，这是一曲人与命运作殊死斗争的悲歌。

 **欧里庇得斯**

欧里庇得斯（公元前 480 年～公元前 406 年）一生共创作了 90 多部作品，保留至今的有 18 部。对于欧里庇得斯的评价，一向褒贬不一，有人说他是最伟大的悲剧作家，也有人说悲剧在他的手中衰亡不一，毋庸置疑的是，欧里庇得斯的作品对于后世的影响是深远的。

欧里庇得斯出身于阿卡提一个贵族家庭，对各类艺术有过全面且系统的学习，他非常醉心于诗和哲学，并用年轻时得到的一笔遗产在家里建了一个收藏丰富的私人藏书室。

欧里庇得斯很早就开始尝试悲剧写作，公元前 455 年首次参加比赛，但那次的比赛他得了最后一名，观众在演出结束的时候向他的歌队扔垃圾。之后将近 20 年里，欧里庇得斯很少动笔创作，但他对于自己和悲剧这门艺术有了更深的认识。公元前 441 年，欧里庇得斯第一次在悲剧比赛中获得头奖，可惜的是当时的剧本没有流传下来。

关于哲学，欧里庇得斯最早曾向阿纳萨戈刺斯学习，这位伟大的自然哲学家第一个提出月亮上的光反射自太阳光。但在希腊内战时，希腊当局将这位满口"异端学说"的哲学家赶出了希腊，欧里庇得斯对此十分气愤，他在《阿尔刻提斯》中杜撰了一个人物以表达对于驱逐他老师的不平。接着，欧里庇得斯向他的好友普罗塔戈刺斯和普罗狄刻斯这两位诡辩大师学习，但是当时希腊的诡辩术还未发展完善，主要是一些对于神和神话世界的怀疑论题。最后，欧里庇得斯与苏格拉底为友并向他学习。

有人说欧里庇得斯的悲剧最大的不足就是他让剧中人在舞台上论述了太多哲学，使整个剧情变得乏味。但从另一方面来看，这些哲学式的台词赋予了悲剧更多深刻的含义，而且也丝毫没有损减其悲剧中的诗意。

欧里庇得斯所生活的年代正处于希腊内战（伯罗奔尼撒战役）期间，希腊表面上的黄金时代正从内部瓦解，内外矛盾不断恶化，与斯巴达人经年累月的战争、和谈、再战争，使得平民越来越贫困，奴隶的待遇越来越苛刻，女人毫无地位可言，只是作为对方婚姻的财产。对此，欧里庇得斯在自己的作品中公开表示反对，他同情弱者，提倡和平、民主以及平等。

由于欧里庇得斯的名气越来越大，希腊当局害怕他作品中的一些对立思想会影响民众而最终将他赶出了希腊，晚年的欧里庇得斯不得不在马其顿国王的庇护下生活。欧里庇得斯客死异乡后，希腊人曾要求马其顿人将他的尸体送回希腊安葬，但遭到了拒绝，后来，人们在希腊的郊外为欧里庇得斯立了一块石碑，上面刻有很多的赞美之词。

欧里庇得斯的时代，悲剧作为一门艺术其形式已经发展完善，而在欧里庇得斯手里，悲剧又经历了一次革新。与前辈们不同，欧里庇得斯的悲剧不再围绕着旧式的英雄主题，而是取材自日常生活，剧中出现了平民、奴隶、农民等人物形象，而剧中所采用的语言也平民化了，很通俗易懂，但这显然大大违背了希腊传统的审美观，当然也不合乎当局者的口味，因此，伴随着欧里庇得斯的作品的，常常是质疑和责难。

另外，欧里庇得斯有很多以探讨女性心理为主题的作品，其现存的作品中有12部是以女性为主角的，其中最成功的一部就是《美狄亚》，这部作品对后来西方的文学发展有着很深的影响。

# 莎士比亚

莎士比亚（公元 1564～1616 年）是文艺复兴高潮时期英国著名的戏剧家和诗人，生于沃里克郡埃文河上的斯特拉特镇，其父约翰是自耕农，曾被选为斯特拉夫镇的镇长，其母安·哈瑟是较富裕自耕农的女儿，莎士亚是他们的长子。莎士比亚一生写有 37 部戏剧，154 首十四行诗，两首长诗及其他诗歌。他的所有作品处处体现着人文主义的基本精神，反映了新兴资产阶级的理想和追求，也深刻而生动地反映了 16 到 17 世纪的英国现实。这些作品富于形象性，尤其善于吸收欧洲各国的新文化、新思想，集中地代表了整个欧洲

莎士比亚

文艺复兴的文学成就。莎氏十四行诗的主题是友谊与爱情；37 部戏剧可分为喜剧、历史剧和悲剧三大类，主要代表作有《罗密欧与朱丽叶》、《温莎的风流娘们》、《威尼斯商人》、《哈姆雷特》、《奥塞罗》、《雅典的泰门》、《李尔王》、《麦克白》等。

# 歌 剧

歌剧是将音乐（声乐与器乐）、戏剧（剧本与表演）、文学（诗歌）、舞蹈（民间舞与芭蕾）、舞台美术等融为一体的综合性艺术，通常由咏叹调、宣叙调、重唱、合唱、序曲、间奏曲、舞蹈场面等组成，有时也用说白和朗诵。

早在古希腊的戏剧中，就有合唱队的伴唱，有些朗诵甚至也以歌唱的形式出现。中世纪的歌剧多以宗教故事为题材，宣扬宗教观点的神迹剧在香火旺盛、持续不断。而真正称得上"音乐的戏剧"的近代西洋歌剧，却是在 16 世纪末 17 世纪初，随着文艺复兴时期音乐文化的世俗化而应运产生的。

在 16 世纪末意大利的佛罗伦萨，一群文化艺术界的名人经常在贵族巴尔第和柯尔西家聚会，他们热衷于恢复古希腊的戏剧，力图创造出一种诗歌与音乐相结合的生动艺术。他们认为复调艺术破坏歌词意义的表达，主张采用单声部旋律，并且在实践中发现，在和声伴奏下自由吟唱的音调，不但可以用在同一首诗歌中，还可以用于整部戏剧中。随后，就产生了最早的歌剧，当时称为田园剧。

世界上第一部公认的歌剧是 1607 年由蒙特威尔第创作的《奥菲欧》，从此，歌剧以它独特的魅力逐渐成为欧洲最重要的音乐体裁。

在罗马，影响最大的是以亚·斯卡拉蒂为代表的那不勒斯歌剧乐派。亚·斯卡拉蒂于 1681 年创作的歌剧《善善恶恶》确立了歌剧序曲的典型模式，即"快-慢-快"三段式，同期，ABA 式的咏叹调格式也得以确立。

到 18 世纪 20 年代，取材于日常生活、剧情诙谐、音乐质朴的喜歌剧体裁的兴起。意大利喜歌剧的第一部典范之作是帕戈莱西的《女佣作主妇》（1733 年首演），该剧原是一部正歌剧的幕间剧，1752 年在巴黎上演时，曾遭到保守派的诋毁，因而掀起了歌剧史上著名的"喜歌剧论战"。出自卢梭手笔的法国第一部喜歌剧《乡村占卜师》就是在这场论战和这部歌剧的启示下诞生的。

意大利歌剧在法国最先得到改造，与法兰西的民族文化结合起来。吕利是法国歌剧（"抒情悲剧"）的奠基人，他除了创造出与法语紧密结合的独唱旋律外，还率先将芭蕾场面运用在歌剧中。在英国，普赛尔在本国假面剧传统的基础上，创造出英国第一部民族歌剧《狄东与伊尼阿斯》。在德、奥，则由海顿、狄特尔斯多夫、莫扎特等人将民间歌唱剧发展成德奥民族歌剧，代表作有莫扎特的《魔笛》等。

# "高音 C 之王" 帕瓦罗蒂

帕瓦罗蒂（1935～2007 年）是世界著名的意大利男高音歌唱家。令人惊奇的是，这位号称"高音 C 之王"和"世界首席男高音"的歌唱家并不识谱。他在一次演出结束后透露，他是依靠他的耳朵和他自己的符号替代音符系统来学习歌曲的。

帕瓦罗蒂的父亲费尔南多·帕瓦罗蒂是面包师，母亲阿黛勒是雪茄烟厂女工，他们都酷爱音乐，父亲是当地颇有名气的业余男高音。帕瓦罗蒂呱呱落地时就拥有一副好嗓子，他的第一声啼哭，就让母亲和医生格外惊讶。医生从来没有听过音调这么高的啼哭，母亲更预言，小帕瓦罗蒂将来会前途无量。

1947 年，12 岁的帕瓦罗蒂在吃饭时，双腿突然失去知觉，发起高烧，陷入昏迷，危在旦夕。经过 7 天生与死的搏斗，帕瓦罗蒂奇迹般全愈。以后，帕瓦罗蒂对未来充满恐惧感，并渴望一生能够快乐生活。1952 年，帕瓦罗蒂由父亲介绍到"罗西尼"合唱团，从此开始随合唱团在各地举行音乐会。为了能引起某个经纪人的注意，帕瓦罗蒂不时在免费的音乐会上演唱，但都没有成功。在菲拉拉举行的一场音乐会上，他甚至因表现不佳被满场观众哄下舞台。

帕瓦罗蒂

1955 年，帕瓦罗蒂一边向歌唱家阿里哥·波拉学习唱歌，一边在保险公司做保险推销员，同时还在一所小学做代课老师。帕瓦罗蒂上午教课，下午卖保险，由于兢兢业业，不久就成了卖保险的行家；但对于教课，他觉得像一场恶梦，他承认："我无法在学生面前显示出自己必要的权威。"

1961 年，25 岁的帕瓦罗蒂在阿基莱·佩里国际声乐比赛中，因成功演唱歌剧《波希米亚人》主角鲁道夫的咏叹调，荣获一等奖。

1963 年，帕瓦罗蒂首次在阿姆斯特丹演唱，之后又在英国伦敦皇家歌剧院顶替前辈大师斯苔芳诺演唱鲁道夫大获成功，帕瓦罗蒂从此被世界关注。

1967 年，帕瓦罗蒂在纪念音乐家托斯卡尼尼诞辰 100 周年的音乐会上，被卡拉扬挑选担任威尔第《安魂曲》中的独唱，帕瓦罗蒂被推向更为宽广的世界舞台。此后，在柏林、旧金山等地，帕瓦罗蒂在卡拉扬的指挥棒下高歌，场场轰动。

1972 年，帕瓦罗蒂在纽约大都会歌剧院与萨瑟兰合作演出《军中女郎》，在一段被称为男高音禁区的唱段《多么快乐的一天》时，帕瓦罗蒂连续唱出 9 个带有胸腔共鸣的高音 C，震动国际乐坛，从此，"高音 C 之王"成了帕瓦罗蒂的代名词。

## 表现主义戏剧

表现主义文学兴起于 20 世纪初，盛极于 20 年代和 30 年代的德、美等国，表现主义戏剧是表现主义文学的重要组成部分。斯特林堡是表现主义的先驱者，他的三部曲《去大马士革》是最早的表现主义戏剧。后来，德国的恺撒、托勒，捷克的恰佩克，美国的奥尼尔等，也创作了一批有影响的表现主义戏剧。这些剧作中的人物往往是某些共性的抽象和象征，没定具体的姓名，剧作更强调人的内心活动、感觉和梦幻，采用内心独白、梦景、面具等手段表现人物的心理世界，剧情离奇而且变化突出，语言带有电报或梦呓的意味。这个流派对战后荒诞派戏剧的兴起有直接的影响。

## 荒诞派戏剧

荒诞派戏剧是 20 世纪 50 ~ 60 年代盛行于西方戏剧界的一个流派，20 世纪 50 年代初产生于法国，代表人物有尤内斯库、贝克特、阿达莫夫、热奈等。产生初期被称为先锋派戏剧，尤内斯库称自己的戏剧为"反戏剧"。1861 年，英国戏剧评论家马丁·埃斯林出版《荒诞戏剧》一书，把这个流派定名为荒诞戏剧。

荒诞戏剧的思想基础是存在主义哲学的荒诞观念，即人与其生活环境脱节，他既不是世界的主人，也不是社会的牺牲品，人生处于难堪、无聊、可悲的境地。这些戏剧一反戏剧的种种传统因素，如情节、冲突、人物性格、对话等，采用支离破碎的舞台形象和夸张、怪诞、违反逻辑、梦幻等荒诞悖理的表现手法，使荒诞的内容与荒诞的形式达到统一。荒诞戏剧于 20 世纪 50 年代末 60 年代初达到鼎盛时期，在法国之外的许多国家也涌现出许多作家，但也有一部分作家后来回到传统戏剧上来。

# 莫里哀

莫里哀（1840～1926年）是法国古典主义文学时期的著名剧作家。他10岁丧母，外祖父经常带他去看闹剧、喜剧和悲喜剧，使他从小就喜爱戏剧。他是法国现实主义喜剧的首创者，他的喜剧提出了各种严肃的社会问题，向后人提供了当时的风俗人情。他同时又是法国唯物主义喜剧的第一人，他以滑稽的形式揭露封建宗教和一切虚假事物，不卖弄技巧而能使喜剧起到教育观众的作用。莫里哀戏剧作品的特点是把生活写透，把矛盾写透，把性格写透。他特别重视自然面貌，接近观众，这对后世有很大影响。许多作家都曾师法他，但总不能逾越，法国人总爱用"无法模仿的莫里哀"来评价他。莫里哀不仅是一位杰出的剧作家，而且还是一位出众的导演和优秀的演员，他还培养了一代的艺术家。他是法国戏剧史上贡献卓越的戏剧家，也是整个欧洲戏剧事业发展的有力推动者，他的重要剧作有《伪君子》、《丈夫学堂》、《悭吝人》等。

## 肖伯纳

肖伯纳（1856～1950年）是英国戏剧家。出生于爱尔兰首都都柏林，父亲是法院公务员，母亲于1872年前往伦敦，靠歌唱和教授音乐谋生。1876年，他到伦敦投奔母亲，培养对音乐的爱好，写音乐和戏剧评论。1885年他开始戏剧创作，至1949年止，共完成剧本51部。他写出的第一部剧本是《鳏夫的房屋》，1894年写出《华伦夫人的职业》，这两部戏剧无情揭露了"体面的"资产者不体面的财富来源。肖伯纳著名的剧作还有：《英国老的另一个岛屿》、《巴巴拉少校》、《伤心之家》等。这些剧作犀利而又辛辣地讽刺和批判了资本主义社会中的虚伪、狡诈、丑恶。肖伯纳的戏剧语言机智、灵活，被公认为英语口语和对白的大师。

## 京剧四大名旦

京剧四大名旦指的是梅兰芳、程砚秋、尚小云、荀慧生。四大名旦的称谓是由沙大风于1921年在天津《大风报》创刊号上首次提出。

梅兰芳（1894～1961年），名澜，又名鹤鸣，字畹华、浣华，别署缀玉轩主人，艺名兰芳，江苏泰州人，1894年生于北京。他出生于京剧世家，10岁登台在北京广和楼演出《天仙配》，工花旦，1908年搭喜连成班，1911年北京各界举行京剧演员评选活动，张贴菊榜，梅兰芳名列第三名探花。其代表戏京剧有《贵妃醉酒》、《霸王别姬》等，昆曲有《思凡》、《游园惊梦》等。梅兰芳在京剧唱腔、念白、舞蹈、音乐、服装上均进行了独树一帜的艺术创新，被称为梅派大师。

程砚秋（1904～1958年），原名承麟，满族，后改为汉姓程，初名程菊侬，后改艳秋，字玉霜，1932年起更名砚秋，改字御霜。其自幼学戏，演青衣，受师于梅兰芳。他在艺术上勇于革新创造，讲究音韵，注重四声，追求"声、情、美、水"的高度结合，并根据自己的嗓音特点，创造出一种幽咽婉转、起伏跌宕、若断若续、节奏多变的唱腔，形成独特的艺术风格，世称"程派"。程砚秋擅长演

京剧四大名旦

悲剧，编演过《鸳鸯冢》、《荒山泪》、《青霜剑》、《英台抗婚》、《窦娥冤》等戏，大多表演封建社会妇女的悲惨命运。

尚小云（1900～1976年），名德泉，字绮霞，祖籍河北南宫县，生于北京市安定门内法通寺草场大院。幼入科班学艺，14岁时被评为"第一童伶"。初习武生，后改正旦，兼演刀马旦。他功底深厚，嗓音宽亮，唱腔以刚劲著称，世称"尚派"。代表作有《二进宫》、《祭塔》、《昭君出塞》、《梁红玉》等，塑造了一批巾帼英雄和侠女烈妇。

荀慧生（1900～1968年），祖籍河北东光，初名秉超，后改名秉彝，字慧声，1925年与余叔岩合演《打渔杀家》即改名为荀慧生，号留香，艺名白牡丹。幼年在河北梆子班学艺，19岁改演京剧，扮演花旦、刀马旦。他功底深厚，能汲取梆子戏旦角艺术之长，熔京剧花旦的表演于一炉，形成独特的艺术风格，世称"荀派"。擅长扮演天真、活泼、温柔一类妇女角色，以演《红娘》、《金玉奴》、《红楼二尤》、《钗头凤》、《荀灌娘》等剧著名。

# 哲学·思潮

## 古希腊三杰

### "一无所知"的苏格拉底

苏格拉底（公元前469～前399年），被后人广泛认为是西方哲学的奠基者。他和他的学生柏拉图及柏拉图的学生亚里士多德被并称为"希腊三贤"。

苏格拉底出生于雅典一个普通公民的家庭，他具有朴实的语言和平凡的容貌，生就扁平的鼻子、肥厚的嘴唇、凸出的眼睛、笨拙而矮小的身体和神圣的思想。

他早年继承父业，从事雕刻石像的工作，后来研究哲学。他在雅典和当时的许多智者辩论哲学问题，主要是关于伦理道德以及教育政治方面的问题。他被认为是当时最有智慧的人。作为公民，他曾三次参军作战，在战争中表现得顽强勇敢。此外，他还曾在雅典公民大会中担任过陪审官。

苏格拉底以传授知识为生，30多岁时做了一名不取报酬也不设馆的社会道德教师。许多有钱人家和穷人家的子弟常常聚集在他周围，跟他学习，向他请教，苏格拉底却常说："我只知道自己一无所知。"

苏格拉底塑像

他的一生大部分是在室外度过的，他喜欢在市场、运动场、街头等公众场合与各种人谈论各种各样的问题，如战争、政治、友谊、艺术、伦理道德等等。他说："我的母亲是个助产婆，我要追随她的脚步，我是个精神上的助产士，帮助别人产生他们自己的思想。"

苏格拉底一生过着艰苦的生活。无论严寒酷暑，他都穿着一件普通的单衣，经常不穿鞋，对吃饭也不讲究，但他似乎没有注意到这些，只是专心致志地做学问。

苏格拉底没有留下任何著作，我们只能从他的两个学生——柏拉图和色诺芬的记载中加以探索。然而，他们两人的记载又往往是互相矛盾的，因此，对于何者的记载更接近真相一直是争论的话题。苏格拉底的学说具有神秘主义色彩，他认为，天上和地上各种事物的生存、发展和毁灭都是神安排的，神是世界的主宰。他反对研究自然界，认为那是亵渎神灵。他提倡人们认识做人的道理，过有道德的生活，他的哲学主要研究探讨的是伦理道德问题。

在欧洲文化史上，苏格拉底一直被看作是为追求真理而死的圣人，与孔子在中国历史上的地位相同。

## 古希腊文化之魂柏拉图

柏拉图（公元前427～前347年）是古希腊思想家、西方文化传统的奠基人之一。

柏拉图出身于雅典显赫的贵族之家，早年爱好文学，也热衷于政治，20岁左右同苏格拉底交往后开始从事哲学研究。苏格拉底被处死后，他来到麦加拉避难，然后游历了非洲的昔勒尼、埃及、南意大利以及西西里。为实现他的政治理想曾三次赴西西里的特拉古王廷，但均未成功。公元前387年，返回雅典并在阿加德米建立自己的学院，开始从事研究、著述和教学工作。

柏拉图一生著述宏富，流传至今的对话体著作共有40多篇，其中有24篇被确认为柏拉图所著。这些著作广泛论述了哲学、政治学、伦理学、美学、教育和法学等思想。

在哲学上，柏拉图坚持以理念论为核心的客观唯心主义思想。在解决本原问题时，他提出存在可知世界和可感世界的理论，前者是由各种理念组成的真实永恒的世界，后者是变化无常的不真实的世界。理念是万物的真实本质，是客观存在的独立实体，它不生不灭，超越于经验之外，而万事万物只是理念的摹仿品。

到了晚年，由于感觉到了理念论存在的内在矛盾，他又提出了有名的"通种论"。他通过考察六个最普遍概念之间的相互关系，指出有些理念可以相互结合，甚至像存在和非存在也是互相统一互相联系的。柏拉图通过纯概念的考察，成为古代概念辨证法的典型，并由此开了西方思辨哲学的先河。

柏拉图还用造物主来说明两个世界的联系，即作为宇宙最高主宰的神用理念作模型，以基质为原料，在"善"的指导下创造了完美的世界。他还提出以理想国为蓝图的社会伦理学说，指出智慧、勇敢和节制分别在人的理性的统帅下各尽其职就会实现公道。国家和个人一样，统治者、武士和群众的美德是智慧、勇敢和节制，如果三个阶级安分守纪，各施其能，社会就会达到公道和至善。要达到至善，柏拉图还特别强调要实现哲学王的统治。到晚年写《法律篇》时，他才提出以法治代替哲学王人治的观点。

在美学思想上，他强调唯有美的理念才是绝对永恒的，感性事物的美只是因为摹仿了美本身，而艺术又只是模仿自然的感性事物，所以艺术是最低下的，但艺术作品对人有很大的潜移默化的影响。他还认为，诗人是在失去常理而陷入迷狂的状态下，靠灵感进行创作的。柏拉图的美学思想对西方美学和文艺理论有着极大的影响。

## 最博学的思想家亚里士多德

亚里士多德（公元前384～前322年），柏拉图的学生，亚历山大大帝的老师。公元前335年，他在雅典办了一所叫吕克昂的学校，被称为"逍遥学派"。

亚里士多德师承柏拉图，主张教育是国家的职能，学校应由国家管理。他首先提出儿童身心发展阶段的思想，赞成雅典健美体格、和谐发展的教育，主张把天然素质、养成习惯和发展理性看作道德教育的三个源泉，主张"文雅"教育，使教育服务于闲暇。

亚里士多德一生勤奋治学，从事的研究几乎涉及所有的学科，并写下了大量的著作，有《工具论》、《形而上学》、《物理学》、《伦理学》、《政治学》、《诗学》等。他创立了形式逻辑学，丰富和发展了哲学的各个分支学科，同时，对自然科学的发展作出了巨大的贡献。马克思曾称亚里士多德是古希腊哲学家中最博学的人。

# 形而上学

形而上学一词最初是亚里士多德一部哲学著作的名称，意为"物理学之后"，形而上学是他的第一哲学，其研究对象是超感官的、无形的不可经验的东西；他的第二哲学是自然哲学，其研究对象是可感的、有形的东西，因而第二哲学实际是现代所谓的自然科学，而形而上学就是哲学。严复首次把"物理学之后"译为"形而上学"。

形而上学的另一种含义，是指与辩证法相对立的一种思维方法，这一含义是从黑格尔开始使用的。黑格尔把形而上学当成反辩证法的同义词。形而上学用孤立的、静止的、不变的观点看问题。这种思维方法古已有之，但作为一种系统的思想方法却产生于 15～18 世纪，它的产生是与当时生产和自然科学发展的水平相适应的。这一时期，自然科学正处于分门别类的搜集材料阶段，需要撇开事物间的普遍联系，把它作为一个孤立、静止、不变的东西来考察，从而对其加以详尽分析和研究。这种思考问题的方法被培根、洛克等人带入哲学领域，形成了形而上学思维方法。这种方法在一定范围、一定历史阶段内是正当的、合理的，因为一方面它是与当时生产和自然科学发展水平相适应的，是人类认识史的必经阶段，另一方面对事物进行分析、分解、静止的研究在一定范围内也是需要的，没有分析就不可能达到综合的整体认识，但超出这个范围它就变成了谬误。

# 犬儒主义

犬儒主义是古希腊的一个哲学流派，创始人是苏格拉底的弟子安提西尼，代表人物是狄奥根尼。犬儒主义，指一种对社会文化、社会精神特别是道德价值表示蔑视的态度，源于古希腊昔尼克学派。该学派是因安提西尼在雅典城外的"快犬"运动场讲学而得名。另有一种说法是因这一学派主张回到原始的自然状态，生活方式粗野，像狗一样，所以被贬称为"犬"。其主要代表人物有狄奥根尼、拉尔修、格拉底、欧奈西克利特、比翁、梅尼波等人。

在哲学上，犬儒学派主张"种"、"属"（共相）是没有意义的，只有个别的事物才是起初的。它崇尚自然，认为一切人间的文明享受都是多余的、有害的，理想生活应是极端简朴的原始生活。这种生活原则，是把自然与习俗、法律对立起来，尊重自然而贬抑习俗和法律。在某些时候，犬儒主义强调自然、轻视秩序的态度，是对当时社会制度的反抗，但这是一种主张抛弃文明和文化，回到原始自然状态的消极态度。后来的人们把凡是对已形成的人类文化的历史成果进行嘲弄，对道德原则表示轻视，对人们宝贵的理想进行讥笑，对人的尊严加以贬低的言行都称为犬儒主义。

犬儒主义者主张清心寡欲，鄙弃俗世的荣华富贵，提倡回归自然。他们认为，人要摆脱世俗的利益而追求唯一值得拥有的善。他们相信，真正的幸福并不是建立在稍纵即逝的外部优越环境上，每人都可以获得幸福，而且一旦拥有，就绝对不会再失去，人无须担心自己的健康，也不必担心别人的痛苦。

据说狄奥根尼住在一个桶里，像一个印度托钵僧那样以行乞为生，宣扬人类之间以及人与动物之间的友爱。据说亚历山大曾拜访过他，并问他想要什么恩赐，他回答说："只要你别挡住我的阳光。"狄奥根尼是一个激烈的社会批评家，他立志要揭穿世间的一切伪善，热烈地追求真正的德行，追求从物欲之下解放出来的心灵自由。狄奥根尼曾经提着一个灯笼在城里游走，说："我在找一个真正诚实的人。"

随着犬儒理念的流行，犬儒主义的内涵发生了微妙的根本变化。早期的犬儒主义者是根据自身的道德原则去蔑视世俗的观念，后期的犬儒主义者依旧蔑视世俗的观念，但却丧失赖为准绳的道德原则，于是愤世嫉俗就变成了玩世不恭。到后来，犬儒走向另一极端，只认外在的世俗的功利，否认内在的德性与价值。到现代，"犬儒主义"一词在西方带有贬义，意指对人类真诚的不信任，对他人的痛苦无动于衷的态度和行为。

# 教父哲学

教父哲学是公元 2~5 世纪早期基督教为其教义辩护的一种宗教唯心主义思想体系。它是由护教者根据圣经，利用古希腊罗马哲学特别是新柏拉图学派的学说建立起来的。所谓教父，是那些既宣讲又著作的护教者，他们对制订和论证基督教教义作出了贡献，教父哲学因此而得名。教父哲学，本质上是宣扬以神为出发点和终结点的宗教唯心主义世界观和人生观。

教父哲学的代表人物主要分为希腊和拉丁两大派。教父哲学的创始者查士丁、克莱门、奥里根等，出生在东方，并用希腊文著作，故称东方希腊教父。他们最早意识到哲学的作用，把哲学作为为基督教教义辩护的工具。他们推崇柏拉图，称他为神派遣的先知。另一派的代表人物有德尔图良、奥古斯丁、格雷高里等，他们生长在西方，并用拉丁文宣讲和著书，故称西方拉丁教父。他们对古希腊哲学作了明确的选择，主要把新柏拉图主义塞进基督教教义中，使哲学和神学混为一体。他们是教父哲学的组织者，奥古斯丁则是最后的完成者，他把教父哲学推向了全盛时期。

教父哲学主要是以哲学论证神、三位一体、创世、原罪、救赎、预定、天国等教义。教父们根据柏拉图的理念论提出了神真实存在的论断，认为肯定一个判断的真或假并不在于主观意识，而在于依据客观真理，判断这一事实本身，即证明了真理世界的存在。同时，变化不定的感性世界这一现象本身，也表明它所依据的永恒不变的精神世界的实在性，感性世界的存在无疑是渊源于精神世界的实在性。所以，真理的精神世界必然存在，而且必须首先独立存在和永恒存在。无论人们掌握与否，都无法予以否定，这真理的精神世界就是神。

# 奥古斯丁

奥古斯丁（354～430年）是基督教重要的神学家、哲学家、思想家，也是拉丁教父的主要代表，北非希波主教。他生于北的塔加斯特（今阿尔及利亚的苏克赫腊斯），早年在迦太基学习雄辩术和修辞学，并加入摩尼教，因与贫贱女子有同居关系，被该教视为一般"听道徒"。他于383年到罗马研读新柏拉图主义的著作，深受逻各斯学说的影响。次年前往米兰聆听大主教安布罗斯对《圣经》的讲解，并就此对过去的生活表示忏悔。387年，奥古斯丁接受副主教一职，395年回家乡隐修3年，391年到希渡，接受副主教一职，395年任希波城主教，在任终身。他认为，基督教哲学的任务是在《圣经》启示的指引

奥古斯丁

下通过人灵魂中的上帝之形象认识上帝。他用新柏拉图主义论证了神创论、原罪论、恩宠论、预定论、圣事论、教会沦、三位一体等基督教神学教义，并与摩尼教及基督教异端进行论战，建立了自己的神学体系。其神学体系在 5～12 世纪西欧基督教会内占有统治地位。奥古斯丁著作甚丰，重要的有《忏悔录》、《上帝之城》、《预定论》、《论三位一体》等。

# 文艺复兴

文艺复兴是 14～16 世纪欧洲新兴资产阶级在意识形态领域的反封建运动，是人类文明史上的伟大、进步的变革。该词源于法文 renaitre，原意为"再生"，意大利艺术家瓦萨里以"再生"一词来概括这个时期文艺活动的特点。

14～15 世纪，西欧资本主义生产关系在封建社会内部逐渐萌芽、发展，反映资产阶级利益和要求的人文主义思潮随之产生。新兴资产阶级的代表人物，以复兴希腊、罗马文化为名，反对封建文化和教会精神统治，打破作为神学和经院哲学基础的一切权威和传统教条，开始以人为中心来观察问题，肯定了人是现实生活的创造者和享受者，从而反对禁欲主义和来世观念。提倡理性，探索自然，研究科学。同时，主张积极进取，反对消极遁世。这使当时的文学、艺术、史学、科学技术等方面的变革、发生热情普遍高涨。

文艺复兴始于意大利，后扩大到德、法、英、西、尼德兰等欧洲其他国家，代表人物有但丁、薄伽丘、莎士比亚、达·芬奇、莫尔、塞万提斯、蒙田等。

# 人道主义

"人道主义"一词是从拉丁文"人道精神"引申来的，最早见于古罗马思想家西塞罗，是指一种能够促使个人的才能得到最大限度发展的、具有人道精神的教育制度。

在 15 世纪新兴资产阶级思想家那里，人道主义是指文艺复兴的精神，即要求通过学习、发扬古希腊和古罗马文化，使人的才能得到充分发展，这是新兴资产阶级提出的一种包含有深刻内容的追求和理想。在资产阶级革命的过程中，人道主义反对封建教会专制，要求充分发展人的个性。

直到 19 世纪，人道主义始终是资产阶级建立和巩固资本主义制度的重要思想武器。在法国资产阶级革命时期，人道主义的内涵具体化为"自由"、"平等"、"博爱"等口号。人道主义在资产阶级革命时期，起着反对封建制度的积极作用。

人道主义是社会思想中一种进步的观点或潮流，其主要内容包括：①提倡人的尊严，确认人是最高的价值和社会发展的最终目的；②重视人的现世幸福，确认满足和发展人具有的实在的尘世需要和才能；③相信人的可教化性和发展能力，要求实现个性的自由和全面发展；④追求人类的完善，要求建立人与人之间互相尊重的真正人的关系。

# 乌托邦

乌托邦是拉丁文 utdia 的音译，源出拉丁文 u（无）和 tpus（处所），意即"没有的地方"。由于莫尔在《乌托邦》一书中用来作为虚构的社会组织的名称，所以后来成为"空想"的同义语。

《乌托邦》是欧洲文艺复兴时期的英国先进思想家托马斯·莫尔所著《关于最完善的国家制度和乌托邦新岛的既有益又有趣的金书》一书的简称，是空想社会主义学说史上第一部杰出著作，于 1516 年用拉丁文写成，同年在比利时的卢文城出版。出版后，曾一度轰动了整个英国乃至欧洲各国，不久被译成许多种文字流行于很多国家。

在这部著作中，莫尔采用对话的形式，通过一个远洋归来的葡萄牙水手和旅行家希施拉德关于在乌托邦岛见闻的谈话，具体表述了自己的社会政治思想。全书分一、二两部。

第一部的主要内容是对当时英国和西欧其他国家的社会经济、政治制度的批判。不仅抨击了使劳动人民陷于贫困和不幸的种种罪恶现象，而且指出了私有制是一切罪恶现象的根源。

第二部的主要内容是对乌托邦人的社会经济、政治制度的描述，包括关于城市、关于行政长官、关于职业、关于交际生活、关于旅行、关于奴隶、关于战争以及关于宗教等章节。在乌托邦社会，一切财产都归全民所有，实行有组织、有计划的生产和普遍的义务劳动制度；实行消费品的按需分配原则，大家都可以从公共仓库领取所需的一切；废除了商品和货币，对金银极端鄙视；人们过着丰富的物质生活和文化生活，但是也有某些平均主义和禁欲主义倾向，如他们平均分配饮食，服装式样一律，且崇尚简朴，轻视盛装丽服；乌托邦实行民主的政治制度，重视科学文化事业，人人都有很高的道德素养，关心公共利益是人们共同的生活规范。乌托邦社会采取奴隶劳动，让带着镣铐的奴隶去干肮脏费力的工作，这是该书的思想糟粕。《乌托邦》开社会主义思想之先声，对后来社会主义思想尤其是空想社会主义思想的发展产生了重大影响。

# 培 根

培根是英国近代经验主义哲学家，1561 年出生于伦敦新贵族家庭，1573 年就学于三一学院，对经院哲学歪曲亚里士多德哲学极为不满，转而学习法律。曾任女王特别法律顾问、掌玺大臣、大法官和上议院议长等要职。1621 年，因受贿被解职。主要著作有《学术的进展》、《新工具》、《论古人的智慧》、《新大西岛》等。他全面、系统地批判了经院哲学，认为这种哲学堵塞了认识自然的道路，禁锢了人们的思想。提出"四幻相"说，主张铲除各种妨碍人们客观认识的幻想和偏见。还主张"双重真理"说，为科学的发展争取权利，提出"知识就是力量"的口号，激励人们为征服自然而认识自然。培根认为自然是物质的，物质是多种多样的、能动的、具有内在力量和内部张力。他断定一切知识都来源于感觉，但也承认理性认识的作用，主张在感觉和理性之间建立合法的婚姻。他提出既不要做只收集材料的蚂蚁，也不要做只从自身吐丝结网的蜘蛛，而要做既采集又加工的蜜蜂。他认为，一切真正的知识，都是在经验材料的基础上经过归纳、分析、比较、实验等理性方法整理得来的。但是，他的学说中还留存有神学的不彻底性，如承认灵魂不朽和上帝存在等。

## 启蒙运动

启蒙运动是 17 和 18 世纪在欧洲知识界广泛开展的一场反对宗教神学权威和封建专制制度的思想文化运动。自文艺复兴后，欧洲的新思潮得到了蓬勃发展，有经验论哲学、唯理论哲学等，所讨论的问题是宇宙论问题。到牛顿力学三定律的发现，已经达到当时思潮活跃的高峰。接着，哲学研究重点就转到人的方面，这个以人为研究起点的运动，就是启蒙运动。

所谓启蒙，从广义上讲，是指人的思想解放，即破除大众的愚昧，使其不再受旧传统的思想束缚。启蒙运动在法国具有特别的意义，其基本内容是批判封建主义和天主教神学这两个当时最高的权威，阐述认识自然、发展科学的重要意义，论证资产阶级的社会国家学说和伦理道德学说。

当时法国资产阶级启蒙思想家，继17世纪资产阶级思想家之后，进一步论证了资产阶级人性论，并在人性论和理性原则的基础上阐述了"自然状态"和"社会契约论"的内容，提出了自由、平等、博爱的口号，制订了资产阶级民主共和国的理论，从而把资产阶级的社会国家学说发展成为完备的理论体系。

启蒙运动，对于1776年北美的独立战争、1789年法国大革命以及19世纪欧洲各地所发生的一系列资产阶级革命，都产生了直接而深远的影响，在政治思想史和人类历史上都占有极其重要的地位。

## 伏尔泰

伏尔泰是法国资产阶级启蒙思想家，18世纪法国启蒙运动的领袖和导师。1694年11月21日出生于巴黎一个富裕的中产阶级家庭，1778年5月30日病逝，遗体在大革命期间被移往先贤祠。他坚持自然神论的唯物主义，认为宇宙是一部庞大的机器，按其固有的规律运动，上帝是最初的推动者。他继承了洛克的经验论，承认客观世界作用于感官所产生的感觉经验是认识的来源，反对笛卡尔的"天赋观念"论和莱布尼茨的"预定和谐"论。他猛烈抨击天主教会的黑暗统治，认为宗教是人类理性的主要敌人，一切社会罪恶都源于教会散布的蒙昧主义，

**伏尔泰坐像**

它造成了社会上普遍的愚昧和狂热；要求废除宗教裁判所，实行宗教宽容；但他

并不主张废除宗教，而是认为必须保留宗教以约束人民。在社会政治观上，伏尔泰宣扬民主、平等、自由，赞扬英国的君主立宪制，倡导法治，希望通过开明君主自上而下的改革来消除专制统治，其主要著作有《哲学通信》、《形而上学论》、《牛顿哲学原理》、《哲学辞典》等。

## 百科全书派

百科全书派是18世纪法国一些启蒙思想家在编写《百科全书，或科学、艺术和工艺分类词典》的过程中形成的派别。《百科全书》由狄德罗任主编，达朗贝尔一直协助狄德罗任数学编辑，其较著名的参加者有让·雅克·卢梭、霍尔巴赫等。当这部书的声誉和它所受到的攻击都越来越大时，越来越多的哲学家、思想家被吸引参加进来，成为这部著作的撰稿人，如伏尔泰、孔狄亚克、杜尔哥、马蒙泰尔、孟德斯鸠以及布丰等人。

《百科全书》是当时一切学术活动中各种新思潮学派代表人物的陈列柜，成为批判各种传统制度和意识形态的坚强力量，它讨论实际社会问题、政治设施，切中时弊，启人心扉。它坚决反对宗教愚昧和封建专制制度，向往合理的社会，主张一切制度和观念要在理性的审判庭上受到批判和衡量。他们推崇机械工艺，重视体力劳动，孕育了资产阶级务实谋利的精神，也为法国的大革命做了思想准备。

## 古典哲学

古典哲学是18世纪末至19世纪上半叶的德国资产阶级哲学，创始人为康德，黑格尔为集大成者，费尔巴哈为最后的代表，德国古典哲学的主要成就是黑格尔辩证法中的"合理内核"与费尔巴哈唯物主义的"基本内核"。

德国古典哲学是工业革命时期欧洲哲学舞台上的主角，它提出了包括认识论、本体论、伦理学、美学、法哲学、历史哲学以及政治哲学等领域的各种重大问题和概念，标志着近代西方哲学向现代西方哲学的过渡。

古典哲学经历了从唯心主义到唯物主义两个发展阶段。康德建立了实质上是先验唯心主义的调和矛盾的哲学体系和不可知论。费希特从唯心主义立场上继承和批判了康德，建立了彻底的主观唯心主义哲学。谢林改造了费希特的主观唯心主义，建立了客观唯心主义的"同一哲学"。黑格尔是德国古典唯心主义的集大成者，他在批判继承前辈哲学家的基础上，创建了庞大的客观唯心主义体系。费尔巴哈则从人本主义出发，批判了宗教神学和黑格尔的唯心主义，唯物主义地解决了哲学的基本问题，建立了人本学唯物主义。

德国古典哲学的最大成就，是从世界观的高度用辩证法代替了形而上学。德国古典唯心主义哲学家反对把世界看作是固定不变、没有矛盾的东西，而把它理解为具有矛盾发展的、不断变化的运动过程，这就从根本上推翻了长期以来统治人们头脑的形而上学世界观。

德国古典哲学的巨大历史意义在于，它为马克思主义的产生提供了理论前提，是马克思主义的理论来源之一。德国古典哲学对以后资产阶级哲学思想的发展也有很大影响，但资产阶级哲学家们完全不能正确地分辨德国古典哲学中的精华和糟粕，他们曲解或根本抛弃辩证法，着重发挥了德国古典哲学家们的唯心主义、不可知论以及一切神秘和保守的思想。

## 意志主义

意志主义是现代西方人本主义哲学的开创性流派。叔本华1819年出版的《作为意志和表象的世界》标志着意志主义哲学的产生，它流行于19世纪下半叶和20世纪初的德、法、英及北欧等国，主要代表是叔本华和尼采。

叔本华的生存意志和悲观主义，迎合德国资产阶级1848年革命失败后的悲观、懊恼情绪，为意志主义哲学奠定了理论基调；尼采的权力意志论和超人哲学，反映了19世纪下半叶德国向帝国主义过渡时期资产阶级强暴、坚忍、狂妄的特征。

作为非理性主义思潮最初的理论形态，意志主义哲学的理论形态各有差异，但基本观点大体一致，主要有以下几点：第一，把意志看作世界的本体和万物的根源，世界是意志的创造品。意志主义者把意志看作是脱离物质世界而真实存在的精神性东西，认为世界就是我的意志；同时把意志看作世界的本质，用意志去解释自然、社会和人类精神的各种现象的存在和变化。第二，把意志看作理性的主宰，贬低理性的作用，贬低逻辑和科学的价值。认为意志是人的实体，是人的真实本质，是认识的主体和客体；宣称意志支配理性，理性屈从意志，理性是意志的工具，只有本能和直觉才把握实在。第三，叔本华极力宣扬悲观主义的人生哲学，否定人生的意义；他认为由于人的欲壑难填，所以人生充满痛苦，人生不过是一场悲剧。第四，尼采提出重估人类一切价值，主张"超人"主宰世界、决定历史发展。

总之，意志主义的产生，标志着资产阶级哲学从理性主义转向非理性主义，从乐观主义转向悲观主义，从道德主义转向非道德主义，从以上帝为中心转向以个人为中心。

## 尼采的"超人哲学"

尼采，德国人，西方现代哲学的开创者，同时也是优秀的诗人。他最早开始批判西方现代社会，然而，他的思想在他的时代没有引起社会的重视，直到20世纪，才激起各种回声。存在主义、弗洛伊德主义、后现代主义，都以各自的形式回应尼采的哲学思想。

尼采哲学在当时曾经被当做一种"行动哲学"，一种声称要使个人的要求和欲望得到最大限度发挥的哲学。他的哲学具有傲视一切，批判一切的气势，这正是他的哲学被后现代主义欣赏的重要原因。

尼采揭露和批判传统的基督教道德，他振聋发聩地宣告："上帝死了！"是对上帝的无情无畏的批判。尼采认为，在没有上帝的世界上，人们获得了空前的机会，必须建立新的价值观，以人的意志为中心的价值观。

尼采在宣告"上帝死了"之后，面临的是传统价值全面崩溃的时代，人如何重新确立生活的意

尼　采

义。尼采正是在追寻这个问题答案的过程中，为了填补信仰和价值的真空，提出了"超人哲学"，这是关于构建理想人生的哲学。尼采对现代人、现代生活感到很失望，他梦想改善人，造就新的人，即"超人"。

"超人"形象大致可以概括为：超人是超越自身、超越弱者的人，他能充分表现自己、主宰平庸之辈；超人是真理与道德的准绳，是规范与价值的创造者；超人是自由的、自私的、自足的；超人面对人类最大的痛苦和最大的希望；超人

是在不利的环境中成长起来的，憎恨、嫉妒、顽固、怀疑、严酷、贪婪和暴力只能使超人更坚强。

上帝由于过分慈悲而死掉了，"超人"就是尼采心目中新的上帝。

# 人本主义

人本主义，通常指人本学唯物主义，是一种把人生物化的形而上学唯物主义学说，以19世纪德国的费尔巴哈和俄国的车尔尼雪夫斯基为代表。费尔巴哈由于把庸俗唯物主义同一般的唯物主义混为一谈，避免采用甚至反对"唯物主义"这个术语，因而将自己的哲学称作"人本主义"。车尔尼雪夫斯基也将他的唯物主义学说称作"人本主义"，并把他的哲学著作命名为《哲学中的人本主义原理》。他们都反对把灵魂和肉体分割为两个独立的实体，反对把灵魂看作第一性的唯心主义观点。但他们所了解的人，只是生物学意义上的自然人，只是抽象的、一般的人，而不是社会的人。他们不是联系具体历史、联系社会实践来考察人，因而看不到人的社会性。

人本主义的五类起源：①在历史上，人本主义是14世纪下半叶发源于意大利并传播到欧洲其他国家的哲学和文学运动，是构成了现代西方文化的一个要素。人本主义也指承认人的价值和尊严，把人看作万物的尺度，是以人性、人的有限性和人的利益为主题的哲学。②作为"主体哲学"或"意识哲学"的一派，胡塞尔现象学也可以被称为人本主义。他同康德一样，以自我为出发点，力求为科学知识奠立基础。③来源于现象学中"哲学人类学"的舍勒的反形式主义价值哲学强调人格是道德行动的中心，似乎同人本主义一致，但人格主义并不能令人成为善和恶的尺度，然而流行于美国的人格主义或精神主义通常也被叫做人本主义。④我们在萨特的存在主义哲学中找到了真正的、完全的人本主义。他的著作《有和无》是把现象学、存在哲学和人本主义冶于一炉的集中体现，是人本主义充分发展的表现。⑤狄尔泰及其后继者的方法论解释学强调社会、人文科学要求对人本或社会历史现象的理解，和自然科学采用一般规律来说明所研究现象显然不同。在整个哲学领域内，早期解释学可以说属于人本主义范畴，是同科学主义对立的。

# 工具主义

"工具主义"是美国实用主义哲学家杜威所创造的哲学概念，又称"实验主义"。杜威是20世纪的一位哲学家、教育家、心理学家，他的思想不仅形成了美国继实用主义之后而起的实验主义哲学体系，而且，也间接影响到新教育——所谓的进步主义教育，他也因此被人们视为注重实施与理论的教育哲学家。

杜威认为，思想、概念、理论等等，不过是人们为达到某种预定目的而设计的工具，如果它们对达到这种目的有用，能使人获得成功，便是真的、好的、有价值的，否则就是假的、坏的、无价值的。道德，实质上也是调整人们活动的一种操作工具和手段。

把道德作为工具的哲学家还有穆勒，他认为人所做的一切都是以快乐为目的，所有道德行为之所以有意义，就在于它们是获得快乐的工具。美国当代实用主义哲学家胡克，是"工具主义"的继承人。

# 存在主义

存在主义，最早是由法国的哲学家马塞尔提出的。存在主义亦称"生存主义"，是现代西方哲学中最流行的派别之一，是现代人本主义思潮的代表，主要包括有神论的存在主义、无神论的存在主义和存在主义的马克思主义三大类，代表人物有克尔凯郭尔、萨特、加缪、波伏瓦等。存在主义在二战后，成为西方思想界的主流学说，其后逐渐冷淡，但它对后现代主义等思潮的影响还在持续。

存在主义是一种把存在放在本质之上的哲学理论，它虽分为有神论的和无神论的，但都主张'存在不能还原为理性'。无神论的存在主义认为，存在是人的"自我精神"与"自我意识"。有神论的存在主义认为，在人的精神之上，还有一个更根本的存在，即上帝。存在主义哲学中最重要的命题是"存在先于本质"，即先有一个没有本质的、纯粹的、主观性的存在，然后由它自由地选择或创造自己的本质。存在主义宣称人是被"抛入这世界的"，痛苦，挫折、病、死是人类现实的本质存在。存在主义的鼻祖克尔凯郭尔将存在解释为或然的，认为恐惧支配存在，人不可能知道将有什么事情发生。海德格尔和萨特断言："存在先于本质"，其意思是说，人没有决定他的生活和行动方式的本性，人只能在可能性中选择并表现他自己。人类的存在是期待，是对未来的设计。

存在主义以人为中心、尊重人的个性和自由，认为人是在无意义的宇宙中生活，人的存在本身也没有意义，但人可以在存在的基础上自我造就，方能活得精彩。

"存在先于本质"的命题，首见于萨特所著的《存在与虚无》。他认为，除了人的生存之外，没有天经地义的道德或体外的灵魂，道德和灵魂都是人在生存中创造出来的。人没有义务遵守某个道德标准或宗教信仰，却有选择的自由。评价一个人，要评价他的所作所为，而不是评价他是个什么人物，因为一个人是由他的行动来定义的。

在萨特看来，他人乃是一个存在的客体，这种客体不同于物，他不但存在着，而且还对"我"构成了威胁。在他的"目光下"，他可能把"我"变成物。在这种情况下，一个人要从他人的目光或他人的地狱中解脱出来，只有两种途径：或者心甘情愿地做别人的物，或者使他人做自己的物，去操纵他人。所以，就诞生了另一个重要的哲学命题——他人即地狱。

存在主义对人生存的孤独性、虚无性及不确定性的强调，从批判现代性、解构主体性、颠覆客观性等方面，为后现代主义的产生提供了理论来源。

存在主义不仅通过哲学，而且还通过小说、戏剧、电影等形式广泛传播，甚至影响到人们的生活方式。

## 儒　家

儒家，是中华民族传统价值观中最重要的一支，它以强势的道德意识及政治理想成为贯穿中华民族历史的主流价值观。其创始人是春秋时的孔子。

孔子的主要思想有：

伦理观：仁，是儒家伦理道德的总纲。仁，就是爱人。君主要体恤民情、爱惜民力，民众要敬重师长、和睦乡邻。若要实践仁德，需要忠和恕。忠是尽自己的本分，恕是推己及人。提倡以礼乐约束人的行为，陶冶人的性情。

政治观：主张以礼义治国，恢复西周时期的德治。社会各阶层人士应尽各自的本分，以达成君君、臣臣、父父、子子的和谐局面。

教育观：孔子提出"有教无类"的主张，认为教育不应分贵贱贤愚，并认为因材施教是理想的教学方法。他提倡温故知新及举一反三等学习方法。

宇宙观：对鬼神之说抱着"存而不论"的态度，主张"敬鬼神而远之"，但十分重视祭祀祖先。

孔 子

其后，孟子以"性善说"论述"仁"。孟子认为，人性本善，人们本身具备恻隐、羞恶、辞让、是非四种善端，只要加以发扬，便可形成仁、义、礼、智的德行。

荀子主张"性恶论"，认为人与禽兽无异，"饥而欲饱，寒而欲暖"，若顺从人的本性而行，必会引起纷争。因此，他主张通过教育改变人的本性，为善去恶。荀子强调通过"礼治"维持社会秩序，使社会各阶层人士安守本分。

儒家学说所倡导的"仁、义、礼、智、信"，被历代统治者及学术界所尊崇，成为中国传统思想的核心及道德的主流。

# 道 家

道家的理论奠定于老子的《道德经》，此著虽仅有5000言，但字字珠玑，书中广论"道"的本质、规律、形态等，充满哲理与人生智慧。它提出一种有物混成且独立自存的自然宇宙起源论，并提出世界存在与运行原理是"反者道之动"的本体论思想，对于存活于其中的人类而言，应学习的就是处世的智慧。老子还提出了众多的政治、社会与人生哲学观点，但重点都在保身而不在文明的开创，可以说，它是以一套宗本于智慧之道的理论来应对混乱的世局，而无意制造社会的新气象，因为，老子认为那些都不是大道的根本。

庄子是老子之后道家理论最重要倡导、发扬者，道家哲学基本上也就是老庄二者的思想体系。庄子的道学不同于老学之处在于，庄子更详尽地阐释了人与自然的关系、人的可开创能力包括智慧、认识能力、身体能量等等。庄子同样站在

天道自然的命题基础上，提出了从人的自我修养到面对整个社会、国家的处世之道，《庄子》一书，就是他从世界观到知识论到工夫论，乃至社会哲学的内圣外王之道的理论。

列子，战国时人。现存的《列子》8篇，是东晋张湛所辑，一般认为该书反映了战国至魏晋间的思想。《列子》从道家思想出发，对道家思想中"无为"的人生观有所改造，强调人在自然天地间的积极作用，认为人在一种不任强使力的生存状态下，不忧天，不畏天，才是最好的生存状态。

王弼，三国时期人。当两汉经学的发展已到尾声，社会政治一直在动乱与不义的情境中时，知识分子转向玄学清谈。王弼以其对老子哲学的深切体悟，注解老子《道德经》一书，重体用之分、有无之别。不但发展出诠释老学的宗旨："贵无"的精神，并以此原理注解《易经》，甚至还因此改变了从汉易以来言象数易学的气化宇宙论，将易经的研究方向代之以纯粹玄学思想，使中国易学史迎来一个崭新的局面。

郭象，西晋人，以《庄子注》闻名，主张"独化"理论。这是一种从高度抽象思维当中发展出来的玄学式概念理论，其认为宇宙万物都生于偶然的"玄冥"境界，因此提倡一种"物无大小，各顺其适"，平等尊重每一个生命的人生观。

道家的社会哲学不是进取的、积极的，因为社会只是天道的过程，而不是目的本身。道家认为儒家的社会理想是合理的，但不是绝对的，因此基本上并不需要提出一套决定性的社会理想，因为天道变化本身无所谓绝对的是非善恶。因而，道家强调的更多的是在社会中生存的智慧，而且这种智慧必须是能在任何历史情境中都行之有效的生存之道。也就因为道家的社会哲学不以自己发展规格为主，而强调应对的智慧，因此，极利于人们休养生息的需求，故而汉初的"黄老之治"有了实践的理论基础。同时，也使千百年米中国士大夫在失意于儒家本位的官场文化之后，也能率性逍遥地顺遂人生。

# 法　家

法家，是先秦诸子中对法律最为重视的一派，他们以主张"法治"而闻名，而且提出了一整套的理论和方法，这为后来建立中央集权的秦朝提供了有效的理论依据，秦的集权体制以及法律体制又为汉朝所继承，这就是我国古代封建社会的政治与法制主体。

法家极力夸大法律的作用，强调用重刑来治理国家，"以刑去刑"，而且是对轻罪实行重罚，迷信法律的作用。他们认为人的本性都是追求利益的，没有什么道德的标准可言，所以，就要用利益、荣誉来诱导人民去做。比如，战争中如果立下战功，就给予很高的赏赐，包括官职，以激励士兵与将领奋勇作战。这也许是秦国军队战斗力强大的原因之一。灭六国统一中国，法家的作用是显而易见的。

商鞅、慎到、申不害三人分别提倡重法、重势、重术，各有特点。到了法家思想的集大成者韩非时，提出了将三者紧密结合的思想。"法者，宪令著于官府，刑罚必于民心，赏存乎慎法，而罚加乎奸令者也，此臣之所师也。"另外，韩非认为："术者，因任而授官，循名而责实，操杀生之柄，课群臣之能者也，此人主之所执也。"对于"势"，他认为："抱法处势则治，背法去势则乱。"法，是指健全法制。势，指的是君主的权势，要独掌军政大权。术，是指的驾驭群臣、掌握政权、推行法令的策略和手段，主要是为了察觉、防止犯上作乱，维护君主地位。

在法家思想里，世界就是国家，国家就是帝王的国家，世界的太平就必须要靠帝王的权威统治与法律的普遍奉行，才能可大可远。这种强悍的世界观，在理论预设方面，有其承袭自道家对"道"的理性思考。其认为自然界与人没有亲疏关系，只有其无意志的自然法则，而人也不能改变任何天道运行的规律，因此，试图以天道影响人事的一切作为都是迷信，都是应该被打倒的对象，只有靠人为自身的努力才有可能发展人类福祉。这种素朴的宇宙自然观，为其重视现实的统治者之权威与利益的君主专制言论，提供了现想的理论基石。

由于法家对于人性的看法是承袭荀子的性恶论，并且从经验层面观察人性的生理需求和实际行为，主张人性普遍好利恶害、贪婪自私，完全不能期望以礼乐化之，只有依靠法治统治才能禁民为非。因此，帝王君主的角色，即在于善用其本身的权势与法术，治理国家。而百姓个人的生存发展与创造自由，只有在整体国家的利益考虑下，才谈得上真自由与真利益。

## 墨　家

墨家代表人物为墨子，其重要思想观点包括：兼爱（人人平等互助互爱）、非攻（反对侵略战争）、尚同（上下一心为人民服务，为社会兴利除弊）、尚贤（不分贵贱唯才是举）、非命（通过努力奋斗掌握自己的命运）、非乐（摆脱划分等级的礼乐束缚，废除繁琐奢靡的编钟制造和演奏）、节用（节约以扩大生产）、节葬（不把社会财富浪费在死人身上）、尊天（掌握自然规律）、明鬼（尊重前人智慧和经验）等，充分反映出其素朴的自然宗教观，并把一切政治的、社会的、道德伦理的各方面思想完全以宗教性的面纱加以合理化。值得注意的是，墨子思想中的科学精神，对哲学中的科学概念定义有所主张，对于科学方法的建立，科学教材的撰写与科学思想的传授，有着积极的影响，也使得中国科学研究和应用很早就展现了高度的智慧。

墨子塑像

墨子死后，墨家虽分裂，但他们的共同点都是以《墨子》为研读与发展思想的主要依据。归纳起来，基本上可分成两派：一派是从自然科学、逻辑思辨的法则与认识论问题着手，主张人的认识能力是获得知识的工具，但必须透过感官与思维作用始得，而逻辑真伪的标准只有透过客观的自然世界或人类社会现状的验证才能取得。另外一派是发展墨子的宗教理念，他们试图在现实政治权力无法取得或予以保护的情况下，仍奉行墨子平等兼爱的社会理想，因而发展成劫富济贫的游侠之路。

墨子的思想在战国时代十分盛行，门人弟子遍布天下，影响层面很大。墨子以其务实的入世理想，超拔的人格情操，丰富的思想内容，完善的教材设计，形成了一个极其严密而充满宗教精神的团体，深深吸引了无数百姓与知识分子。也因为这个团体的切实践履态度，他们所参加的各小国反战保卫活动，及在协助农耕与军事防御建设等方面，均显示出墨家势力的庞大。

# X、Y、Z 三理论

##  X 理论

行为科学经典理论之一，与 Y 理论相对，围绕"人的本性"来论述人行为规律及其对管理的影响，由美国社会心理学家道格拉斯·麦格雷戈提出。他将以强制为主的传统管理对人的本性的假设，称之为"X 理论"。

X 理论的主要内容是：人生而厌恶工作，并尽可能逃避工作；多数人仅在受到强制时，才能为实现组织目标作出充分努力；人生来就缺乏进取心，不愿负责任，因循守旧，反对变革；人生来就以自我为中心，漠视组织需要；少数人具有解决组织问题的丰富想象力和创造力。X 理论认为，人是被动的，所以必须采取强制管理，对人进行约束和强制。X 理论对人的认识和人的管理看法是片面的和错误的。

## Y 理论

行为科学经典理论之一，围绕"人的本性"来论述人类行为规律及其对管理的影响，由美国社会心理学家道格拉斯·麦格雷戈提出。他在研究企业管理时发现，企业管理中出现的问题，不少是由于管理人员对于人的本性的片面认识而导致的。他把对工人本性的传统认识称之为"X 理论"，而把自己提出的对管理及人性的认识称之为"Y 理论"。

Y 理论的主要内容有：要求工作是人的本能，工作如同游戏、休息一样是很自然的事；人追求自身满足的需要与组织需要没有矛盾，只要管理适当，人们就会把二者结合起来，并实行自我指导与控制；一般人在适当条件下能学会承担责任并主动承担责任；人对组织目标的抵触和消极态度，是由组织压力造成的；大多数人具有解决组织问题的丰富想象力和创造力。Y 理论认为，人不是被动的，人的行为受动机支配，只要给其创造一定的条件，他就会努力工作，达到目标，希望自己的工作取得成就。如果工人工作没做好，主要应从管理本身去找原因。Y 理论以诱导的方法鼓励职工的主动性和积极性。

## Z 理论

日裔美国管理学者威廉·大内提出的管理理论。大内通过调查、比较美国型

企业组织与日本型企业组织，把企业分为 A、J、Z 三种类型，认为美国企业必须通过学习日本而进行革新，建立所谓 Z 型企业，Z 理论由此得名。

所谓 A 型企业的特点是领导者决策，员工被动服从，员工短期雇用，快速提拔，要求员工专职专能，不利于发挥员工的才能。

J 型组织指日本的企业组织。

而 Z 型企业的特点是：长期或终身雇用制；缓慢的评价和提升；中等程度的专业化职业发展途径；含蓄的控制机制，采用统计报表、数字信息等明确、正规的检测手段，同时注意发挥人的经验与潜能；决策之前，首先进行反复协调与统一思想；树立牢固的整体观念，培养员工独立工作的能力。

## 油画源起

油画在欧洲有 600 多年的历史。早期的油画以鸡蛋黄为调料，融合矿物原料作画，最后在画上罩上薄而透明的油层，形成如瓷器色釉一般的效果。这类早期油画画面均匀，有光泽，看不见笔触，工细严谨，富有装饰趣味。到了 15 世纪，被称为欧洲油画创始人的尼德兰画家凡·爱克兄弟在总结前人作画经验的基础上，经过反复试验，发现亚麻油和核桃油是比较理想的调和剂，不仅颜色易于调和，便于运笔，而且可以层层敷设，画面透明、鲜亮，富有真实感。同时，用这两种油调色作画，画面干燥时间不快不慢，颜色干透后附着力强，色彩既有光泽又不易褪去。从此，这种新材料和新技法很快传遍全欧洲，成为欧洲各国绘画用料的主要形式。

## 波提切利

波 提 切 利 （1444 ～ 1510年）是文艺复兴时期的意大利画家。他的早期创作，同 15 世纪前半期那种雄伟的、富有人生乐趣的、民主的佛罗伦萨艺术是不能分开的。他巧妙地把人物同风景统一起来，同时在风景中发掘了一向为早期佛罗

波提切利《春》

伦萨画家们忽视了的那种美。他善于以令人信服的手法表现出厚重衣料的硬褶纹以及轻薄的衣着，创造了他所喜爱的、略为有些做作的女性典型。在处理这种女性典型的时候，他独创性地把古代神话中的维纳斯的特征同基督教圣母的特征融为一体，其代表作有《维纳斯的诞生》、《春》。

# 达·芬奇

达·芬奇（1452～1519年）是意大利画家、学者及工程师，文艺复兴时期科学与艺术领域最重要的代表人物，在《基督受洗》、《岩间圣母》、《圣安那与圣母子》等大量的早期作品中，由于构思新颖和富于诗意而动人心目。年轻的画家全神贯注研究了人物的躯体、姿势、表情，以及四周的大自然——朦胧的远景，形形色色的树木、花和青草。1482年，达·芬奇离开了故意修饰的艺术环境，前去芬兰。在那儿他创作了"伟大的巨像"，即法朗采斯坷·斯福查的骑马雕像，此像以气概不凡的表情和庄严见胜。壁画《最后的晚餐》中，体现了形形色色人物的性格和气质，就构思的戏剧性、心理描写的深刻、现实主义的表现力而言，属世界崇高成就之列。他画的《蒙娜·丽莎》，完满地表现了作者的人文主义思想。他不仅完成了伟大的现实主义美术作品，同时也是文艺复兴时代现实主义美术完整而详尽的理论家，他以作品总结了15世纪丰富的美术经验，为16世纪的美术奠定了基础。

# 提　香

提香（1477～1576年）是意大利画家，威尼斯画派的代表人物。他的一生几乎是在威尼斯度过的，在他的创作里充分体现了文艺复兴时期优秀人物所具有的崇高的人文主义思想。提香的作品以华美、丰丽著称。他除了塑造一些心情开朗而宁静的形象之外，还创作了一些充满着紧张的戏剧性的画。他在创作一些思想道德高尚的人物肖像的同时，也制作了另外一些作品，毫不留情、直言不讳地画出了当时的世俗、教会的显贵们的傲慢、贪婪、冷酷，以及其他丑恶面。提香晚期作品的特征，是琢磨入微的、绚烂的色彩结构，其代表作为《忏悔的玛格达林》。

## 拉斐尔

拉斐尔（1483～1520年）是15世纪末16世纪初意大利著名画家。初期，他为佛罗伦萨15世纪大师们的现实主义所吸引，但他作为新风格的创造者，摈弃了这些大师们借以追求说服力的繁琐规定，走出一条综合化的典型概括之路。他在佛罗伦萨时期的画大部分是表现圣母的，这些画富有诗意，并以形象生动的表现力和结构的明快博得好评，被公认的杰作是《西斯延圣母》。他的大厅壁画绘制的明快、恬静、和谐。他的《雅典学派》，在向纵深敞开的雄伟的拱廊为远景的背景下，向人们介绍了各学派和各代的希腊哲学家，在文艺复兴时代的富丽堂皇的建筑术的沉静庄严的背景下，安排着人体和人群，把实际上不大的房间的墙壁分隔开来，给人以非常宽阔的印象。

## 伦勃朗

伦勃朗（1606～1669年）是荷兰的油画家与版画家。他的创作是在荷兰艺术繁荣的年代中成长起来的。在他的创作中，作品表现出对普通人的注意，对周围现实的反抗，感情充沛。作品对人性的深刻反映，以及取材范围的广阔是他的特点。他以卓越的绘画技巧（其中巧妙的明暗效果具有特别重要意义）表现出来的心理特征极具感人的艺术力量。伦勃朗画了很多的肖像画如《自画像》，在这些肖像画中，他真实地揭示了人物的复杂内心世界。在他的笔下，圣经故事成为表现人类情感和人与人关系的充满心理表现力的故事，这些故事是为画家对同时代人民生活的观察所充实的，如《对家族》、《基督向穷人说教》（铜版画）。此外，他也画风景画、神话与历史题材的画。

## 德拉克罗瓦

德拉克罗瓦（1798～1863年）是法国画家，法国浪漫派的代表。他的早期作品中已表现出进步、革新的倾向。油画中形象的情感洋溢、悲剧性的力量，对人类灾难的真实表现，处理构图与色彩的大胆，无不表现出他对盛行一时的虚伪

的学院派艺术的挑战。其代表作为
《但丁与维吉尔》。他后期作品主要
着力于表现热爱自由的主题，特点
是：人物形象勇敢、明朗，表现了
他对于英雄气概的向往，他把奔放
的想象与现实进行了紧密的结合，
《自由领导着人民前进》被公认为
是他最好的作品。德拉克罗瓦是在
色彩方面最杰出的革新者，在他的
绘画里，发挥了色彩非同寻常的、
情感洋溢的表现力，同时，也充分

德拉克罗瓦《自由领导着人民前进》

发挥了中间色调、补充色调反射的重要作用。

## 浪漫主义绘画

　　浪漫主义绘画在19世纪20～30年代兴起于法国。波旁王朝的复辟，带来了
一个腐败、混乱、倒退的年代。这时出现的浪漫主义运动，一开始就带有呼唤革
命风暴的气魄。法国浪漫主义艺术的主要代表是籍里柯和德拉克洛瓦。籍里柯的
著名作品《梅杜萨之筏》，被视为浪漫主义的伟大宣言。这位伟大先驱扎了真正
的木筏放在自己家里，并请来肝炎病人作模特儿，把惊涛骇浪中漂流的苦难表达
得淋漓尽致。德拉克洛瓦的《但丁之舟》，是他浪漫主义的首发之作。在这幅作
品中，冥河中荡漾着不祥之波，炼狱中闪现着熊熊烈火，水中的鬼拼命而徒劳地
扒着船帮。他的《希阿岛的屠杀》更标志着浪漫主义绘画盛期的到来，悲天悯
人的艺术情思激起人们对被压迫者的无限同情。德拉克洛瓦的奔放不羁在《萨达
纳巴尔之死》中体现得最为充分，尤其是其火红的色调，杂乱的场面，奇怪的
章法。

## 印象主义绘画

　　印象主义是19世纪欧洲艺术发展的一个阶段，也是现实主义艺术向现代主
义艺术过渡的一个阶段。当然，印象主义本身也是一种观念，一种技法。作为一

个艺术流派、一种画风，它也具有独立的艺术价值。19世纪60~70年代，印象主义以创新的姿态登上法国画坛，其锋芒是针对陈陈相因的古典画派和沉湎在中世纪骑士文学并陷入矫揉造作的浪漫主义。印象主义汲取了柯罗、巴比松画派的及库尔贝写实主义的营养，在19世纪现代科学技术的启发下，注重在绘画中对外光的研究和表现。印象主义提倡户外写生，直接描绘阳光下的物象，从而摒弃了16世纪以来变化甚微的调子，并根据画家自己眼睛的观察和直接感受，表现微妙的色彩变化。其先锋人物是莫奈，其他的重要人物还有雷诺阿、毕沙罗、塞尚等。其中，莫奈的《日出·印象》，是杰出的代表画作。

## 莫　奈

莫奈（1840~1926年）是法国印象派画家，曾随布丹学习。莫奈热衷于忠实地追随外在景象的瞬息万变，努力捕捉跳动着的光、变幻着的色、流荡着的水波和大气、抖动着的树叶和草丛……他想再现的，是大自然的生命与活力在人们视觉上留下的印象。他创作了一系列色调丰富、观察力新颖、富有人生乐趣的风景画，如《国会大厦》、《火车组画》等。同时，他的作品中，那种主观的、偶尔的印象和故意使用习作的手法仍然起着重要作用，如《日出·印象》。他的画对于空间、光线变幻和光的反射观察，具有一种自我满足的性质。

## 后印象主义绘画

后印象主义绘画出现在19世纪末的法国。该派画家不同于印象主义，不满足客观主义的表现和片面地追求外光与色彩，而强调抒发自我感情，表现主观情绪和情感。后印象主义重视形和构成形的线条、色块和体、面。强烈的内心化和个性化，是他们创作的特色，代表人物为塞尚、凡高、高更等。

塞尚在尊重印象主义在外光和色彩上所取得的成就的同时，专注于物质的具体性、稳定性和内在结构的表现，用色的团块表现法来描绘物象的体积、深度，用色彩的冷暖关系来造型，如《吸烟者》、《花匠瓦勒之肖像》等。凡高注意提高色彩的强度、明度和张力，对中国和日本的版画颇感兴趣，注意在自己的绘画中吸收日本浮世绘绘画的养分，追求单纯感和表现力，代表作《向日葵》、《夜间咖啡店》、《自画像》等。高更的艺术活动反映了当时欧洲艺术回归原始、追求表现生命本源，追求野犷、奇异的倾向，代表作《塔希蒂二少女》、《游魂》、《芳草的土地》等。

# 塞 尚

塞尚（1839～1906年）是法国油画家。在19世纪60年代创作的肖像画、风俗画和静物画中，塞尚致力于把自己的创作与抽象的学院派艺术对立起来。19世纪70年代初期，塞尚的作品最直接地表现大自然，那时他接近毕沙罗，开始与印象派一样在露天作画。他竭力表现描绘对象的可变的形，利用色彩表达对象的立体感、质感。但在塞尚的没有思想性的与远离社会生活的创作中，这种表达只能更加抽象、扭曲。塞尚开始用简化了的几何形体来描绘真实世界，这就引向对象的变形，色彩造作，通过主观的努力把真实世界的物质面貌重新创造出来，这使他实际上成为了形式主义的创始人。其后，立体派与其他形式主义者在自己的实践中，多是以塞尚的艺术为依据的。

# 凡 高

凡高（1853～1890年）是19世纪的荷兰画家，30岁才开始从事绘画，在毛威的指导下进行创作。在荷兰时，凡高创作了许多反映工农生活的作品，如《吃土豆的人》等。在类似这样的作品中，他运用明暗对比的表现力，真实地揭示出深受繁重劳动折磨的农民所过的暗无天日的生活。1886年，他到佛罗伦萨之后，受现代派艺术的影响，成为后期印象派的典型代表人物。这时，他的作品追求的是真实现象的变形、原始化的素描、不和谐色调的配合和故意表现动势的笔触，如《红色的葡萄园》。他的代表作还有《向日葵》等。

凡高《向日葵》

凡高热爱生活，但在生活中屡遭挫折，倍受艰辛。他献身艺术，大胆创新，在广泛学习前辈画家伦勃朗等人的基础上，吸收印象派画家在色彩方面的经验，并受到东方艺术，特别是日本版画的影响，形成了自己独特的艺术风格，创作出许多洋溢着生活激情、富于人道主义精神的作品，表现了他心中的苦闷、哀伤、同情和希望。

# 象征主义绘画

象往主义绘画是 19 世纪末，自法国兴起而后流传于西方的一种反写实主义绘画思潮和运动，其宗旨是反对以严格观察客观世界为造型准则，而强调用更带主观性的联想和想象，创作"象征"的画面，来暗示他们所感受和理解的"真实"。象征主义绘画是受象征主义文学影响而产生的，该派画家排斥当时流行的印象主义，反对写实主义概念和创作原则。在创作手法上，强调情感与观念、线条与色彩的一致，以色彩和构图来表达他们神秘的感觉，寻求用象征的方法，来造成不加说明的情感效果，揭示难以把握的生活奥秘和对未来世界的憧憬。他们常常采用宗教故事、神话、寓言、诗歌等文学题材，加以独特的再处理。象征主义绘画运动包括了许多小的流派，代表人如夏凡纳、摩罗、思索尔等人，高更被认为是早期象征主义画家的代表。

# 抽象派

抽象派又称"非具象派"，是 19 世纪末流行于西方国家的一种艺术思潮和艺术流派，它不仅表现在绘画上，还表现在雕塑等其他方面。

抽象主义者认为：艺术的使命只是表现艺术家本人的本能、下意识的感受，所以拒绝描绘客观世界的现象。他们"画的画是一种造型的客体，而不是真实的代表"，画面不与他们描绘对象的形象相联系，只有感情的交流。他们的作品要么是杂乱无章的斑点和线条的结合，要么是大理石、金属、花岗石堆积的毫无意义的结构，在绘画中没有素描和构图；在雕塑中没有对象的自然客体和真实造型。

抽象主义者随心所欲地创作，甚至用各种物质材料任意涂抹，连猴子画的画或倒转过来的平面图都成了杰作，可见它脱离了对自然界和人类生活的真正审美趣味，因而也很快让位给 20 世纪 60 年代中期在美国兴起的一种新的艺术流派——"视觉派艺术"（或被称为"光效应"艺术），其主要特征是利用光的效果，通过几何图形和色彩对比，在人的视觉上造成一种幻景。

俄国画家康定斯基（1866～1944 年）是公认的抽象画派创始者，他在 1910 年制作了一幅抽象作品，几乎是一张不成形的草图。后来，其作品更远离原有的装饰感，满纸杂乱的线条和强烈的色彩像火山岩浆一样喷射出来。最后，他的图又变成一色的几何形，代表作是《尖而安宁的玫瑰红》。

荷兰画家蒙德利安（1872～1944 年）是早期抽象画派的主要代表，他的画主要运用抽象的"几何形体"，画面只是竖线和横线组成的格子，色彩仅限于红、黄、蓝三原色，并附加黑、白、灰。这种绘画异常单调费解，其代表作是《构图》。

## 野兽派

野兽派是 20 世纪初法国著名油画家亨利·马蒂斯发起的一个绘画运动。马蒂斯早年热衷于荷兰和意大利的绘画风格，后来被印象主义所吸引，并喜欢库尔贝和塞尚的画。在经过短期实践后，他转面欣赏后期印象主义，开始追求色彩刺激，画风狂野。1905 年，亨利·马蒂斯、伏拉明柯、德兰、鲁奥等参加巴黎秋季沙龙油画展览，由于批评家路易·赫克塞尔发现意大利雕塑家多纳泰勒（1386～1466 年）的雕塑，置于马蒂斯等人所创作的粗野色彩的油画之中，惊呼"多纳泰勒陷于野兽之中"，野兽派因而得名。

野兽主义一词，特指灿烂的、任性的、强烈的色彩和原色的、粗野的油画笔触。野兽派画家完成了高更、凡高、修拉、奈比派和印象主义者追求的色彩的最后解放，继浪漫主义和印象主义之后，把色彩革新运动推向一个新的阶段。它拒绝色彩上的自然主义，强调色彩对比，认为色彩关系是绘画的基本成份。艺术家应该根据自然，独立地自由使用颜色，创造抽象的色彩、形象和构图，用线勾绘出基本形体。

野兽派画家的著名作品有马蒂斯的《打开的窗户》、《科利乌尔》和《戴帽子的女人》等。

野兽派运动在 1908 年以后便趋消沉，但它对 20 世纪艺术有着极大的推动，尤其是为现代主义艺术开创了一个先例，马蒂斯也因此成为与毕加索齐名的法国画派代表。

## 立体派

立体派又称立方派，是 20 世纪初在法国画坛出现的一个现代艺术流派，主要活动于 1906～1920 年间，它的得名源于 1908 年马蒂斯对秋季沙龙的一次评论。立体派把体和面的表现放在艺术表现的首位，是从"后期印象派"热衷于把一切物体分析归纳为几种几何形体的主张发展而来。他们宣称要打破传统的空间概念，在艺术中表现不受时间、空间限制的物像，要在平面上表现长度、宽度、高度和深度，表现客体内在的视力所看不到的结构。

立体派的创始人是法籍西班牙人毕加索（1881～1973 年）和法国人勃拉克（1882～1963 年）。毕加索在 1907 年创作的油画《亚威农少女》是立体派绘画的尝试，作品没有表现任何情节，也没有描绘人物活动的具体环境，只是画了 5 个形象离奇的裸女，意在从一个平面上表现妇女体形的不同方面，以追求所谓立体结构的美。毕加索的油画《弹曼陀铃的少女》则是典型的立体派绘画，他将人的形体结构分解为若干形体切面，然后再使它们互相重叠，以此来追求形体结构的美。

勃拉克曾是野兽派画家，他的风景画深受塞尚画风的影响。勃拉克的作品将每种东西都极度简化，形成一种类似房顶上的瓦那样叠成的图案。这种探索，使他与毕加索殊途同归，共同创造了立体画派。

由于该画派的创作多从主观出发，玩弄形式，把客观世界的人和物表现得支离破碎，所以，尽管许多作品有标题，但观者仍难于理解它们所体现的具体内容。

## 超现实主义绘画

超现实主义绘画是 20 世纪 20 年代超现实主义文艺思潮中的重要组成部分。它反对艺术反映现实生活，反对美术上的一切传统。他们的作品荒诞不经、光怪陆离，给人以梦中之感。超现实主义绘画的代表作主要有德国恩斯特的《红鸟》、西班牙米罗的《月墙画稿》、达利的《时间的消逝》等，其中油画《时间的消逝》是一幅极为典型的作品。画中一只好像用面粉做的扁平形状的挂表，从一个座子的边缘上滑下来一半，柔软得像一块腐烂了的奶酪；另一只同样的挂表安放在地上一个好像长着睫毛的"幼芽"上；此外，还有一只同样的挂表弯曲地挂在一株枯木的枝干上，远处则是一片潮水和岛屿。整个画面使人惶乱，然而，这正是超现实主义画派所追求的境界。超现实主义绘画的目的是激发观者的共鸣反应，使欣赏者承认这些非理性的、在逻辑上费解的固有"感觉"。为此，他们研究出一系列表现方法，以引起观者的各种心理反理。

## 毕加索

毕加索（1881～1973年）出生在西班牙马拉加，1904年定居巴黎。他的创作道路以复杂、矛盾著称，印象派、后期印象派、野兽派的艺术手法，都被他吸取改造为自己的风格。他早期受到黑人雕刻的影响，把变形的手法和非洲艺术结合起来，代表作是《亚威农的少女》。此后，他进一步把分割成块的形体重新组合，创造了"立体派"，并成为把实物用作艺术形象的"波普艺术"的先导。他的才能在于：在各种变异风格中，都保持着粗犷、刚劲的个性，一种奇妙的美的挽救力在各种手法的使用中，都能达到内部的和谐统一。反法西斯的大型壁画《格尔尼卡》表现了暴行对人民的摧残，它以重叠而动乱的形体表达出不安和愤怒的情绪。他的名作还有《弹曼陀铃的少女》、《三个乐师》、《球上的少女》、《和平鸽》等。毕加索一生充满童稚气的艺术之所以显得格外珍贵，就是因为倾注于其中的人道主义精神在大放光芒。

毕加索也是位多产画家，据统计，他的作品总计近37000件，包括：油画1885幅，素描7089幅，版画20000幅，平版画6121幅。毕加索是当代西方最有创造性和影响最深远的艺术家，他和他的画在世界艺术史上占据了不朽的地位。

毕加索是有史以来第一个亲眼看到自己的作品被收藏进卢浮宫的画家。在1999年12月法国一家报纸进行的一次民意调查中，他以

毕加索《三个乐师》

40%的高票当选为20世纪最伟大的十位画家之首。

## 日本的浮世绘

浮世绘是日本江户时代（1603～1867年）流行的一种描写风俗人情以及俳优、武士、游女、风景等题材的民间绘画。浮世，就是现世，是佛教用语，含有人生无常的意思。浮世绘色彩艳丽，线条流畅，表现手法细腻，受到世界各国人民的喜爱。

浮世绘的根源，可追溯到安土桃山时代（1573～1600年）流行的风俗画和美人画。到了江户时代，其题材扩大为表现市井生活、风俗习惯、游乐活动、风景名胜以及歌舞伎艺、力士相扑、美人春画、花鸟画等，由起初的毛笔画发展成为木版画。17世纪后半期的木版画是墨色印刷的，18世纪，铃木春信创造了多色印刷的木版画，浮世绘进入了黄金时代。当时浮世绘的代表人物是喜多川歌磨，他绘作的美人画，娥眉粉颈，体态婀娜，优艳华丽。江户末期，安藤广重所作的《东海道五十三驿站》，描绘了江户时代栩栩如生的生活与风景画面，留下了幕府末期的社会风貌。

## 漫画简史

最初的漫画，是16世纪末在意大利肖像画和风景画巨匠安尼巴列·卡拉契（1560～1609年）的画室里出现的一种娱乐游戏。1646年，莫契尼在根据卡拉契生平写成的《波伦亚的呼声》的序言中，第一次将漫画定义为取材于现实生活，具有想象力和滑稽效果的肖像画法。

"肖像漫画"出现于文艺复兴时期并在意大利风靡一时，后由贝尔尼尼传到法国宫廷，它力图破除人体表现手法上僵死的教条。其中，丢勒在如何改变人物脸部画像方面作过认真探索，达·芬奇也运用自己的创作经验对可怕、丑陋的面孔进行过研究。正是由于他们规律性的探求和实践，才使反传统的绘画收到了滑稽可笑的艺术效果。

政治讽刺漫画的出现是16世纪以后，由借助魔鬼形象来反对罗马教皇和路德的绘画过渡发展而来。1730年后的英国，政治讽刺画（如荷加斯的作品）成为反对贵族阶层及所谓"高雅情趣"的真正武器。在法国反对路易十六和反对查理十世的斗争中，讽刺画同样也发挥过重要作用。路易·菲利浦在1830年宣布了出版自由，但杜米埃和1830年创办的拥护共和政体的《漫画》周刊的一批撰稿人却使他感到漫画比文章更具破坏性，因此，于1835年再次下令对出版物严加限制，直到1881年才得以解除。

人们用弗洛伊德的"妙语"理论来解释漫画的这种威力，即画家在创作漫画时，像作家一样有意识地违背语言规则而运用"倒置词序"那样，违背古典主义绘画原理，运用了丰富的想象和独特表现手法，因而具有极强的艺术感染力并隐喻现实、启迪人们的思想。而在现代艺术中，突破古典主义框框，已自然地使狭义的漫画丧失了这种威力，倒成了一种比嘲讽更能为名人们所乐于接受的表达形式。

# 世界上最长的画廊——敦煌壁画

佛教把崇拜的偶像刻凿、绘制在石窟内，形成宣扬佛教教义的场所，这些雕塑、绘画通称为石窟艺术。我国的石窟艺术大多形成于公元3～8世纪，分布地区较广，遍及全国各地。其中最为著名的是位于甘肃敦煌的莫高窟（又称"敦煌千佛洞"），而珍藏在这里的大量的绘制于石窟墙壁上的壁画，已经成为蜚声中外、驰誉全球的佛教艺术的瑰宝。

这里经过北凉、北魏、西魏、北周、隋、唐、五代、宋、西夏、元等十个朝代的不断修建，历时近千年，保存到今天的，仍有石窟492个，塑像2450尊，壁画总计45000余平方米。若把这些壁画连接起来，总长度可达30公里，堪称世界上最长的画廊，是中国人民留给人类的最珍贵的文化遗产之一。

敦煌壁画

在莫高窟的四壁上部与窟顶相接处，画有大量的、栩栩如生的飞天图。飞天，又名香音神，是散放香气，专司音乐、舞蹈的天神，其形象优美飘逸，那轻盈的动态和飞扬的裙裾飘带，浓艳的色彩，自如的飞舞，无不给人以美的享受。

可以毫不夸张地说，敦煌壁画也是我们了解、学习古代历史、宗教、文化艺术的重要"博物馆"。

## "画圣"吴道子

吴道子（约公元 680～759 年），又名道玄，阳翟（今河南禹县）人，生活于盛唐时代。在唐代，吴道子就被称为"画圣"。

相传他曾向大书法家张旭、贺知章学习书法，后专工绘画，因曾在宫廷中作画，后来的画工便奉他为师，其作画好以酒使气，感情激昂，意气奔放。吴道子擅长于画佛道人物，在艺术上远师张僧繇，近学张孝师，后来创成"吴家样"，并以夸张的手法与生动的形象，对中国人物画产生了巨大影响。

吴道子的人物画，线条行笔磊落，圆润折转，凹凸起伏，被称作"兰叶描"，轻重顿挫之间，呈现粗细刚柔、长短虚实的特点，使画面极具立体感，被人称之为"吴带当风"。吴道子在用笔和线条上改变了前人顾恺之、陆探微那种巧润细密的作风，形成了自己的神速大胆、自由豪放的气派。吴道子曾经在长安、洛阳的寺观先后画过佛道宗教壁画 300 多间，其中人物情状各不雷同。据说他画的《地狱变相图》，没有画出牛头马面，却画得阴气逼人，表现出强烈的艺术感染力。这要得益于他经常活动于民间，深入地观察过现实生活中不同人物的不同特征。他的画法采用焦墨勾线，略加淡彩设色，笔迹洗炼，被称作"吴装"。

吴道子的山水画像人物画一样具有很强的立体感，与隋画中的单片山石画法有很大不同，所以，有人认为山水画走进新阶段是从吴道子开始的。传说吴道子最有名的山水画作品，是他在大同殿上一日之间完成的《三百里嘉陵江》山水壁画。

遗憾的是，吴道子的绘画作品没有保存下来，传本《天王送子图》据说是宋代画家李公麟的摹卷，画面上人物众多，衣纹用锐利的兰叶描线法绘出，创造了生动活泼的形象。由于吴道子画风的流行，唐代时民间画工曾经翻印他的画稿作为样式，后来屡经翻摹、复刻，卑已失真。

## 国画大师齐白石

齐白石（1864～1957 年），名璜，字濒生，号白石，别号木居士、借山翁、寄萍老人等，湖南湘潭人。齐白石出身农家，小时只读过半年私塾，少年时开始做木工，后与当地文人结识，刻苦力学习绘画、诗文、书法、篆刻，曾靠绘肖像画为生。中年时，齐白石从家乡"五出五归"，足迹遍及西安、北京、天津、桂林、梧州、广州、钦州、香港、上海、苏州、南京等地，饱览了祖国的名山大川，开扩了心胸和眼界。所到之处，笔不离手，绘下了许多写生画，回到故乡买了房子，并起名为"寄萍堂"。

1917 年，齐白石到北京卖画、刻印时，结识了画家陈师曾，在北京定居以后，他们一起切磋艺术。陈师曾劝齐白石改变工细的画法，自创新意。于是他闭门研究新的画法。齐白石吸取明清写意画家徐渭、朱耷、石涛及当时的吴昌硕等诸家画法，融合传统写意画和民间绘画的表现技法，重视自己的创造，实现了"衰年变法"，变化出新的画风，开创了中国画大写意的艺术画风。齐白石在绘画实践中，总结有自己的画论，即"妙在似与不似之间，太似为媚俗，不似为欺世"。

齐白石的绘画题材广泛，最擅作花鸟虫鱼，笔墨纵横雄肆，色彩热烈鲜明，造型简练，特别是其所画的虾子灵透，红花墨叶狂放，堪称经典。另有一路工笔草虫与阔笔写意花卉结合在同一画面的作品，生动而洒脱。齐白石的山水画，早年有《借山图》、《石门二十四景》等，晚年画有《雪景山水》、《祝融朝日图》等，构图简朴，笔法精练。在人物画方面，齐白石的作品也呈献出简单而含蓄的风韵。

齐白石是位全能的画家，他的书法、篆刻也都独树一帜，别出心裁。书法在继承传统中以随意为度，工篆书与行书。篆刻在学习浙派以后，多取法汉代凿印，布局奇肆，章法朴茂，运刀如笔，劲辣奔放，编有多种印谱。齐白石还著有《借山吟馆诗草》、《白石诗草》等诗集。

1926 年起，齐白石受聘为北京艺术专门学校教授，抗日战争中，毅然辞去日本侵略者管辖的学校教职，抗战胜利后才又开始任教。新中国成立以后，齐白石任中央美术学院名誉教授、中央文史研究馆馆员、中国美术家协会主席。齐白石在 90 多岁时，仍然参与书画、篆刻的活动，荣获 1955 年度国际和平奖金。1957 年 9 月 16 日下午，齐白石因心力衰竭病逝于北京，终年 94 岁。

## 古希腊雕塑

古希腊雕塑是希腊古典艺术的重要组成部分，与古罗马雕刻同称"古典雕刻"。古希腊雕刻的最大成就是对人体美的发现，这是与当时古希腊人的社会风尚分不开的。其中代表性的杰作有奥林匹亚的宙斯神像、雅典卫城中的巴农神殿等。希腊雕刻受古埃及影响较深，到公元前 7 世纪形成了古希腊雕刻的"古风时期"，其中最著名的是陶立克式神像等。前 5 世纪左右达到成熟期，代表作是米隆的《掷铁饼者》。前 4 世纪达到顶点，代表作是普拉克西德利的《赫尔美斯与小酒神》和第一件大型全裸女像《克尼多斯的阿英罗狄特》。亚历山大大帝以后的希腊时期，出现了一些悲剧性作品，代表作是《拉奥孔》。古希腊雕刻以其辉煌的成就，深深影响着后世的雕刻艺术。

## 秦始皇陵兵马俑

1974 年，在陕西临潼的骊山脚下，考古工作者发现了轰动世界的秦始皇陵兵马俑。出土的兵马俑，仿秦宿卫军制作。近万个陶俑分别组成步、弩、车、骑四个兵种。陶俑武士身高 1.80 米左右，与真人相同，身披铠甲或战袍，束带，扎绑腿，发髻千姿百态，纽扣式样种类繁多，面部表情亦各有不同。或手执弓箭，或紧握戈矛，武器都是青铜实物。陶马大小也和真马相仿，造型优美，栩栩如生。整个墓道军阵行列整齐，把威武雄壮的历史场面展现在现代人面前。

兵马俑坑共有三处。一号坑最大，东西长 230 米，南北宽 62 米，深约 5 米，坑中置有与真人、真马大小同比的武士俑和拖战车的陶马 6000 多件，排成长方形军阵。二号坑呈曲尺形，面积约 6000 平方米，有 1000 多兵马俑，是一个以战车、骑兵为主，诸兵种联合编组的军阵。三号坑 520 平方米，属于指挥位置所在的小坑，有统帅一、二号俑坑军阵的军幕，有 73 名武士手持近卫武器，整个阵势环卫统帅人物乘坐的一辆战车而排列。三个俑坑有机地联系着，构成一个面积达 2 万多平方米，近万个陶俑兵马，车步骑混合编组，部伍严整，排列有序，气势雄伟的军阵体系，令无数的中外游客惊叹。1979 年，在一号坑上建起一座 200 多米长、70 多米宽的拱形展览厅。

秦始皇陵兵马俑，反映了我国秦代雕塑的艺术水平，显示了秦代艺术家和工匠们的聪明才智。所有陶俑、陶马形象逼真、富有质感，是世界罕见的珍宝。它的发现和大批文物的出土，为人们研究秦代的历史、经济、军事制度及文化艺术，提供了极为重要的实物资料。

秦始皇陵兵马俑已是我国十大名胜风景之一，为世界人民瞩目。那它是由谁

设计、制作的呢?

据专家考证,兵马俑的蓝图是在秦始皇的授意下,由宰相李斯等大臣设计的,制作者都是具有丰富实践经验的工匠。由于秦代实行"物勒工名,以考其诚"的制度,即在陶俑身上打印或镌刻陶工的名字,这原本是统治者为了便于检查陶工制作陶俑的数量和质量,却为我们留下了一批艺术匠师的大名。现在已获知的陶工名字共有68个,在他们的率领下,以每个工匠带徒工10余人计,总数将近1000人。如此庞大的雕塑艺术队伍集合一起进行艺术创作,不但在中国,在世界的雕塑艺术史上都是没有先例的。

## 世界最大的石刻佛像——乐山弥勒佛

在四川乐山市,有座凌云山耸立江边,其峭壁上有一尊世界上最大的石刻佛像。大佛体型魁伟、比例匀称、神态端庄慈祥。大佛是唐开元元年(公元713年)名僧海通发起建造的,贞元十九年(公元803年)完成,前后历时90年。

大佛头与山齐,脚踏大江,高71米,头高14.7米,头宽10米,肩宽28米,眼长3.3米,耳长7米。耳朵中间可并立两个人,头顶可置一圆桌,脚上可围坐百余人。大佛两侧有身高10多米、手持戈戟、身穿战袍的武士。佛像远眺峨嵋,近瞰乐山,双眼欲睁似闭,面容慈祥肃穆,形神兼备,巨细和谐。

为什么要修建这座大佛呢?据说当时凌云寺的海通和尚见江水汹涌,每到夏季,便如万马奔腾,船客易翻船溺水。为了镇住水势,让船能安全行驶,于是发起建造这尊大佛。人们形容这尊大佛"山是一尊佛,佛是一座山",佛像之雍容宏大、气魄雄伟可想而知。佛像完工时,建有跨度60米的7层13重檐大像阁覆盖,后来楼阁毁于元末,始终未再重建。

据有关部门测定,这座大佛不仅完全符合人体各部位的比例和结构,而且

乐山弥勒佛

在筑像工艺上也有独到之处。古代工匠科学巧妙地在佛体上构筑了排水系统，而且十分隐蔽，既避免了像体表层受雨水冲刷而风化，又保持了它的雄伟丰姿。在佛像右侧的石壁上，自上而下凿有一条险峻的栈道，盘旋九折而下。人行于栈道之上，身临危岩深涧，惊心动魄。

乐山大佛精湛的雕刻艺术，充分表现了我国劳动人民的丰富创造力和惊人的智慧。

## 米开朗基罗

米开朗基罗是 16 世纪上半叶意大利雕塑家、画家、建筑家和诗人。生于嘉波莱斯，卒于罗马，葬于佛罗伦萨的圣·克罗齐教堂。米开朗基罗在早期雕刻中，就为传统的圣像画一类题材赋予了新的、充满深刻思想且和生活密切联系的表现内容。他的作品大多反映了艺术的时代精神，虽利用传统的宗教题材却不拘泥于其中，借人们所熟悉的题材表达时代的主题，充满着动人心魄的艺术感染力。他创作丰富，水平极高，几乎每幅作品都是充满艺术生命力的杰作，如《哀悼基督》、《塔第圣母》、《巴库斯》、《晨、昏、昼、夜》、《摩西》、《巴尔扎克》、《大卫》、《被缚的奴隶》、《垂死的奴隶》、《布鲁特斯》等等。

## 巴洛克雕塑

巴洛克雕塑最早出现于 17 世纪的罗马，主要是为推行反宗教改革运动的天主教会贵族服务的。狭义的巴洛克指的就是一种宫廷艺术，代表人物是贝尼尼。巴洛克雕刻的风格是：更加复杂地使用人体语言，往往不止使用四个"面"或两个"面"，而是使形体扭转得更加复杂，以充分发挥所谓分形造型原则和潜力。体形的强烈扭动，加上整张的脸部表情、波浪式的形体起伏和流畅的线条以及壮观的场面等，使作为华丽的宫廷艺术的巴洛克雕刻，因浓厚的戏剧效果的、宏伟的纪念碑式的气势，产生了一种特殊的艺术魅力。

## 各具神韵的维纳斯

维纳斯是希腊神话中的女神阿佛洛狄特和罗马神话中的女神乌耶努斯相混合

的称呼，神话中有的说她是主神宙斯与女神狄俄涅生的女儿，有的说她是天神乌刺诺斯的女儿。历代艺术家塑造了无数个维纳斯像，以表现崇美、爱美、追求美的自由精神。

据史料记载，最早的维纳斯是座身穿宽大衣服的雕像，存在于公元前9至前6世纪的希腊。公元前4世纪，出现了全裸的维纳斯像。在古罗马时期还制造出许多仿前人的作品，但大都没有留传下来。

1820年在爱琴海米洛岛上发现的"米洛的维纳斯"，是极为罕见的希腊雕刻瑰宝，约作于公元前4世纪，现藏巴黎卢浮宫。这座雕像为黄色大理石半裸像，由上下两截拼成，高240厘米，身体重心偏于右脚，断损的手臂虽无人能修复，却使欣赏者在遗憾之余产生无穷的遐想。

"美第奇的维纳斯"是16世纪时人们在罗马附近发掘出来的，因当时佛罗伦萨最富有的美第奇家族买下了她，故得此名。这座雕像凝睇顾盼，雍容典雅，裸体曲线起伏，颀长而秀丽。

波提切利和乔尔乔内，是文艺复兴时期佛罗伦萨画派和威尼斯画派的代表人，他们分别描绘出一动一静的两个维纳斯。在波提切利的《维纳斯的诞生》中，刚诞生的维纳斯亭亭玉立于海上，左右有风神与春神相伴，飘拂的金发赋予这位羞涩、柔情的少女以活力与动感，整个画面充满浓郁的浪漫气息和鲜明的世俗倾向。乔尔乔内画的《睡着的维纳斯》，背景幽深，气氛静谧，美神安然入睡，她那修长匀称的身体曲线优美，舒展自然。

17世纪，西班牙著名画家委拉斯凯兹创作了卓有新意的《镜前的维纳斯》。这位美神朝里侧卧，仅以纤巧苗条的背影对着人们，而将恬静动人的面容巧妙地通过镜子显露出来。镜旁的小爱神丘比特正玩耍着，画面仿佛一幅世间母子嬉戏图。

## 未来主义雕塑

未来主义雕塑是现代派雕塑流派之一，主张和过去的艺术彻底决裂，以便创造出一种与现代生活相适应的视觉形式。恩培托·波菊尼在1912年发表了关于未来派雕塑的宣言，把未来派画派的美学观点运用于雕塑，宣称要绝对地放弃有限的线条和封闭式的雕塑。波菊尼的代表作《空间中的独特的连续性状态》，便是未来派雕塑的一个范例。他把对象简化为相互贯融的基本平面，这种技法的运用产生了奇异而强烈的效果。未来派成功地表现出了现代社会的两个特征，即速度和技术，他们对美术界的强烈挑战，使现代美术家们不得不探索和运用新的具体方法。

# 罗 丹

罗丹（1840~1917年）是法国著名雕塑家，生于一个贫穷的基督教家庭。罗丹从小就喜爱美术，其他功课却很糟糕。在姐姐玛丽的支持下，失望的父亲不得不同意把他送进巴黎美术工艺学校。姐姐玛丽靠自己挣得的工钱供给他食宿费，因此，罗丹从小就非常敬爱姐姐。他14岁随荷拉斯·勒考克学画，后又随巴耶学雕塑，并当过加里埃·贝勒斯的助手，去比利时布鲁塞尔创作装饰雕塑5年。

1875年，罗丹游意大利，深受米开朗基罗作品的启发，确立了现实主义的创作手法。他的《青铜时代》、《思想者》、《雨果》、《加莱义民》和《巴尔扎克》等作品在艺术上都有新的创造，却受到法国学院派的抨击。而他包含着186件雕塑的《地狱之门》的创作规化，也因当时官方阻挠而未能按计划实现，只完成了《思想者》、《吻》、《夏娃》等部分作品。他善于用丰富多样的绘画手法塑造出神态生动富有力量的艺术形象。

罗丹在欧洲雕塑史上的地位，正如诗人但丁在欧洲的地位。罗丹和他的两个学生马约尔和布德尔，被誉为欧洲雕刻"三大支柱"。对于现代人来说，他是旧时期（古典主义时期）的最后一位雕刻家，又是新时期（现代主义时期）最初的一位雕刻家。可以说，罗丹用他在古典主义时期锻炼得成熟而有力的大手，用他不为传统束缚的创造精神，打开了现代雕塑艺术的大门。

**罗丹《思想者》**

## 自由女神像的由来

自由女神像是"自由照耀世界之神"的俗称，坐落在美国纽约赫德森河口的"自由岛"上。这座世界上独一无二的巨型铜像，是法国为纪念美国独立110周年和美国独立战争期间的美法联盟，赠送给美国的珍贵礼物。

美国南北战争后，法国历史学家爱德华·德·拉布莱伊提出铸像建议，由法国人民捐款，法国艺术家奥古斯特·巴托第设计并主持建造，像内铁架由设计巴黎铁塔的工程师埃菲尔设计。

据说，女神像的模特儿是艺术家的妻子尚奈密丽，面貌原型是艺术家的母亲。巴托第从1874年开始设计，到1884年5月才告完成。1885年6月，女神像被分装成210箱，用法国拖轮运至纽约。1886年10月28日，自由女神像由美国克利夫兰总统主持揭幕，1924年，美国政府宣布该地为国家纪念地。1984～1986年，自由女神像曾进行整修。这尊像高为46米，连同基座在内，总高92米，重225吨。女神握着火炬的右臂高插入云；左臂上面刻着"1776年7月4日"字样，标明宣言发表的日期；脚上还残留着挣断的铁链；女神气宇轩昂，神态刚毅，宣布获得自由，故称为"自由女神像"。像内有22层，电梯可升至10层平台上，再循盘梯可达巨像冠部的望台，巨像的底部建筑为美国移民博物馆。

## "美人鱼"铜像

"美人鱼"铜像是丹麦著名青铜雕像，被看作是丹麦国家的标志。

在首都哥本哈根朗厄里尼的海滨公园附近的海滩上，有一下身为鱼的少女高高坐在一巨岩之上，凝视大海，若有期待，它就是丹麦名雕刻家埃德华·埃里克森于1912年根据安徒生童话《海的女儿》中的女主角雕铸的"美人鱼"铜像。铜像与人体大小相似，神情宁静，面容略带几分羞怯，眉宇间似有几分忧郁。她披着美丽的长发，含着深情的双眸，终日凝视着大海，沉思遐想，似在等待着她的王子远航归来。1914年，美人鱼的头部被盗，查无下落，幸好当时原雕塑家尚健在人世，又按照原型重铸了一个。

# "书圣" 王羲之

王羲之（公元 303 ~ 361 年，一作公元 321 ~ 379 年），字逸少，琅琊临沂（今山东临沂）人，后徙居山阴（今浙江绍兴），官至右军将军、会稽内史，故世称王右军、王会稽。

王羲之楷书师法钟繇，草书学张芝，兼学李斯、蔡邕等，博采众长。后人评曰："飘若游云，矫若惊龙"、"龙跳天门，虎卧凰阁"、"天质自然，丰神盖代"，给人以静美之感，恰与钟繇书形成对比。他的书法圆转凝重，易翻为曲，用笔内敛，全然突破了隶书的笔意，创立了妍美流畅的今体书风，被后代尊为"书圣"。

王羲之作品的真迹已难得见，现今所看到的都是摹本。王羲之楷、行、草、篆等体皆能，如楷书《乐毅论》、《黄庭经》，草书《十七帖》，行书《姨母帖》、《快雪时晴帖》、《丧乱帖》等。其中行楷《兰亭集序》最具有代表性。

东晋永和九年（公元 353年）三月，王羲之约好友谢安

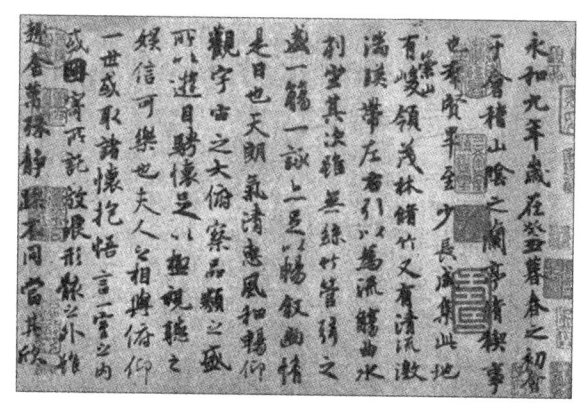

王羲之《兰亭序》

等文人雅士 41 人在风景佳地山阴的兰亭（今浙江绍兴城西南约 25 公里处）修禊吟咏，流觞曲水。修禊，就是排除不祥的意思；流觞，就是趁春暖花开的暮春时节，人们集聚水边，让酒杯漂在曲折流淌的溪水上，酒杯停在谁的面前，谁就要吟诗一首，做不出来的罚酒 3 杯。这一天，文友们乘坐在游舫上，饮酒赋诗，赏春抒怀。不一会儿，吟咏的诗作就达 37 首，把它们汇集在一起名为《兰亭集》，并由王羲之乘着酒兴濡墨挥毫，写下了一篇序言，即《兰亭集序》。这篇序文，全文 28 行，324 个字。笔锋遒劲，顿挫生姿，其矫如惊龙骏马，其势如行云流水。其中有 20 个 "之" 字，不过四个笔画的字，竟然没有一个相同，有若神来之笔，各具姿态，在场的人看了，无不击掌叫绝。这就是千古闻名的流觞曲水的书坛佳话。等到王羲之酒醒后，又重写好多本，终究没有达到当时所写的妙境。

《兰亭集序》被宋代米芾称为"天下行书第一"。传说唐太宗李世民对《兰

亭集序》十分珍爱，死时将其殉葬昭陵，留下来的只是别人的摹本。

## 颜筋柳骨

颜筋柳骨，是品评楷书书法的术语，最先提出这种说法的是北宋的范仲淹。他称同时代人石曼卿的书法是"延年（即石曼卿）之笔，颜筋柳骨"，"颜"指颜真卿，"柳"指柳公权，颜、柳都是唐代以楷书著称的大书法家。

颜真卿生于公元709年，多年为官，为人正直，不惧权势，76岁时被叛乱的地方官杀害。颜真卿的书法，不沿习唐代初期的风气，革故鼎新，自成一家。他的楷书刚柔结合，以丰筋为胜，笔道筋健，韧而富于弹性，结构端庄大气，点画之中具有内在功力，体现出一种雄浑的美。颜真卿的楷书碑刻《多宝塔碑》和《颜勤礼碑》等是代表作。

柳公权生活于公元778年至865年，晚于颜真卿。他的楷书最初学王羲之，后来又学颜真卿和唐代另一书法家欧阳询，形成了骨力道健、结构劲紧、点画瘦硬的风格。当时，柳公权的楷书名气很大，许多王公大臣都以求到他写的碑志为荣耀。柳公权的楷书，引"筋"入"骨"，以骨力为胜。其字方圆兼施，刚劲中却含秀润，严谨之中具有生动，充分表现了书法的骨力之美。柳公权的楷书代表作有《玄秘塔碑》和《神策军碑》等碑刻。

千百年来，人们称颂"颜筋柳骨"，众多学习颜、柳楷书的人，正是被他们书法作品中的坚劲、厚实、俊逸的风格所吸引。

# 音乐·舞蹈

## "西方音乐之父"巴赫

巴赫（1685～1750年），德国著名的作曲家、管风琴家，是将西欧不同民族的音乐风格融为一体的开山大师。他萃集意大利、法国和德国传统音乐中的精华，曲尽其妙，珠联璧合，对后来近300年的德国音乐文化乃至世界音乐文化产生了深远的影响。

巴赫生于德国爱森纳赫，9岁丧母，10岁成了孤儿。由于他嗓音美妙，经济拮据，少年时期靠奖学金进了在吕讷堡的圣·米歇尔学校。1702年，他从圣·米歇尔学校毕业，翌年在一家室内乐队当一名小提琴手。在随后的20年中，他干过许多行当。1723年，巴赫38岁时开始在莱比锡的圣·托马斯教堂任歌咏班领唱，在余生的27年中他一直担任此角。

巴赫是一位多产的作曲家，他的作品包括有将近300首的大合唱曲、组成《平均律钢琴曲集》的一套48首赋格曲和前奏曲、至少还有140首其他前奏曲、100多首其他大键琴乐曲、23首小协奏曲、4首序曲、33首奏鸣曲、5首弥撒曲、3首圣乐曲及许多其他乐曲，总计谱写了800多首严肃乐曲。

巴赫的作品深沉、悲壮、广阔，充满了18世纪上半叶德国现实生活的气息。他谱写了许多充满戏剧性因素的大型声乐作品，其中《马太受难曲》、《b小调弥撒》最具影响。

在这些作品中，巴赫作为一个虔诚的新教教徒，通过宗教音乐形式（受难曲、弥撒、经文歌、康塔塔等），抒发了对人类灾难、痛苦的怜悯、同情以及对和平与幸福未来的渴望。与前人的作品相比，巴赫这种充满宗教内容及复调音乐思维的作品更为广阔地揭示了人的内心世界，但他的音乐从来没有脱离德国的音乐传统。

巴赫一生的主要功绩：第一，把音乐从宗教附属品的位置上解放了出来，使之平民化。第二，把复调音乐发展成主调音乐，大大丰富了音乐的表现力。第三，确立了键盘乐器十二平均律原则。第四，奠定了现代西洋音乐几乎所有作品样式的体例基础，因此，巴赫被后世尊称为"西方音乐之父"。

## "交响乐之父"海顿

海顿（1732～1809年），著名的奥地利作曲家，1798年到维也纳定居，开始作曲生涯。他是维也纳古典乐派的最早期代表，与莫扎特、贝多芬并称维也纳三杰。后曾两度去英国演出，并创作12首伦敦交响曲，成为他一生最好的作品，并因此获牛津大学音乐博士称号。因其最早确立交响曲形式和交响乐队编制，人称"交响乐之父"。

海顿开创了交响曲新的主调音乐风格，并使复调手法在功能和声的基础上得到发展。他摒弃了古老复调中那种拘谨而神秘的性质，代之以率真、生动的音乐语言。海顿完善了4个乐章的奏鸣交响套曲形式，使作品的4个乐章体现统一的艺术构思，表现生活的各个方面。海顿发展了奏鸣曲快板的结构，并往往采用从速度、调性等方面与主题形成强烈对比的引子，使展开部分获得显著发展，确立了以短小动机进行展开的发展原则，直接启发了贝多芬。

海顿一生创作了100多首交响曲，主要有《告别》、《惊愕》、《时钟》等。他早期的交响曲多为生活娱乐题材，形式接近室内乐，18世纪70年代起才更多地吸收了北德乐派的成就，具有较深刻的内容和古典风格，具有既严肃又幽默的特点。

海顿的音乐语言质朴平易，风格优雅高洁，乐曲流畅欢快，既有蓬勃的朝气，又有民间音调的幽默感，体现了一种乐观的精神。

海顿的音乐之所以具有不朽的价值，因为它面向现实，面向人生，气息清新，朝气蓬勃，令人备受鼓舞。由于海顿在作曲技术上为欧洲古典时期的交响曲和室内乐的规范奠定了基础，从而形成了德奥音乐经久不衰的优良传统。

## "音乐神童"莫扎特

莫扎特（1756～1791年）是18世纪奥地利杰出的交响乐作家、演奏家，近代钢琴协奏曲的奠基人，被誉为"万能的音乐家"。

莫扎特出生于奥地利的萨尔茨堡一个音乐世家，3 岁接受启蒙教育，4 岁学钢琴，5 岁开始作曲，6 岁就到欧洲各地演出，8 岁写出第一批奏鸣曲与交响曲作品，11 岁写第一部歌剧。"神童"莫扎特的音乐天才，轰动了整个欧洲，人们称他为"18 世纪的奇迹"。

1773 年，莫扎特在故乡萨尔茨堡任宫廷乐师，后因与大主教冲突而愤然辞职。1781 年定居维也纳，开始了他的"自由艺人"生涯。莫扎特是音乐史上第一个摆脱宫廷音乐家从属地位的人。

莫扎特的创作涉及音乐艺术的所有体裁，其中以交响曲和歌剧贡献最为突出。代表作有抨击贵族腐朽虚伪的歌剧《费加罗的婚礼》，还有反映贵族荒淫生活的《唐璜》，憧憬超阶级理想社会的《魔笛》等歌剧。交响曲的代表作有《bE 大调第三十九交响曲》、《g 小调第四十交响曲》和《C 大调第四十一（朱庇特）交响曲》等。这些作品清丽流畅，结构工整，对近代音乐的发展有很大影响。

1791 年，年仅 35 岁的莫扎特贫病交加，孤独地走完了人生旅程，被草草地葬在维也纳的一个穷人公墓里，至今无法辨认。但是，他的名字和那些不朽的作品却彪炳史册，永为世人所传颂。

## "乐圣"贝多芬

贝多芬（1770～1827 年），出生于德国波恩的平民家庭，家族是科隆选侯宫廷歌手世家，他自幼跟从父亲学习音乐，很早就显露了音乐上的才华，8 岁便开始登台演出。1792 年到音乐之都维也纳深造，艺术上进步飞快。

贝多芬一生坎坷，没有建立家庭。26 岁时听力衰退，晚年失聪，只能通过谈话册与人交谈。但孤寂的生活并没有使他沉默和隐退，在一切进步思想都遭禁止的封建复辟年代里，他信仰共和，崇尚英雄，始终坚守"自由、平等、博爱"的信念，通过言论和作品，为共和理想振臂呐喊，反映了当时资产阶级反封建、争民主的革命热情，写下了不朽名作《第九交响曲》。该曲取材于德国诗人席勒的《欢乐颂》，如今已经成为欧盟的盟歌。

在音乐表现上，贝多芬几乎涉及当时所有的音乐体裁，创作了大量充满时代气息的优秀作品，如交响曲九部（以第三《英雄交响曲》、第五《命运交响曲》、第六《田园交响曲》、第九《合唱交响曲》最为著名）；序曲《哀格蒙特》；钢琴

曲《悲怆》、《月光曲》、《暴风雨》、《热情》
等等。他的创作大大提高了钢琴的表现力，使
之获得交响性的戏剧效果，同时也使交响曲成
为直接反映社会变革的重要音乐形式。

1827 年 3 月 26 日，贝多芬逝世。在他临终
前，突然风雪交加，雷声隆隆，似乎连上天也
为这位伟大音乐家的去世而深感悲哀！贝多芬
的葬礼非常隆重，有 2 万多人自愿跟随灵柩出
殡，遗体葬于圣麦斯公墓。

贝多芬集古典音乐的大成，同时开辟了浪
漫时期音乐的道路，对世界音乐的发展有着举

贝多芬

足轻重的作用，可以说是有史以来最伟大的音乐家，被后人尊称为"乐圣"。

## "小提琴之神" 帕格尼尼

帕格尼尼（1782～1840 年），意大利小提琴演奏家、作曲家。帕格尼尼 8 岁
就写小提琴奏鸣曲，11 岁在热那亚举行公开演奏会，获极大成功，之后开始旅
行演出。1805 年任卢加宫廷乐队小提琴独奏家。1825 年后，他足迹遍及维也纳、
德国、巴黎和英国。

帕格尼尼的作品有《二十四首随想曲》、《女巫之舞》、《无穷动》、《威尼斯
狂欢节》、《军队奏鸣曲》、《拿破仑奏鸣曲》、《爱的场面》、《魔女》、《D 大调小
提琴协奏曲》等。另外，还作有吉他曲 200 首，以及各种室内乐曲。

帕格尼尼在艺术上取得巨大成就的同时，备受疾病的折磨。他从小就疾病缠
身，几度死里逃生。46 岁时，突然牙床长满脓疮，只好拔掉几乎所有的牙齿。
牙病初愈，又染上严重的眼疾，幼小病弱的儿子于是成了他的"拐杖"。1828 年
以后，他的演出越来越少，50 岁后，关节炎、肠道炎、喉癌等疾病不断向他袭
来，后来他的声带也坏了，只能靠儿子按他的口形做翻译来与人沟通，可见他一
生的成就来得多么不易。

帕格尼尼的演奏使小提琴的技巧达到了无与伦比的地步，为小提琴演奏艺术
的发展作出了不可磨灭的贡献，不仅影响了后来的小提琴作品，也影响了钢琴的
技巧和作品。他还将吉它的技巧用于小提琴演奏，大大丰富了小提琴的表现力。

由于技巧保密的关系，帕格尼尼生前出版的作品极少，绝大部分作品都是在他去世后出版的。著名的音乐评论家勃拉兹称帕格尼尼是"操琴弓的魔术师"，歌德评价他"在琴弦上展现了火一样的灵魂"。

## "歌曲之王"舒伯特

舒伯特（1797—1828年）是奥地利作曲家，出生在维也纳贫困的小学校长家。他从小学习钢琴和小提琴，11岁被帝国小教堂唱诗班录取，并住进神学院，成为该校乐队小提琴手，同时还担任指挥。1813年，他为该乐队创作了《第一交响曲》，1813年因变声离开神学院。舒伯特为了减轻家庭负担，到父亲所在的学校里担任助理教师，并继续创作。

1814年10月19日，舒伯特为歌德的诗《纺车旁的格丽卿》谱曲，这第一首歌曲杰作，打开了他创作灵感的闸门。仅1815年一年，舒伯特就写了144首歌曲，其中10月的一天就写了8首歌曲。除歌曲外，他还创作了1部交响曲，2部弥撒曲和其它作品。1816年，他辞去教师的职务，专心从事作曲。

由于没有固定收入，生活比较贫困，他的一些作品也常常反映出苦闷和压抑的情绪。尽管这样，他还是满怀热情地创作了大量歌颂民族解放斗争的优秀作品。长期的困苦生活，使舒伯特身心受到极大的摧残，1828年11月19日，年仅31岁的舒伯特在维也纳溘然长逝，被安葬在他生前一直崇拜却只见过几次面的贝多芬墓旁。

舒伯特的创作生涯虽然很短暂，却给后人留下了大量的音乐财富。他创作了600多首歌曲，18部歌剧、歌唱剧和配剧音乐，10部交响曲，19首弦乐四重奏，22首钢琴奏鸣曲，4首小提琴奏鸣曲以及许多其他作品。

舒伯特的歌曲最为出名，多采用歌德、席勒、海涅、缪勒等人的诗作为歌词，并通过牧羊人、流浪的磨工、被死神逼迫的少女之口，表达他在梅特涅统治时期的苦闷、压抑和对幸福的追求。其歌曲的显著艺术特色，是诗的意境与乐的旋律的完美融合。舒伯特的代表作有《魔王》、《野玫瑰》、《春之信息》、《冬日旅程》。由于他为世界音乐宝库增添了耀眼的光辉，被誉为"歌曲之王"。

舒伯特生活在古典主义和浪漫主义的交汇时期。他的交响性风格继承的是古典主义的传统，但他的艺术歌曲和钢琴作品却完全是浪漫主义的。因其作品具备的绝妙的抒情性，他被李斯特称为"前所未有的最富诗意的音乐家"。

## "钢琴诗人"肖邦

肖邦（1810～1849 年），波兰作曲家、钢琴家。肖邦从小就表现出非凡的艺术天赋，7 岁开始作曲，1826～1829 年求学于华沙音乐学院。1830 年 11 月华沙起义前夕，肖邦离开祖国旅经维也纳，最后到法国巴黎定居。其一生主要从事创作、教学，他的一些富有民族特色的作品，表现了反抗沙皇奴役、争取祖国解放的思想感情。舒曼曾称赞肖邦的音乐是"隐藏在花丛中的一尊大炮"，它向全世界庄严地宣告："波兰不会灭亡！"

在维也纳，肖邦结识了西欧文艺界许多重要人物，包括德国诗人海涅、匈牙利音乐家李斯特等，特别是与法国女作家乔治·桑的关系，对肖邦的思想、生活产生了深刻的影响。从 19 世纪 30 年代初到 40 年代中期，肖邦的思想和艺术高度成熟，创作上获得了极其丰硕的成果。

肖邦一生创作了大约 200 部作品，其中大部分是钢琴曲，著名的有：两部钢琴协奏曲、三部钢琴奏鸣曲、四部叙事曲、四部谐谑曲、二十四首前奏曲、二十首练习曲、十八首波兰舞曲、四首即兴曲等等。

肖邦的作品具有潇洒、飘逸、含蓄、柔媚的风格特征。在器乐中，他用叙事曲体裁，将前奏曲、诙谐曲发展成独立的钢琴曲，进一步使练习曲的技术性与艺术性紧密结合。

肖邦通过钢琴来表达自己内心的诗意，把钢琴的表现力发挥到了精彩绝伦的地步，因此被誉为"钢琴诗人"。

## "钢琴之王"李斯特

李斯特（1811～1886 年），匈牙利作曲家、钢琴家、指挥家和音乐活动家，浪漫主义音乐的主要代表人物之一。他 9 岁举行了自己的第一次钢琴独奏会，并因此得到匈牙利富豪们的青睐，其后 6 年中，在他们的资助下继续深造，琴艺突飞猛进，且于 1875 年创办了布达佩斯音乐学院，并任院长。

他在音乐史上最大的贡献是，创造了新的钢琴演奏技巧与新型的作品，首创了交响诗这一音乐体裁，为管弦乐创立了新的模式，为作曲技法开拓了新的道路。其主要作品有：交响诗《塔索》、《匈牙利》、《前奏曲》，钢琴曲《旅游岁月》（《瑞士游记》、《意大利游记》和《第三年》）、《森林风啸》、《侏儒轮舞》、《匈牙利狂想曲》19 首，以及大量钢琴独奏曲和改编曲等。

李斯特的作品多姿多彩、极富想象力，充分挖掘了钢琴的音响功能，对演奏者的技巧提出了更高的要求。作为那个时代最杰出的钢琴家，他对键盘音乐的发展作出了重大的贡献。在他的后期作品中，最早使用了 20 世纪才普遍采用的和声语言，因此，他被人们称为"钢琴之王"。

李斯特创作的 19 首钢琴曲《匈牙利狂想曲》，在他的钢琴作品中占有特殊的地位。这些作品不但充分发挥了钢琴的音乐表现力，而且，为狂想曲这一音乐体裁树立了杰出的音乐典范。这些作品都是以匈牙利和匈牙利吉普赛人的民歌和民间舞曲为基础，进行艺术加工或发展而成的，因而都具有鲜明的民族色彩。这些乐曲结构精炼、乐思丰富活跃，音乐语言与音乐表现方法同匈牙利乡村舞蹈音乐和城市说唱音乐有着密切联系，乐曲的形式虽然不时的变化，可音乐形象始终鲜明而质朴，体现了自然美和艺术美的完美统一。

他是最早把匈牙利民族音乐提升到世界水平的民族音乐家，他具有强烈的爱国思想和民主思想，有积极要求变革生活的热情。李斯特与肖邦是同代人，但他离开祖国的时间比肖邦要早，因此，他的思想和创作不能简单地纳入"民族乐派"。然而，作为一个匈牙利人，李斯特对祖国事业的真诚关注，对民族的历史和英雄人物的讴歌，以及对民间音乐的音调和节奏的钟情，都在他的创作中得到了生动的反映和运用。加之他对东、北欧及俄罗斯青年作曲家的大力提携和鼓励，使他在欧洲民族乐派的发展上起到了积极的推动作用。在他的祖国，人民尊崇他为伟大的"民族艺术家"。

# 世界传唱的《马赛曲》

近两个世纪来，《马赛曲》传遍了世界各地，成为人民反对封建专制、争取民主自由的号角。

1789 年 7 月 14 日，巴黎人民攻克巴士底狱，开始了轰轰烈烈的资产阶级大革命。1792 年，普奥封建君主组织联军对法国革命进行武装干涉。4 月 20 日这天，在大敌压境的关头，位于战争前沿的边境小城斯特拉斯堡市的市长底特利希号召人们为军队写战歌。诗人兼作曲家、莱茵营的士兵中尉里斯尔连夜写了一首题名为"莱茵军战歌"的歌曲。几天后，市长在晚会上亲自演唱了这首歌，赢得了雷鸣般的掌声。于是，这首歌很快在共和国军中流传开来。7 月，马赛市的义勇军高唱着它开进了巴黎，从此人们便称它为《马赛曲》。

《马赛曲》一共有 7 段歌词，前 6 段是里斯尔写的，第 7 段是维恩市的爱国神父佩索耐尔创作的。这是一首进行曲风格的分节歌，曲调分主歌和副歌两部分，以军号的基本音调为核心，再加上铿锵的附点节奏，充满了战斗性。

《马赛曲》从诞生的那天起，就与法国革命血肉相联。在它雄壮激昂的旋律中，法国的君主政体被摧毁，封建复辟势力被打退，工人们打响了街垒战的第一枪，起义者的鲜血染红了巴黎公社墙。

1795 年，《马赛曲》被正式宣布为法兰西共和国国歌。其后几十年中，政权的更迭也使这一歌曲的命运产生过微妙的变化，1879 年，法国国民议会又通过了恢复《马赛曲》为国歌的提案，从此它成为法国国民精神的象征。

## 记谱法简史

记谱法是在文艺复兴时期才趋于完善的。在中世纪初，乐曲是凭记忆口授的，后来人们逐步尝试用各种文字、符号来标记。9 世纪时，天主教士发明了"纽姆谱"，可暗示曲调的长短抑扬，继而又用数目不等的横线和颜色不同的线条来标明音调的高低，但由于没有音名，因而还不能确定音高。11 世纪，音乐理论家规多（约公元 991～1033 年）提出了"四线谱"，用三种谱号表示线的不同音高，用 d、re、mi、fa、sl、la（拉丁文圣诗前几句的开头音节）作为当时使用的自然音六级音列的唱名，从而为明确地记下音乐的旋律创造了条件。13～15 世纪，人们先后发明了"有量记谱法"和节奏时值的二等分分法，并以黑白不同的音符表示时值的变化，用升降号记变化音。到 16 世纪，进一步确定了小节划分及五线谱上下加线的记号，五线谱逐渐得到完善。

中世纪时，乐谱都是手抄的，而且是抄在价格昂贵的羊皮纸上。乐谱的抄录者精心谱写音符和歌词，还将歌词的第一个字母写成漂亮的美术字体，以求美观。但这种手抄乐谱不仅副本极少，且价格昂贵，不利传播。于是，15 世纪金属活字发明后，人们便萌发了印刷乐谱的想法。16 世纪初，在意大利首次出现了用活字印制成的乐谱，从而结束了手抄乐谱的历史。17 世纪，随着宗教音乐的发展，教堂中的乐谱变得更为精美了。

## 数字简谱

最早正式提出数字简谱的，是 17 世纪法国天主教"方济各"教派的僧侣苏威地，目的是便于教众歌唱宗教赞美诗。

18 世纪中叶，著名思想家卢梭深感记五线谱的方法复杂，大声疾呼要简化记谱。1742 年，他在法兰西科学院作报告，提出了数字记谱制，并在《论现代音乐》一文中阐述了这套数字记谱制的具体内容。1767 年，他又把这种新的记谱法载入《音乐辞典》。尽管他到处演讲、著书，但数字简谱还是因为许多音乐专业人士的不屑一顾而未能得到实施。后来，数学教师加兰和他的信徒们把简谱作了进一步的改进和系统组织，而且通过编书成册、举办群众合唱团来大力推广，终于使数字记谱得到了官方承认。在法国，数字记谱制便以这些功臣的名字命名："加兰—帕里斯—谢维记谱制"。

## 西洋乐器知多少

西洋乐器主要是指 18 世纪以来，欧洲国家已经定型的管弦乐器、弹弦乐器和键盘乐器。常用的西洋乐器有：木管乐器、铜管乐器、弦乐器、键盘乐器、打击乐器。

### 木管乐器

木管家族的成员主要有：长笛、短笛、单簧管、双簧管、英国管、大管、萨克管。

木管乐器起源很早，从民间的牧笛、芦笛等演变而来。木管乐器是乐器家族中音色最为丰富的一族，常被用来表现大自然和乡村生活的情景。在交响乐队中，不论是作为伴奏还是用于独奏，木管乐器都有其特殊的韵味，是交响乐队的重要组成部分。

木管乐器的材料并不限于木质，也有选用金属、象牙或是动物骨头等材质的。它们的音色各异，特色鲜明，从优美亮丽到深沉阴郁，应有尽有。

木管乐器大多通过空气振动来产生乐音，根据发声方式，大致可分为：

（1）唇鸣类：长笛、短笛。

（2）簧鸣类：单簧管、双簧管、英国管、大管、萨克斯管。

### 铜管乐器

铜管乐器家族主要成员：圆号、小号、短号、长号、次中音号、小低音号、大号。

铜管乐器的前身大多是军号和狩猎时用的号角。在早期的交响乐中，使用铜管的数量不多，在很长一段时期里，交响乐队中只用两只圆号，有时增加一只小号。到19世纪上半叶，铜管乐器才在交响乐队中被广泛使用。

铜管乐器的发音方式与木管乐器不同，不是通过缩短管内的空气柱来改变音高，而是依靠演奏者唇部的气压变化与乐器本身接通"附加管"的方法来改变音高。

所有铜管乐器都装有形状相似的圆柱形号嘴，管身都呈长圆锥形状。铜管乐器的音色特点是雄壮、辉煌、热烈，虽然音质各具特色，但宏大、宽广的音量为铜管乐器的共同特点。

### 弦乐器

弦乐器的主要家族成员：小提琴、中提琴、大提琴、低音提琴。

弦乐器是乐器家族内的一个重要分支，在古典音乐乃至现代轻音乐中，几乎所有的抒情旋律都由弦乐声部来演奏。可见，柔美、动听是所有弦乐器的共同特征。弦乐器的音色统一，有多层次的表现力，合奏时澎湃激昂，独奏时温柔婉约，并因丰富多变的弓法（颤、碎、拨、跳等）而具有灵动的色彩。

弦乐器的发音方式是依靠机械力量使张紧的弦线振动发音，故发音音量受到一定限制。弦乐器通常用不同的弦来演奏不同的音，有时则须运用手指按弦来改变弦长，从而达到改变音高的目的。

弦乐器从其发音方式上来说，主要分为：

西洋乐器

（1）弓拉弦鸣乐器：小提琴、中提琴、大提琴、低音提琴。

（2）弹拨弦鸣乐器：竖琴、吉它、电吉它、贝司。

## 键盘乐器

键盘乐器家族的主要成员：钢琴、管风琴、手风琴、电子琴、电钢琴。

在键盘乐器家族中，所有的乐器均有一个共同的特点，那就是键盘。但是它们的发声方式却有着微妙的不同，如钢琴是属于击弦打击乐器类，而管风琴则属于簧鸣乐器类，而电子琴则利用了现代的电声科技等等。

键盘乐器相对于其他乐器家族而言，有其不可比拟的优势，那就是宽广的音域和可以同时发出多个乐音的能力。正因如此，键盘乐器即使是作为独奏乐器，也具有丰富的和声效果和管弦乐的色彩。所以，从古至今，键盘乐器备受作曲家和音乐爱好者的关注和喜爱。其中，钢琴被誉为乐器之王。

## 打击乐器

打击乐器家族的主要成员：定音鼓、大鼓、小军鼓、钹、架子鼓、三角铁、沙槌、钟琴、木琴、排钟。

打击乐器，是乐器家族中历史最为悠久的一支。其家族成员众多，特色各异，虽然它们的音色单纯，但对于渲染乐曲气氛有着举足轻重的作用。通常，打击乐器通过对乐器的敲击、摩擦、摇晃来发出声音。打击乐器不仅能起加强乐曲力度、提示音乐节奏的作用，事实上，有相当多的打击乐器能作为旋律乐器使用。

# 摇滚乐

摇滚乐兴起于 20 世纪 50 年代中期的美国。早期摇滚乐的代表是歌唱演员埃尔维斯·普雷斯利，他把黑人宗教歌曲福音赞美诗和源于黑人音乐家的"节奏与布鲁斯"结合起来，以传统爵士乐的即兴演奏风格，使用电吉他、萨克管、低音提琴和鼓，并加入人声，演奏出一种具有强烈而粗野节奏的音乐，创造出被称为"摇滚乡村乐"的新风格。其表演的歌曲、舞蹈，大多是重节奏，声响喧闹带有"挑衅性"或"煽动性"。演唱时，演员手抱吉它边弹边唱，并作出种种摇摆、扭动的舞蹈动作，在台风和服饰上追求有"叛逆"精神的风格。这种"离经叛道"的流行音乐一出现，立即风靡全美，继而产生了世界性的影响，从而开创了"摇滚乐"的时代。

1956 年，在英国出现了一个"甲壳虫"摇滚乐队，他们在演唱的歌曲中，以叙说性的风格抨击一些诸如失业、战争等社会问题。甲壳虫乐队的乐手们被称为"20 世纪的游吟诗人"，其代表人物约翰·列农更是成为青少年崇拜的偶像。与此同时，在美国也出现了一批称为"小青年王国"的新一代"甲壳虫"，他们的摇滚乐在内容上十分贫乏，大多将单恋、孤独、反抗专横的父母等作为主题，但仍强调极强烈的舞蹈节奏和粗鲁、狂放、富于性感的演唱风格。

# 唐代大曲《霓裳羽衣》

我国的歌舞艺术发展到唐代，进入了中国古乐的鼎盛时期，上至宫廷，下至民间，出现了名目众多的音乐、舞蹈形式。唐代大曲，就是当时广为流传的一种歌、舞、曲相交融的多段体乐曲。其中，最具有代表性的大曲是宫廷乐舞《霓裳羽衣》。

相传，这首著名的乐舞是唐开元年间西凉节度使杨敬述进献给唐玄宗的，原名《婆罗门曲》，后经玄宗润饰并制歌词，改名《霓裳羽衣》。另一传说称，一天，这位酷爱乐舞、精通音律的唐玄宗，登上三乡驿，遥望女儿山，在朦胧之中，踏上浮现在眼前的通天长桥，登临月宫，只见数百仙女披羽衣翩翩起舞，仙乐回荡，悠扬悦耳。玄宗耳闻目睹，心旷神怡，暗将乐谱、舞姿铭记在心。待他回宫后，急忙写下记忆中的"仙乐"，可惜只记住了前半部分，适值杨敬述贡献《婆罗门曲》，玄宗才得以据此续成全曲。关于这首乐舞的创作过程，本身就充满了神话色彩。

《霓裳羽衣》由"散序"、"中序"和"曲破"三部分组成，其乐曲、舞蹈、服饰着力描绘了虚无缥缈的仙境，塑造了一群楚楚动人、姿态优美的仙女形象。因原曲已散佚，这部乐舞的演出情形只能从著名诗人白居易诗中的描述来了解。

白居易在《霓裳羽衣舞歌和微之》一诗中，对乐舞的结构、舞姿、场面、气氛都作了细致的描写。"散序"，为器乐演奏，在舒缓、悠扬的旋律中把人们引入奇妙的"仙山佛地"；"中序"，伴随着歌声和乐曲的节拍，"仙女"们轻歌曼舞、飘飘欲仙；"曲破"为全曲高潮，重于独舞表演，乐曲急促，声调铿锵。临曲终时，乐曲转慢，舞而不歌，演员们徐徐向两边退下……

《霓裳羽衣》的表演形式灵活多样，既可以数百人进行大型群舞，也可是双人舞和独舞。据《杨太真外传》记载，天宝四年（745 年），杨玉环被封为贵妃，她通音律，善歌舞，尤擅舞《霓裳羽衣》。在晋见唐玄宗时，通过独舞表演，表现了她高超的乐舞技艺。

## 十面埋伏

这是一首琵琶大曲，又名《淮阴平楚》。它是根据公元前 202 年楚汉在垓下决战时，汉军用十面埋伏的阵法击败楚军这一历史事件，经过集中概括写成的。流传至今大约已有 400 余年了，其最初的记载见于清代《鞠士林琵琶谱》。

全曲按情节分为 13 段：一、列营；二、吹打；三、点将；四、排阵；五、走队；六、埋伏；七、鸡鸣小战；八、九里山大战；九、项王败阵；十、乌江自刎；十一、众军奏凯；十二、诸将争功；十三、得胜回营。该曲在反映这一重大题材时，选择了最为扣人心弦的垓下决战的场面。在表现这一场面时，又突出了呐喊的效果，形成全曲高潮，生动地塑造了汉军由进攻者、追击者到胜利者的形象，成功地展现了古代战场激烈、壮观的场景。

全曲以古战场特有的鼓、号角的节奏和旋律加以艺术概括，以"吹打"等段落表现汉军的军威，以"埋伏"、"大战"等段落表现战斗的紧张、喧嚣、激烈。在表现手法上，景中有情，情景交融，形象生动，乐曲发展激动人心。它集古代琵琶创作艺术之大成，达到了琵琶舞曲艺术的高峰。它几乎包括了所有的琵琶舞曲技法，集中了无数民间艺人的创作才智，汇集了琵琶艺术的众多精粹，是我国古代音乐艺术遗产中不可多得的瑰宝。

## 《梁祝》诞生记

1958 年初秋，白浪滚滚的长江上，一艘银灰色的客船在月光下驶向温州港。船头甲板上，围坐着上海音乐学院管弦系一年级小提琴专业的何占豪、俞丽拿、丁芷诺等同学。他们组建了一个小提琴民族化实验小组，以早日结束西洋作品一统小提琴曲目的历史为志向。

此刻，在去农村劳动的途中，他们商议创作一部小提琴协奏曲，向国庆 10 周年献礼。选什么题材好？同学们争论不休。最后，集中在 3 个题材：1. 全民皆兵；2. 大炼钢铁；3. 在越剧《梁山伯与祝英台》音调基础上创作。船一靠码头，一封征求对以上题材意见的信，便带着同学们的期盼，"飞"到上海音乐学院党委。

在温州的一个乡村，何占豪这天刚收工回到农舍，门口意外地出现了系党支部书记刘品，原来，他是受院党委书记孟波的委托，专程赶来。刘品传达的选题意见使何占豪吃了一惊。孟波收到意向信后，毫不犹豫地在第三个题材上打了一个"√"，神奇的"蝴蝶"就此进入了胚胎发育期。

孟波之所以选择越剧《梁祝》这个题材，是认为小提琴的性格，较为纤细、绵柔，越剧《梁祝》本就是一支委婉动人的爱情奏鸣曲，与小提琴性格化的结合相得益彰。剧作提供的音乐素材非常优美，又有浓郁、醇美的民族风格。20世纪50年代初，越剧《梁祝》被拍成电影，为海内外熟悉，容易引起社会共鸣。还有一条十分重要的理由是，何占豪在进音乐学院之前，在浙江的一个越剧团乐队任二胡演奏员，只有让艺术家写自己最熟悉的东西，才有可能写好。

受到系党支部书记当面鼓励的何占豪一鼓作气把越剧《梁祝》中十八相送、楼台会等几段唱腔音乐连接起来，用小提琴试奏，这首当时被称作"小《梁祝》"的乐曲，顿令一些到上海音乐学院参观访问的外国音乐家感到震惊与欣喜。这也为何占豪进一步探索、创造中华民族自己的交响乐，打下了良好的实践基础。

但人的积极性与实践创造能力，并不能完全等同。何占豪毕竟只是小提琴专业一年级的学生，从未学过作曲，他虽有一肚子越剧音乐，但素材不等于作品，就像从布料到成衣，还需要通过技术实现一样。对这一点，孟波十分清楚。

孟波向副院长、作曲家丁善德"求援"，丁教授很快就把作曲系四年级的一位高才生介绍给孟波，他就是有"四只音乐眼睛"之称的陈钢。

在孟波决定调用陈钢时，有人认为陈钢的父亲有"历史问题"。在院党委会上，孟波明确表态："老子不等于儿子，为什么不能用？"这时，校园里传出另一种非议：《梁祝》是才子佳人加封建迷信，怎么能把这种东西向国庆10周年献礼呢？

为了使两位学生的创作情绪不受影响，孟波主动找他们消除思想疑虑：《梁祝》虽是爱情故事，但宣传的并不是封建迷信。梁山伯与祝英台的悲剧，是对封建礼教的强烈抗争。我们中国革命的任务之一，就是反对封建主义，推翻封建统治。反封建的主题既然是进步的、革命的，就可以向国庆献礼。听了这番话，两位作者坚定了自己的创作信念。

经过何占豪和陈钢的精心创作，《梁祝》协奏曲终于定稿。孟波立即组织小提琴和钢琴两种乐器试奏一遍，然后把录音带直接送达当时的中共上海市委宣传部部长石西民征求意见。石听完后连说："很好听！"孟波这才放心。孟波此举不是想邀功，而是希望在上海意识形态领域的最高管理部门预领一张"通行证"，以确保艺术家的劳动成果得以实现。

幸运的是，《梁祝》作为国庆10周年的献礼作品获得通过，在正式演出时，独领风骚，倾倒全场。自此，该曲声誉鹊起。

## 民族乐器知多少

考古工作者在浙江余姚县河姆渡遗址发掘出一些用鸟禽肢骨制作的笛子，距今约7000年。这些笛子虽然制作得粗拙、简陋，但有的还可发出简单的音调，这就是远古人使用的吹奏乐器——骨笛。

从原始时代到夏商时期，我国的乐器主要是打击乐器和吹奏乐器两类，如土鼓、磬、缶、钟、骨哨等，都是用天然材料所制成。到了商代，出现了很多用青铜制作的乐器，在性能和工艺上已远远高于原始乐器。

西周时期，乐器的种类增多，仅见于古籍中记载的就有70多种，如编钟、编磬、箫、笙等。弹弦乐器也在这时出现，但较为简单，发音单调。到了春秋战国，出现了弹拨乐器筝，吹奏乐器竽等，这一时期的编钟在研制、性能方面也都是此前的编钟所无法比拟的。在湖北随县出土的曾侯乙编钟，共8组65件，总重量达2500多公斤，音阶准确，音域宽广，音色优美。每只编钟可发出相距三度的两个音，总音域达五个八度，其精湛的工艺水平深为现代人所惊叹。

秦汉时期，出现了排箫、羌笛、筋、箜篌、琵琶等。到了隋唐，乐器的品种愈加增多，据唐段安节的《乐府杂录》载，共有3000余种。拉弦乐器在此时也开始出现，如奚琴，这种琴有两条弦，用竹片在两弦间摩擦发音，这估计就是胡琴的前身。

宋代的乐器有着自身的特点，一是产生了多种多样的吹奏乐器，二是拉弦乐器开始得到重视，如马尾琴已经得到广泛的运用。元、明、清以后的乐器更加多样，性能也更为完备，特别是西洋乐器的传入，又为我国乐器的发展注入了新的血液，使我国古代乐器呈现出更加多姿多彩的面貌。

## 芭蕾舞

芭蕾，是法文 Ballet 的音译，欧洲古典舞剧的统称。这门由足尖支撑的艺术，自意大利文艺复兴高潮期出现萌芽，至今已走过了 500 年漫长的历程。

15 世纪，意大利宫廷宴饮时，常在席间穿插舞蹈。这些舞的内容多根据希腊神话故事改编，舞者服饰华丽，带有面具。一般认为，芭蕾是由当时流行在宫廷里的哑剧、幕间剧、载歌载舞的演技和假面舞等形式汇合而成的。16 世纪芭蕾已成为综合性的舞剧。1581 年 10 月 15 日，在巴黎波旁大厅上演的大型宫廷舞剧被视为芭蕾形成的标志。后来，由于法王路易十三与路易十四的参与和倡导，王公贵族争相习舞，使得宫廷芭蕾在 17 世纪进入了鼎盛时期。1672 年，路易十四宣布允许职业舞蹈家演出贵族芭蕾，这标志着芭蕾由贵族的自娱活动变成为一门艺术。

随着专制主义的没落，芭蕾逐渐脱离宫廷，走向社会。1681 年，女演员的登台打破了男子独霸芭蕾舞台的局面。女明星卡玛戈大胆改革芭蕾服装，取消拖地长裙和带鲸骨框的圆裙，以利演员的旋转和跳跃。

约在 18 世纪中叶，女演员成为芭蕾舞台的中心，芭蕾也除去了歌唱和说白，从歌舞剧中分离出来，成为独立的艺术。18 世纪末到 19 世纪初，政治革命与工业革命使艺术发生了深刻变化，芭蕾从古典主义向浪漫主义过渡，题材由神话传说转为人神并存，面具、假发、鞋跟被废除，舞裙长度进一步缩短，并创造出了足尖舞及高速旋转等高难度动作。19 世纪 50 年代以后，芭蕾的中心逐渐由法国移至俄国，20 世纪，初出现了现代芭蕾学派。至此，芭蕾已成为艺术皇冠上的一颗璀璨的明珠。

芭蕾名剧有《唐璜》、《堂吉诃德》、《仙女》、《吉赛尔》、《天鹅湖》、《海峡》、《希尔薇亚》等。

## 芭蕾经典名剧《天鹅湖》

《天鹅湖》是俄国古典芭蕾传统剧目之一，也是世界芭蕾舞经典名剧。该剧作于 1876 年，由柴可夫斯基作曲，别吉切夫和盖里采尔编剧。《天鹅湖》1877 年在莫斯科首演，1895 年由俄国舞剧导演伊凡诺夫和法国舞剧导演彼季帕重新

芭蕾经典名剧《天鹅湖》

编排，并在彼得堡上演，获得巨大成功。

全剧共有 4 幕，剧情描写奥杰塔公主被魔法师罗德伯特掳去变成白天鹅，在湖边她与王子齐格弗里德相遇并相爱了。在王子挑选新娘的舞会上，魔法师以女儿黑天鹅奥吉莉亚欺骗王子。最后，爱情的力量战胜了邪恶势力，奥杰塔公主和其他白天鹅都恢复了人形，王子和公主终于结合在一起。

该舞剧的音乐具有高度的交响性发展原则，是作曲家柴可夫斯基对芭蕾舞音乐进行重大改革的结果，这也是该舞剧在舞剧发展史上取得划时代地位的一大重要原因。

## "现代舞之母" 邓肯

邓肯（1878～1927 年），20 世纪初震动西方舞坛的舞蹈改革家，由于她为现代舞蹈的发展开拓了道路，因而被誉为"现代舞之母"。现代舞又称"自由舞"、"现代芭蕾"。

邓肯于 1878 年生于美国旧金山，父亲是位诗人，母亲是音乐家。她从小就生活在艺术气氛浓厚的家庭中，曾与家人一起渡过了 10 年的漂泊卖艺生涯。当她的舞蹈艺术在上流社会和艺术界显露出特有的风采以后，她开始到伦敦、巴黎、维也纳、柏林、布达佩斯等地巡回演出，受到各国观众空前热烈的欢迎。后来，她到希腊旅行，从古希腊雕塑上吸取了创作灵感与舞蹈语汇。

邓肯舞姿

在她眼中，具有近 400 年历史的传统芭蕾舞，已经完全走向僵化和衰落。她不满于芭蕾舞台上所表演的那种严重脱离现实的"神仙故事"和"风流艳史"类型的题材，不满于艺术形式上千篇一律的"轻盈与曼妙"，主张创造一种充分体现人类自由精神和真情实感的舞蹈。她第一个打开了古典芭蕾的禁宫，摒弃矫揉造作的技巧的限制，使舞蹈动作自然，舞姿优美。她大胆改革舞蹈的动作和服装，从古希腊雕塑与文艺复兴时的绘画中得到启示，创建了形式自然、风格自由的现代舞和崇尚自然、崇尚古希腊艺术的舞蹈理论。表演时，她通常双脚赤露，只穿着薄纱裙或轻纱飘拂的希腊长袍，多用跑步和跑跳步，两臂经常向侧上方扬举，加上适当的举腿和腾越，显得自然、典雅，柔中带刚。她有卓越的音乐感受力，用舞蹈表现勃拉姆斯、瓦格纳、贝多芬、施特劳斯等人的音乐作品获得了巨大成功。同时，由于邓肯还是一位不畏强权、支持民族解放斗争、终身为妇女解放而拼搏的斗士，因而，当时许多大艺术家罗丹、斯坦尼斯拉夫斯基、邓南遮、詹姆斯等，都曾热情赞誉她为"世界最伟大的女性"。

## 交际舞

交际舞不同于宗教性舞蹈等，是一种纯娱乐性舞蹈。早在古希腊时期，人们就很喜欢把跳舞作为一种社交性的娱乐，在各种盛大宴会和喜庆佳节上跳舞。苏格拉底和柏拉图都赞成跳舞，亚里士多德也认为交际舞是有益的，因为它反映出人们的举止和行为。早在 4000 多年以前，埃及人就已把跳舞作为社交艺术。在古埃及人的宴会上，舞蹈是供宾客消遣的。西班牙人跳交际舞的历史也很长，但他们跳的舞多数是从阿拉伯人那儿学来的。法国是真正最早开展交际舞的国家，许多起源于其他国家的交际舞，在法国都得到充实和完善。亨利二世的王后凯瑟林·德·梅迪奇，是法国第一个倡导跳交际舞的人。在凡尔赛宫，路易十四把交际舞发展到了登峰造极的地步。

## 国际标准交谊舞

国际标准交谊舞是在传统交谊舞的基础上，加以国际统一规则而成的。它分为现代舞和拉丁舞两大部分。现代舞又含华尔兹、探戈、维也纳华尔兹、狐步舞、快步舞 5 种舞蹈，其特点是格调高雅、舞姿优美、轻柔流畅、节奏起伏。拉丁舞含有伦巴、恰恰舞、桑巴、斗牛舞、牛仔舞 5 种舞蹈，其特点是热情奔放、自由活泼，技巧性强。

现代舞的 5 种舞蹈的起源和特点是：华尔兹舞源于奥地利的一种民间舞蹈，也是交谊舞的起源，其特点是"圆舞"，即旋转；探戈舞最早产生于阿根廷，舞蹈较低俗，20 世纪初经法国演出商改造，成为庄重、奔放的舞蹈，以典雅、俊俏、畅快为特点；维也纳华尔兹源于维也纳，又称快步华尔兹，是德国人保罗·克雷布斯所创；狐步舞产生于 20 世纪初的美国，1914 年传入英国，后来成为典型的英国式舞蹈，以自然、舒展、从容为特征，音乐节拍是 4/4，每小节有 4 拍，重音在第一和第三拍；快步舞是从狐步舞演变而来，其节奏每分钟 48 拍乃至 50 拍，舞曲节拍轻松，舞姿活泼动人。

拉丁舞的 5 种舞蹈起源和特点是：伦巴舞源于古巴的一种黑人舞蹈，20 世纪 20 年代后期传入巴黎、纽约、伦敦，节拍为 4/4，重音在第一拍；桑巴舞始于巴西，原是一种非洲奴隶舞，19 世纪后得到普及，成为巴西狂欢节的主旋律，后又传入欧美各国，并得到改良和发展；恰恰舞原是模仿一对企鹅在生活中的各种动作而创造出来的，故恰恰舞多是女子领舞，男女舞伴不搂抱，离身而跳，动作不必整齐划一；斗牛舞最早出现在西班牙等欧洲国家和拉美诸国，在第一次至第二次世界大战期间流行于欧洲，舞蹈带有西班牙斗牛士风格；牛仔舞原是一种黑人舞蹈，第二次世界大战时由美国士兵传播到法国等欧洲国家，20 世纪 50 年代后经改造，形成一种轻松诙谐、能用爵士音乐和迪斯科音乐跳舞的风格。

上述 10 种舞蹈被列为国际正式比赛的项目。比赛时，一些舞种在服装上也有要求。现代舞要求男子着黑色燕尾服，女子着长裙。拉丁舞男子为拉丁套装，女子为拉丁短裙。裁判根据 5 种因素给选手打分：①与音乐和节拍的吻合。②身体基本姿势。③舞蹈动作。④旋律的掌握和对音乐的理解。⑤舞步。

## 踢踏舞

踢踏舞，源于英格兰的木鞋舞。传统的踢踏舞以各种节奏型的脚部动作和击地为特点。19 世纪末，出现了以多伊尔和狄克逊为代表人物的"巴克温"式跳法，特点是快速、活泼，穿木鞋底。还有以乔治·普里姆罗斯为代表人物的软底鞋跳法，特点是舒展、平稳。1925 年，两种跳法融合起来，舞鞋的前掌和后跟钉上了铁片，以便发出更响的踢踏声。其脚部动作大致不变，但增加了种类繁多的腿部动作，偶尔还要拍手。1940 年后，腿部动作更为复杂，还吸收了芭蕾舞和现代舞的许多高难度动作。著名的踢踏舞蹈家有阿斯泰尔、博尔格、鲍威尔等人。

## 迪斯科

迪斯科原是一个音乐概念。20 世纪以来，西方许多音乐家和音乐爱好者出于对传统音乐文化的叛逆情绪，凭借现代科技力量创造出五花八门的现代主义音乐，"迪斯科"即为其中之一。

迪斯科音乐始创于 1975 年。当时西方的一些音乐家在录音室里，利用各种电声设备和电子乐器将黑人歌曲和民间音乐加以变形，把各种音响进行技巧性的叠加处理。这种音乐强调发挥低音部的节拍性音型，形成一种像节拍器那样不断重复、经常出现急捶战鼓似的重击节拍。由于它的狂热性和感染性，听众很容易被带进音乐的旋涡中，着魔似地不停地欢跳扭摆。因此，迪斯科很快就成为一种舞蹈音乐，同时也成为一种流行舞蹈的名称。但也有人认为，"迪斯科"舞是美国在 20 世纪 70 年代兴起的一种爵士舞蹈，由于灌制这种舞曲的圆盘叫"DISE"而得名，有唱片舞会之含义。

"迪斯科"舞是一种汲取了非洲民间舞蹈特点的即兴式自由舞蹈。舞蹈者随着音乐强烈而急剧的节奏自由扭动身体的各个部位，特别是腰胯部位，创造着各自的花样，毫无拘束地表现自己的个性。这种舞的动作中，常揉进杂技、体操、民间舞、现代舞以至芭蕾的因素，但很少有高强度的大跳和高难度的技巧表演。人们可以单跳，也可以双人、多人对跳，在激烈的音乐中随心所欲地手舞足蹈。由于它能使人们在工作之余放松休息及健美、健身，因而很快流行起来，风靡全球。

## 爵士舞

爵士舞是由爵士音乐伴奏的舞蹈，第一次世界大战后，美国青年抛弃了上代人的习俗和生活准则，要求尽情享乐。反映在舞蹈上则认为只有爵士乐才是跳狐步、希迷、拉格、查尔斯顿、黑臀等舞步的完美音乐。20 世纪 20～30 年代，爵士乐更为流行，舞蹈的技巧发展了，风格更多样了，当时，一种叫吉特巴舞的舞种最为风靡。1939 年，本·尼·古德曼大型乐队在派拉蒙剧院演奏"流线型爵士乐"，中学生们在剧场走廊跳吉特巴舞，由此招来消防队检查剧院椅座安全问题，后来摇滚乐引出的摇滚舞、迪斯科舞都与爵士舞有渊源关系。爵士舞种类繁多，风格各异，在世界范围内风行。

## 霹雳舞

霹雳舞有打破、折断、开创之意，性质与迪斯科舞相似，是一种自娱性兼表演性的即兴舞蹈形式，比迪斯科舞更为狂放而激烈。它把自由体操、芭蕾舞步、军事技巧、哑剧动作、杂技表演融于一炉，伴以急风暴雨般的音乐节奏，时而头足倒立，时而双肩立地，时而躯体飞旋。

霹雳舞有三种基本形式：一是用身体某一部分作支点的"转舞"，可作风车般的高速旋转动作；二是由双人捉对表演的"斗舞"，动作快捷但不触及对方身体；三是模拟木偶或机械人动作的"触电舞"。

## 肚皮舞

埃及"肚皮舞"，雅称埃及东方舞。"肚皮舞"这一俗称，曾使不少人对这种舞蹈产生过误解。其实，正规的东方舞所表现的扭胯、摆肩等动作能显示女性曲线的妩媚和健美，体现妇女的勤劳、喜悦和欢乐。

东方舞多为体态丰腴、臀部发达的女子独舞。当舞乐声起，便会有一位妙龄女郎身披白纱，手持金属镲，身佩响环、项链等饰物登场，但见她张开双手，舒展腰肢，扭动胯臀，动作欢快明朗。随着音乐旋律的加快，腰、胯、臀的扭摆加速，此刻舞娘从上至下颤动腰、臀和胸部肌肉。技艺高超者，还可随意颤动腰、腹的某一块肌肉，配合手的动作和双脚移动，尽情地表现女性美，给人以优美欢乐的感受。

## 婆罗多舞

印度古典舞蹈绚丽多彩，风格独特，到中世纪时逐渐形成 4 大舞派：婆罗多舞、卡塔卡舞、卡塔克舞、曼尼普利舞。婆罗多舞起源于敬神仪式，过去只流行于南印度，是南印度泰米尔纳杜的传统舞蹈，也是印度最古老、最完美的古典舞蹈，被看作印度舞蹈的正宗。印度古典舞蹈本来就有一套规范，公元前后婆罗多牟尼（牟尼：圣人）撰写了《舞论》对其进行总结，后来积婆罗写的《姿态镜铨》又使之系统化，这样就逐渐形成了婆罗多舞的成套动作、丰富涵义和严格程式。

表演这种舞蹈需要高超的技艺，演员从小就要严格训练，学成常需近10年时间。婆罗多舞最显著的特征是飞波流光的眼神、细碎繁响的脚铃声和传神达意的几百种手势。它要求演员从眉毛、眼睛、嘴巴、下巴，到头、颈、肩、手，再到腰、腿、脚、趾都要舞动，而且每一个部位的每一个动作都有相对固定的含义。演员运用各种手势在身体各部分的配合下能表示多种不同的意思，这就是"手语"，也叫"哑语"。

表演婆罗多舞时，常常在台中间小桌上供一尊印度舞蹈之神涅婆天的舞像，两旁燃两盏高脚铜灯，使舞台笼罩着静穆庄严的气氛。演员身着民族服装，赤脚上系着脚铃，先向观众深深地低头合掌，然后随着乐声翩翩起舞，以她的长眉妙目、纤指柔腰讲述着印度古代优美的诗歌故事。

## 孔雀舞

孔雀舞是傣族具有代表性的民间舞蹈。1957年世界青年联欢节上，女子集体舞蹈《孔雀舞》获金质奖章，民间舞蹈《双人孔雀舞》获银质奖章。傣族舞蹈艺术家刀美兰表演的孔雀舞在国内外享有盛誉。

傣族的每个村寨都有擅长跳孔雀舞的人，由于世代相传及民间艺人的精心创造，形成了各具特色、不同流派的孔雀舞。

孔雀舞的内容，多为表现孔雀飞跑下山、漫步森林、饮泉戏水、追逐嬉戏、拖翅、晒翅、展翅、抖翅、亮翅、点水、蹬枝、歇枝、开屏、飞翔等等。感情内在含蓄，舞蹈语汇丰富，舞姿富于雕塑性，舞蹈动作多保持在半蹲姿态上均匀的颤动，身体及手臂的每个关节都有弯曲，形成了特有的三道弯舞姿造型。手型和手的动作也较多，同一个舞姿和步法，不同的手形或手的动作，就有不同的美感和意境。

孔雀舞有严格的程式和要求，有规范化的地位图和步法，每个动作有相应的鼓语伴奏。除模仿孔雀生活的各种动作外，也表现神话故事。德宏州的孔雀舞多表现一只孔雀在森林里被国王或恶魔抢走，另一只飞跑找寻的情景；西双版纳州的孔雀舞则多取材于民间传说《召树屯与楠木诺娜》中，王子与孔雀公主再次相会的情节。表现神话故事的舞蹈中，还有金鹿、猴子、大象、猎人等登台的场面。

傣族人为什么如此擅长跳孔雀舞？原来，由于气候与自然条件适宜，傣族地区孔雀较多，当地人很早就有饲养孔雀的习惯。傣族人民认为孔雀美丽、善良、聪颖，是吉祥的象征。傣族群众常把孔雀作为民族精神的象征，并以跳孔雀舞来表达自己的愿望和理想，歌颂美好的生活。

# ➡ 建筑·工艺 ⬅

## 古希腊建筑

古希腊建筑是古希腊艺术的重要组成部分，也是西洋建筑的先驱。无论其建筑美学法则、建筑的艺术形式，还是梁柱的结构方法，都已成为西欧建筑的典范。它对世界建筑有极其重要的影响，是人类建筑史上最光辉的一段历程，它深刻反映出人们的崇高理想以及对自由、民主的强烈渴望。

古希腊建筑分为古风时期（前7～5世纪）、古典时期（前5～4世纪）和希腊普化时期（前4世纪～1世纪）。古希腊建筑最光辉的杰作是雅典卫城，此外，人们还创造了陶立克柱式和爱奥尼亚柱式及科林斯柱式等建筑。古希腊建筑的特征：柱式建筑；结构方法多以梁柱为主；多采用油画或彩色的装饰以取得极高的色彩效果。

## 古罗马建筑

罗马建筑继承了原始伊特鲁士干人的拱券结构，并吸收了希腊建筑的成功之处，取得了空前的成就。它发展了拱顶，改变了平均力分布状态。从体量上和形象上，创造了梁柱结构体系无法比拟的空间。古罗马人善于运用土、石、木各种材料，并能运用力学原理设计建筑。其另一大特征是大量运用拱顶，并借助于玻璃装饰。古罗马建筑多为公共性建筑，其中代表性的有：建于公元前578年的罗马大沟渠、公元79年建成的罗马大角斗场和建于公元217年的卡拉大浴室等。

# 古代世界七大奇迹

七大奇迹指的是古代的建筑和塑像中七处著名的遗迹，它们以规模壮丽或独特的建造方式令人惊叹，名册编制于公元前 3 世纪。按今天的标准，我们或许会认为，这七大奇迹就规模而言并非特别引人注目，但是，它们的壮丽和悠久却受到人们由衷的赞叹。

实际上，"世界七大奇迹"只包含了西亚、北非和地中海沿岸的古迹，这一地区在古代曾有过光辉灿烂的文明。公元前，腓尼基旅行家昂蒂帕克总结这一地区的人造景观时，把他认为最伟大的七处称为"世界七大奇迹"，这个提法一直流传到现在。它们是：埃及金字塔、亚历山大灯塔、巴比伦空中花园、阿耳忒弥斯神庙、宙斯神像、摩索拉斯陵墓、罗德斯岛太阳神巨像。现在，除了埃及金字塔依旧巍然屹立在沙漠中以外，其他六处都已经湮没在历史的尘埃之中了。

## 金字塔

金字塔是七大奇观中最古老，也是唯一一处保存得相对完整的遗迹，我们至今仍未揭开它的全部秘密。

建造时间：大约公元前 2700 ~ 公元前 2500 年

建造地点：埃及开罗附近的吉萨高原

相传，古埃及第三王朝之前，无论王公大臣还是老百姓死后，都被葬入一种用泥砖建成的长方形的坟墓，古代埃及人叫它马斯塔巴。后来，有个聪明的年轻人叫伊姆荷太普，在给埃及法老左塞王设计坟墓时，发明了一种新的建筑方法。他用呈方形的石块来代替泥砖，并不断修改、修建陵墓的设计方案，最终建成一个六级的梯形金字塔，这就是我们现在所看到的金字塔的雏形。

在古代埃及文中，因金字塔是梯形分层的，所以被称做层级金字塔。这是一种高大的角锥体建筑物，底座四方形，每个侧面是三角形，样子就像汉字的"金"字，所以，我们叫它金字塔。伊姆荷太普设计的塔式陵墓，是埃及历史上的第一座石质陵墓。

## 亚历山大灯塔

遵照亚历山大大帝（马其顿国王）的命令，亚历山大城的法罗斯灯塔于公

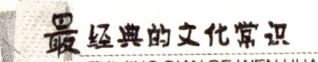

元前300年建在一座人工岛上，至少有122米高，用闪光的白色石灰石或大理石建成。

建造时间：大约公元前300年

建造地点：埃及亚历山大港

亚历山大灯塔建成后，它的高度当之无愧地成为当时世界上最高的建筑物，设计者是希腊的建筑师索斯查图斯。一位阿拉伯旅行家在他的笔记中这样写道：灯塔是建筑在三层台阶之上，在它的顶端，白天用一面镜子反射日光，晚上用火光引导船只。1500年来，亚历山大灯塔一直在暗夜中为水手们指引进港的路线。它也是六大奇迹中最晚消失的一个，14世纪的大地震彻底摧毁了它。

## 巴比伦空中花园

空中花园，是新巴比伦国王尼布甲尼撒二世在公元前600年左右建造的。见过巴比伦空中花园的作家们都将它描述为一座层叠的平台建筑，每一层上都种植了棕榈和其他树木。

建造时间：大约公元前600年

建造地点：巴比伦，现在的伊拉克巴格达附近

这座神话般的建筑，是尼布甲尼撒二世为他的一个妃子修建的，大约120米见方，高出地面20多米。据说，花园里的花草要由奴隶们转动机械装置从下面的幼发拉底河里抽上大量的水来灌溉。

巴比伦空中花园最令人称奇的地方，是它的供水系统。巴比伦雨水不多，而空中花园的遗址也远离幼发拉底河，所以，研究人员认为空中花园应有不少输水设备，奴隶不停地推动连系着齿轮的把手，把地下水运到最高一层的储水池，再经人工河流返回地面。维护保养，是空中花园的又一难题。因为一般的建筑物要长年抵受河水的侵蚀而不塌是不可能的。由于美索不达米亚平原没有太多的石块，因此，研究人员相信空中花园所用的砖块是与众不同的，可能加入了芦苇、沥青及瓦，更有文献认为石块被加入了一层铅，以防止河水渗入地基。

## 阿耳忒弥斯神庙

阿耳忒弥斯神庙是由土耳其以弗所古代王国吕底亚的国王克罗伊斯所建造，神庙里供奉着生育和多产女神阿耳忒弥斯。公元前356年神庙被烧毁。

建造时间：大约公元前550年

建造地点：希腊城邦以弗所，现在的土耳其西海岸

神庙建筑以大理石为基础，上面覆盖着木制屋顶，设计师是 Chersiphrln 父子。它最大的特色是内部有两排至少 106 根立柱，每根大约 12～18 米高。神庙的底座约为 60×120 米。原庙毁于公元前 356 年的大火，在原址重建的神庙于公元 262 年再遭火难。

阿耳忒弥斯神殿曾经历过 7 次重建，首座阿耳忒弥斯神殿于公元前 550 年由建筑师 Sams、Chersiphrn 及他的儿子 Metagenes 设计，以爱奥尼亚柱式大理石柱支撑的神庙是首座全部由大理石建成的、当时最大的建筑物。整座建筑均由当时著名的艺术家以铜、银、黄金及象牙浮雕装饰，在中央的 U 形祭坛摆放着阿耳忒弥斯女神的雕像，供人膜拜。后来，在公元前 356 年，神殿为大火及侵略所毁，其后的重建，大理石柱长度增至 21.7 米，并且多了 13 级阶梯围绕在旁边。最后，由于以弗所人转信基督教，神殿在公元 401 年被摧毁后，就永远消失了。

## 宙斯神像

奥林匹斯山的宙斯神像是古希雕刻家菲迪亚斯的杰作，他用象牙制作宙斯神像的躯体，用黄金制成宙斯神像的长袍。

建造时间：大约公元前 457 年

建造地点：希腊奥林匹亚城

宙斯是希腊众神之神，为表崇拜而兴建的宙斯神像是当时世上最大的室内雕像，宙斯神像所在的宙斯神殿就在奥林匹克运动会的发源地希腊奥林匹亚城，第一届古代奥林匹克运动会（公元前 776 年）就是在此地举办的。

神殿由表面为灰泥的石灰岩建成，殿顶则使用的是大理石，神殿共由 34 个科林斯式支柱支撑着，面积为 41.1×107.75 米。宙斯神像及他穿的长袍都是由黄金制成，他头戴橄榄枝编织的头圈，右手握着由象牙及黄金制成的胜利女神像，左手拿着一把镶有闪烁耀眼金属的权杖，上面有一只鹰停留着，而他所坐的宝座则以狮身人面像、胜利女神及神话人物装饰，不包括宝座，仅神像就相当于四层高的现代楼宇，坐在宝座上的宙斯的头部差不多顶着神殿顶。位于奥林匹亚的神殿，于公元 5 年被大火摧毁，宙斯神像虽然因被运到君士坦丁堡而幸免于难，最终亦难逃厄运，于公元 462 年被大火烧毁。

## 摩索拉斯陵墓

据说，哈利卡纳苏斯的摩索拉斯陵墓约 45 米高，底座上部呈阶梯形的金字

塔状，卡里亚王国摩索拉斯国王的塑像可能矗立在顶端。陵墓毁于公元 3 世纪的一次地震中。

建造时间：大约公元前 353 年

建造地点：现在的土耳其西南地区

这座伟大的白色大理石陵墓，是为摩索拉斯和他的妻子修建的，由两名希腊设计师设计，外面装饰以奇异的雕刻花纹。陵墓甫一建成就声名远播，公元 3 世纪初毁于大地震。现在，伦敦大英博物馆还收藏有一点残存的雕刻。

摩索拉斯陵墓建造在哈利卡纳苏斯，底部建筑为长方形，面积是 40×30 平方米，高 45 米。其中，墩座墙高 20 米，柱高 12 米，金字塔高 7 米，最顶部的马车雕像高 6 米，建筑物被墩座墙围住，旁边以石像作装饰，顶部的雕像是四匹马拉着一架古代双轮战车。

## 罗德斯岛太阳神巨像

这座巨像建在罗德斯港口的入口处，它是希腊太阳神赫利俄斯的青铜铸像，高约 33 米。巨像铸造完工后 56 年，毁于一次地震中。

建造时间：公元前 282 年完工

建造地点：爱琴海，希腊罗德斯港

罗德斯岛巨像位于希腊罗德斯岛通往地中海的港口。公元前的罗德斯岛是重要的商务中心，位于爱琴海和地中海的交界处。历史上，罗德斯岛曾经被许多势力范围统治过，其中包括摩索拉斯（他的陵墓也是七大奇迹之一）和亚历山大大帝。但在亚历山大大帝归天之后，全岛又陷入了长时间的战争。马其顿侵略者德米特里带领 4 万军队（这已超过了整个岛上的人口）包围了港口，经过艰苦的战争，罗德斯岛人击败了侵略者。为了庆祝这次胜利，他们决定用敌人遗弃的青铜兵器修建一座雕像。雕像修筑了 12 年，是中空的，里面用复杂的石头和铁支柱加固。但这座伟大的雕像建成仅仅 50 多年后，就被强烈地震毁坏了。传说中雕像两腿分开站在港口上，船只是从腿中间过去，非常壮观且有趣。

## 古印度佛教建筑

古印度的佛教建筑艺术，是宗教艺术的一种重要表现形式，反映了人民群众的智慧和创造力。古印度的佛教建筑有三种形式，其代表是：窣堵坡、石窟和佛祖塔。

窣堵坡是早期佛教建筑。它是一种半球形的建筑物，主要用于埋葬佛祖或圣徒的骨灰和遗物。印度现存的最大的窣堵坡是桑奇大窣堵坡，它建于约公元前250年，其半球体的直径为32米，高12.8米，立在4.3米高的圆形台基上，台基的直径有36.6米。顶部有正方形的一圈石栏杆，围着一座托名佛邸的亭子，冠着三层华盖。大窣堵坡的四周也有一圈石栏杆，每面的正中有一个10米高的门，上面布满深浮雕，周缘装饰圆雕，其题材大多是佛本生经故事。

石窟多是依山凿成，是佛教徒举行宗教仪式的地方，称之为"支提"。支提多为瘦长的马蹄形，有一圈柱子，窣堵坡在其中央。从公元前2世纪到公元9世纪期间，印度北部大约开凿了1200个石窟，其中最著名的是卡尔里石窟。它建于公元前1世纪，内外都模仿木结构的建筑物，雕凿有各种竹、木形的构件和立柱。除卡尔里石窟外，还有闻名于世的阿旃陀石窟，它建于公元前2世纪至公元7世纪，位于海特拉巴省温德耶山脉的一个新月形悬崖上，有石窟29个，内有大量以佛教为题材的精细雕刻和优美的绘画，是古印度佛教艺术的一支绚烂花朵。

佛祖塔建在相传为佛祖释迦牟尼"悟道"的菩提迦耶，故又称菩提迦耶塔。佛祖塔原建于公元前2世纪，14世纪时重建，为方锥体建筑，有5座，中央一座为主塔，高达55米，塔身下宽上尖，最上部呈圆锥形尖顶。其余四座较小，佛祖塔四壁布满雕刻。

## 哥特式建筑

哥特式建筑是流行于12～15世纪欧洲封建社会的一种建筑风格，起源于法国北部，后来扩展到欧洲各国。哥特式建筑主要体现在教堂建筑上，也有少数的私人住宅、行会公所、封建城堡和帝王宫殿采用了这一形式。"哥特"一词来源于古代欧洲的哥特族，因文艺复兴时期意大利人把中世纪视为野蛮时代。因而，用当时被列为蛮族的哥特族来称呼

哥特式建筑的典范科隆大教堂

这种建筑风格。

哥特式教堂保持了罗马式的十字形建筑平面，但它用尖的或斜脊的屋顶代替了罗马式的圆顶，在墙壁外面用大石柱加固墙壁，以承受斜脊屋的横推力。教堂内部是似框架式的结构柱，窗子占满了支柱间的整个面积，而支柱又全部由垂直线条组成，筋骨嶙峋，几乎没有墙面。大面积的窗户饰以带图案的彩色玻璃，使教堂显得高大而典雅。教堂内部置有雕刻、绘画和挂幛，阳光通过大开面的彩色玻璃窗透射到堂内，显出五彩光艳。哥特式建筑的表形高而直尖，显得巍峨飞耸，直刺青天，具有强烈的向上动势。哥特式教堂的代表建筑有：法国亚眠大教堂、德国科隆教堂、法国巴黎圣母院、英国的夏特尔教堂等。

## 清真寺建筑

清真寺是伊斯兰教穆斯林"礼拜的地方"，阿拉伯语中叫"麦斯志得"。清真寺建筑在伊斯兰国家虽各有地方色彩，但就建筑风格来说是统一的。它的主要特征表现为：首先该类建筑一般有个大的封闭院子，院子中央有个供穆斯林沐浴净身的水池或喷泉，寺中祈祷室墙上的圣龛方向必须对着麦加的克而白。其次，清真寺内有一两个，甚至6个尖塔，建筑在寺院的四角，作为宣礼员登高召唤教徒做礼拜之用，后来又兼作灯塔。再次，清真寺的屋顶正中，一般都有一个或几个外形很像洋葱头的尖形顶，门和廊多由各种形式的拱券组成。清真寺内墙上有丰富的装饰，花纹都是几何形的图案，没有人像、动物。

## 文艺复兴建筑

意大利在14世纪出现了资本主义的萌芽，产生了所谓的"文艺复兴"运动。随着资产阶级的壮大，世俗建筑成了主要的建筑内容，资产阶级的府邸和象征城市经济的市政厅、行会大厦、广场、钟塔等建筑兴起，建筑师们改良哥特式建筑形式，形成了文艺复兴建筑风格。

文艺复兴时期的建筑并没有简单地模仿或照搬希腊、罗马的式样，它在建筑技术、规模和类型以及建筑艺术手法上，都有很大的发展。无论在建筑空间、建筑构件，还是建筑外型、装饰，都体现出一种秩序、一种规律、一种统一的空间概念，一切都被理性的精神统治着。当时，从意大利到欧洲各国先后涌现了许多名师巧匠，如维尼奥拉、阿尔伯蒂、帕拉提奥、米开朗基罗等等。著名的佛罗伦萨主教堂穹顶建筑风格的出现，标志着文艺复兴建筑史的开始，这座建筑对边42.2米，高107米，是整个城市轮廓线的中心。有名的圣彼得大教堂，也是这一时期建造的。各种拱顶、碹廊，特别是柱式，成为文艺复兴时期建筑构图的主要手段，表现了文艺复兴时期的独创精神。威尼斯的圣马可广场，也是当时世界上最卓越的建筑群之一，它除了举行节日庆祝以外，只供游览和散步。意大利人习惯在广场上约会亲友，所以把广场叫做露天的客厅。几百年来，它吸引了很多游客，人们赞美它是洋溢着浓郁亲切气氛的广场。

## 巴洛克建筑

　　17世纪，文艺复兴建筑开始衰退，人们开始追求另一种建筑风格：形象和风格均打破常规，追求传奇、新颖，以奇特为贵，尽情装饰，一味追求形式上的繁华细琐，往往不顾实际需要，为了新奇，不惜破坏一切合理存在物。这种风格建筑，后人称为巴洛克式建筑。巴洛克建筑由意大利兴起，后传入西班牙，遍及整个欧洲，影响到19、20世纪。它创造了一些崭新、活泼、丰富多彩的式样，在室内装饰、利用自然光等方面，表现出极高的建筑艺术水准。意大利文艺复兴晚期的著名建筑师和建筑理论家维尼奥拉设计的罗马耶稣会教堂，是由手法主义向巴洛克风格过渡的代表作，也有人称之为第一座巴洛克建筑。

**巴洛克建筑的典范罗马耶稣会教堂**

## 古典主义建筑

古典主义建筑是在法国古典主义思潮影响下兴起的建筑流派，反对豪华放纵的巴洛克式建筑，追求理性的外部空间。其理念与法则常常有流于陈腐、乏味的危险性。古典主义的代表作品是法国巴黎恩瓦利德教堂，又名残废军人新教堂，建于1680～1691年，建筑师是 J. H 孟莎。这是欧洲第一个完全的古典主义教堂建筑，也是17世纪最完整的古典主义纪念性建筑。英国伦敦圣保罗大教堂，是英国古典主义建筑的代表作，建筑师是克里斯道夫·仑。

## "洛可可" 建筑

洛可可建筑，是继法国古典主义建筑之后出现的一种建筑风格。18世纪初，巴黎的贵族和富有的资产阶级希望振兴巴黎，使之成为国家文化的中心。他们反对路易十四时期凡尔赛宫以及官方艺术的繁冗、浮华风气，要求按照他们的意志来建造新住宅，于是在巴黎的府邸中形成了一种更明朗、更亲切和更精致的装饰艺术风格，即洛可可建筑风格。

洛可可建筑，不追求所谓的排场而求实惠，关心的是方便和舒适，精致的客厅和亲切的起居室代替了豪华的沙龙，以适应新的生活方式。在室内装饰上，采用自然主义的倾向，喜欢在墙上大量嵌镜子，张绸缎，挂晶体玻璃的吊灯，陈设瓷器，大量使用金色，使室内闪烁着光泽。法国洛可可建筑艺术的杰出范例是尚蒂依小城堡的亲王沙龙，1722年建成，由让·奥贝尔作装饰设计。此外，还有1732年始建的巴黎苏比斯饭店的沙龙，由热尔曼·博夫朗设计。1715～1745年期间的装饰艺术，是洛可可倾向的集中体现。这时它主要不是用于建筑，而是更适用于家具、地毯、瓷器和金银器等。

## 浪漫主义建筑

浪漫主义建筑是18世纪下半叶到19世纪上半叶在欧洲出现的一种建筑思潮，是受文学中浪漫主义影响而发展的。19世纪30年代为浪漫主义早期，在建筑上模仿中世纪的塞堡或哥特风格。19世纪30年代到70年代是浪漫主义的真正兴起阶段，这一时期的建筑常常以哥特式风格出现，尤其富于浓厚的宗教神秘色彩，所以也称之为哥特复兴，反映了西欧一些人对发扬民族传统建筑艺术的迷恋。浪漫主义建筑最有名的是"英国国会大厦"，建筑师是巴端。该建筑采用亨利五世时期的哥特垂直式，用以象征民族的自豪感。

## 折衷主义建筑

折衷主义建筑是 19 世纪上半叶兴起的一种建筑思潮，19 世纪末和 20 世纪初，在欧美盛极一时。折衷主义为了弥补古典主义和浪漫主义在建筑上的局限性，曾任意模仿历史上的各类风格，或自由组合各种样式，所以也被称为"集仿主义"。折衷主义建筑没有固定的风格，讲究比例权衡的推敲，沉醉于"纯形式"的美，始终没有脱离复古主义的范畴。其建筑内容和形式之间的矛盾，直到 20 世纪初才逐渐获得解决。

折衷主义在欧美影响非常深刻，持续时间也长。19 世纪中叶以法国为典型，19 世纪末则以美国最为突出。折衷主义的代表作是巴黎歌剧院，在美国，折衷主义的代表作是芝加哥博览会。法国的皇家艺术学院，则是传播折衷主义的中心地。

## 现代主义建筑

现代主义建筑包括兴盛于 20 世纪 20 年代的欧洲现代建筑思潮和以美国建筑家赖特为代表的"有机建筑"思潮，但一般指前者，以德国的建筑家、建筑理论家洛罗庇斯、密斯·范德尔·罗厄为代表。其两种思潮尽管设计思想不尽相同，设计实例相去甚远，但他们的共同点是明显的：强调建筑物的功能、效用，并以此作为设计的出发点，据以决定建筑物的形式，注意发挥钢质和钢筋混凝土结构以及各种新材料的功能，努力采用新的建筑技术，讲求经济效率，提倡创造新型的建筑样式，具有立体设计思想，提倡简单明快的造型，强调建筑的社会作用和建筑师的社会责任。现代建筑思潮，具有强调建筑功能和突出理性的作用。

## 天然博物馆——庞贝古城

庞贝古城建于公元前 8 世纪，曾是古罗马帝国的重要行政中心。公元 79 年 8

月24日，意想不到的灾难降临了。下午1时许，维苏威火山顶出现了一片奇特的云团，并向四周扩散，整个天空漆黑一片。随后是震耳欲聋的爆炸声，山顶又喷出了浓浓的、带有硫磺气味的烟云，一会儿又冒出带有气泡的、炽热的岩浆。之后，大量的泥石流在48小时之内将整个庞贝城吞没。

**庞贝古城遗址**

从挖掘出的古迹可以看出，维苏威火山爆发时，庞贝城丝毫没有准备，甚至炉内烤好的面包，橱内的熟鸡蛋，瓦罐内的蚕豆、小麦都历历可辨。惊慌逃离的人们倒毙在街道上、屋门口，发现的被火山砾烧焦的人体约2000具，无不呈现出人们顷刻死于非命时挣扎的恐怖神态。

进入庞贝城遗址，人们很容易发现街道石铺路上由马车轮深深嵌下的辙印。古城四周有长达3千米的城墙，设有8个城门。当时庞贝城仅距海500米，所以靠近海边有港口。城西的商业区，是古城的政治、经济和宗教中心。市区共分为9个区，第1、2区在南部，有著名的露天剧场；第3、4、5、9区在东北部，属尚待开发地区；第6、7、8区均靠西部，6区在西北，8区在西南，7区在6区和8区之间，这3个区属市内繁华地带，大小剧院在第8区。

庞贝古城的主要参观景点有：

（1）古董博物馆。展出的内容有：公元前8世纪～公元前5世纪庞贝人家中使用的器物、饰品以及用石膏复制的受难者的尸体。

（2）大小戏院及露天剧场。

（3）著名人物住家和别墅。

维苏威火山虽吞没了庞贝古城，令域中生灵葬身火海，却把1900年前的庞贝城原封不动地留了下来，给人们提供了极其珍贵、完整的文物资料，是一座罕见的天然博物馆。

## 科隆大教堂

科隆是莱茵河畔的名城，公元前 38 年已成为古罗马要塞。这里有许多名胜古迹，其中教堂和博物馆最为有名。科隆大教堂就座落在科隆市中心、莱茵河畔，是最大的教堂，也是全欧洲、全世界最著名、最壮丽的大教堂之一。这是一座哥特式建筑，1248 年开始动工兴建，直到 1880 年方全部建成，历时 630 多年，至今还保存着成千上万张当时设计大教堂的图纸。其规模之大，是建筑史上的一大奇迹。教堂建在高出莱茵河畔 15 米高的小丘上，共有 5 层楼，正面有两座尖塔，高达 157 米，犹如两柄巨剑直插青天。教堂四周还有无数小尖塔。整个教堂纵深 144 米，宽 61 米，占地约 8000 平方米。教堂由磨光的石块砌成，内外的雕刻、装饰极为精致华美。教堂内分为 5 个礼拜堂，中央大礼拜堂穿高为 43 米多。各礼拜堂内设有整齐的席位，仅神职人员的座位就有 100 多个。大教堂四壁上方的窗子，是用彩色玻璃镶嵌出的圣经故事图案。教堂内还有石刻浮雕，是以圣母玛丽亚和耶稣的故事为题材雕成。

## 圣马可大教堂

圣马可大教堂是中世纪欧洲最大的教堂，座落在意大利威尼斯圣马可广场东首。公元 829 年由威尼斯执政官米斯蒂纳诺·帕尔蒂西帕齐奥始建，为威尼斯著名历史建筑，有"金色大教堂"之称。教堂因有耶稣门徒、威尼斯护城神圣马可墓，故名。公元 917 年毁于大火后，执政官多米尼克·孔塔里尼于公元 1043 ~ 1071 年重建。教堂因循拜占庭风格，呈希腊十字形，上覆 5 座半球形圆顶，为融拜占庭式、哥特式、伊斯兰式、文艺复兴式各种风格于一体的建筑艺术杰作。教堂正面长 51.8 米，有 5 座棱拱型罗马式大门，顶部有东方式与哥特式尖塔，各种大理石塑像、浮雕与花形图案，工艺精美。教堂内外，都布满描绘着圣经故事与宗教事迹的镶嵌画，总面积达 4000 余平方米，它们以金黄色为主调，把大教堂装点得金光灿烂，四壁生辉。大教堂的 4 匹鎏金青铜马，更是遐迩驰名，其身体与真马同，神形具备。它们是 1204 年威尼斯执政官丹多洛与十字军参加者占领君士坦丁堡后，掠夺而归的大批"战利品"中的著名文物。

## 枫丹白露

枫丹白露是法国著名历史古迹和游览胜地，位于塞纳马恩省市镇，地处位于塞纳河左岸，离巴黎约 60 千米。这里风景优美，气候宜人，尤以其金碧辉煌的宫苑和苍翠的森林驰名。

"枫丹白露"意为"美泉"，因此地有一眼八角小泉而得名。约在 1137 年，路易六世在泉水旁边，修建了一座宏伟城堡，供打猎时休息用。从 1528 年弗朗西一世起，亨利二世、亨利四世、路易十四、十五、十六和拿破仑等历代君王都根据各自的需要和爱好，进行改建、扩建、装饰和修缮，使之日臻富丽豪华。皇家婚丧大典也常在此举行，路易十二就是在这里诞生并受洗的。

现存的建筑有 13 世纪圣·路易时期的一座封建城堡主塔、6 个朝代国王修建的王府、5 个不等形的院落、4 座代表四个时代特色的花园。建造时，国内外名工巧匠齐聚于此，往往是法国建筑家完成建筑工程之后，意大利艺术家作内部修饰。并以意大利名画师弗朗西斯科·普利玛蒂西奥为代表的艺术家们形成了有名的枫丹白露画派，这个画派实际上是法意两国艺术水乳交融的结晶。

枫丹白露是 18 世纪室内装饰的博物馆，内有由 50 幅油画和 8 组壁画装饰起来的舞厅；有 25 幅（现存 9 幅）描述法国历史壁画的蒂亚娜长廊；满墙的蓝色、玫瑰色彩画的会议厅；镶嵌 128 只细瓷画碟的碟子廊；仿大理石雕刻和仿浅浮雕灰色油画相间的王后游艺室；雕梁画栋、仿皮革墙饰的国王卫队厅；雍容华贵的王后卧室、教皇卧室；举行重大仪式的国王办公室等等。在这座西方艺术之宫里还有中国馆，它是拿破仑三世时的奥日妮王后修建的，里面陈列着中国明、清时代的名画、香炉、金玉首饰、牙雕、玉雕等上千件艺术珍品。附近的枫丹白露森林，面积达 17 万多公顷，主要种植有橡树、桦树、山毛榉等树木，从高处下望，宛若一块硕大无朋的绿色绒毯。

## 巴黎圣母院

巴黎圣母院是世界驰名的法国天主教堂，座落在塞纳河中的城岛上。1163 年，教皇亚历山大和法王路易七世共同主持奠基，动土兴建，1345 年基本落成，耗时近 200 年。巴黎圣母院建成后，屡经战火，一度破损不堪。后由建筑大师维奥来·勒·杜克在保持原来风格的基础上重新设计修建，工程历时 20 年，于 1864 年重新开放。

它是一座典型的哥特式建筑，开欧洲建筑史上一代新风，整个建筑用石头砌成，所有拱顶、塔楼、扶壁等顶端处都用尖塔作装饰。这种建筑风格拱顶轻、空间大，一反教堂建筑那种拱壁厚重、空间狭小之弊，法国作家雨果将巴黎圣母院形容成"巨大石头的交响乐"。圣母院正面呈立方体，棱角分明，仪态庄严。它以规模、年代以及在历史宗教、建筑文化方面的价值而著称。该建筑从上而下可分三层，最底层是并排 3 个桃形门洞，门洞上的浮雕或表现圣经故事，或表现地狱景象。左门为"圣母门"，中柱雕有圣母圣像，拱肩两面的浮雕表现了圣母的经历；右门为"圣安娜门"，中柱雕有 5 世纪巴黎主教圣马赛尔像，拱肩是圣母和两位天使，两旁是莫里斯·德·苏里主教和路易七世国王；中门浮雕表现的是"最后的审判"。圣母院正门入内是长方形大教堂，堂内大厅，长 130 米，宽 50 米，可放千张木制坐椅。堂前祭坛中央供着天使与圣女围绕着殉难后的耶稣大理石雕塑、绘画，内容均取材于《圣经·旧约》全书，大厅窗户用彩色玻璃装饰，整个厅堂给人以庄严华丽、幽深肃穆之感。

几百年来，巴黎圣母院一直是法国宗教、政治和民众生活中重大事件和典礼仪式的重要活动场所。

## 比萨斜塔

比萨斜塔坐落在意大利古城比萨大教堂的广场上，1173 年建筑师博纳诺·皮萨诺开始建造。当建到第 3 层时，塔身开始倾斜，博纳诺·皮萨诺只得把工程停了下来。94 年后，建筑师焦旺尼·迪·西蒙内恢复建塔，他试图将倾斜的塔身调直，可是没有成功。由于焦旺尼·迪·西蒙内死于 1284 年的战争中，建塔工程再度搁置。直到 1350 年，该塔才由建筑师托马索·皮萨诺最后完成。竣工时，因塔顶中心点已偏

比萨斜塔

离垂直中心线 2.1 米，所以被人们称为"斜塔"。600 多年来，塔身继续缓慢地向南倾斜。据 1911 年以来的系统测量表明，它平均每年向南倾斜大约 1 毫米。如今，塔顶已南斜 5.3 米，斜度为 5 度 6 分。

塔身为什么倾斜？根据地下钻探的土样已查明，塔基下面地表至 10 米深度是混砂层，而地下 10 米至 40 米是含很多结合水的粘土层，再往下是含自由水的砂层。粘土层在建筑物的压力作用下，部分结合水被挤出来，跑到下面的砂层中去，造成粘土层的压缩和沉降，使塔倾斜。当下面砂层自由水被人为地抽汲而造成压力下降时，粘土层的压缩和沉降还会大大地加速，引起斜塔的倾斜速度加快。据测定，在从砂层中抽汲地下水的时期，斜塔的倾斜速度曾增至每年 2 毫米，比以前加快了约一倍。后来，人们发现了这个问题，停止抽汲砂层中的地下水，斜塔的倾斜速度才恢复原来的数值。

这座塔为什么向南倾斜？据比萨大学一位老教授解释说，可能是太阳的影响。因为意大利是在北半球，南面的大理石受日照强，热胀冷缩产生的力对下面的土层起着不间断的冲击作用，所以向南倾斜。另外，斜塔是在比萨城北部，原来城内汲取地下水的位置在它南面，南部地面沉降也可能造成塔身加速南倾。

眼下，塔顶中心点偏离垂直中心线已超过 5 米。不过，按照目前的倾斜速度，比萨斜塔在未来的 200 年内还不会倒塌，因为从它的重心引下的垂直线并没有越出它的底面。

## 艺术圣殿——卢浮宫

雄伟壮丽的卢浮宫，坐落在巴黎塞纳河北岸的繁华市区。它先是法国封建王朝的王宫，后来改为法国美术博物馆。它以精湛的建筑艺术和丰富的艺术收藏著称，与列宁格勒的艾尔米塔什博物馆和梵蒂冈博物馆，并称为世界三大艺术博物馆，也是当今世界上最大的美术博物馆。

在法国王朝兴衰更迭的历史过程中，卢浮宫屡经修建。它的历史可以追溯到 13 世纪初，1204 年菲力浦·奥古斯塔最先在这里建造了一座城堡，存放王室档案和珍宝。14 世纪末，查理五世进行扩建，正式改为王室起居之用的王宫。此后，将近 300 年的时间里，一直是帝王起居行乐的宫闱。1546 年，法兰西斯一世下令拆除原来建筑，选用建筑师莱斯科的设计方案动工重建，重建工作延续到亨利二世时期。1564 年，亨利二世皇后卡特琳修建了连接杜伊勒利宫和卢浮宫的大画廊。路易十三时，修建了钟楼和卢浮宫的北翼。路易十四时，耗巨资修建了卢浮宫东部柱廊，并成为法国古典主义建筑艺术的杰作。拿破仑一世时，在卢浮宫北端修建了另一条长廊，此项工程由拿破仑三世于 1857 年完成。1984 年 2 月，法国政府又采纳美籍华裔建筑家贝聿铭的设计方案，再次进行扩建。

1682 年，路易十四将宫廷迁往凡尔赛宫后，卢浮宫就变为皇家美术馆。在那里，经常举办艺术展览，展出历代国王特别是从法兰西斯一世至路易十四期间收藏的 2500 余幅油画和其他许多的雕塑作品。1793 年，雅各宾派执政期间，国民议会通过一项决议，把卢浮宫皇家美术馆改为法兰西第一共和国的国家美术博物馆，并于当年 11 月 18 日起对公众开放。后来，卢浮宫的艺术收藏不断增加，特别是在拿破仑征战时期，许多国家的名贵艺术品，都被作为"战利品"运往法国，收藏于卢浮宫。

卢浮宫美术博物馆共分 6 个部份：古希腊罗马馆、古埃及馆、古代东方馆、雕塑馆、工艺美术馆和绘画馆，共有 40 万件藏品，其中油画 15000 幅，雕塑 5000 件。稀世珍品有：古希腊胜利女神尼凯（亦译尼斯）的雕像，表现古希腊神话传说中爱与美女神阿佛洛狄特的"米洛的维纳斯"，意大利著名画家达·芬奇的油画《蒙娜丽莎》，米开朗基罗的两个《奴隶》雕像。此外，还有安格尔的《土耳其浴室》和《泉》，籍里柯的《梅杜萨之筏》，德拉克罗瓦的《自由神引导人民》，米勒的《拾穗》，拉斐尔的《美丽的女园丁》，提香的《戴着手套的男子》等著名画家的绘画。珍品荟萃的卢浮宫，成为世界艺术"圣地"之一，每年都有二三百万人从世界各地前来参观。

# 凡尔赛宫

凡尔赛宫位于巴黎西南 18 千米的凡尔赛，是人类艺术宝库中一颗绚丽灿烂的明珠。

凡尔赛宫原是路易十三于 1624 年在凡尔赛树林中造的狩猎宫，并于 1661 年由路易十四改造成一座豪华的王宫。凡尔赛宫是著名建筑师勒·沃·哈尔都安和勒·诺特尔精心设计的，于 1689 年全部竣工，至今已有 300 多年历史。其总占地 111 万平方米，宫殿气势磅礴，布局严密、协调。正宫为东西走向，两端与南宫和北宫相衔接，形成对称的几何图案。宫顶建筑摒弃了巴罗克的圆顶和法国传统的尖顶建筑风格，采用了平顶形式，显得端正而雄浑。宫殿外壁上端林立着大

理石人物雕像，造型优美，栩栩如生。

凡尔赛宫的外观宏伟、壮观，内部陈设和装潢更富于艺术魅力。500 多间大殿小厅处处金碧辉煌，豪华非凡。内壁装饰以雕刻、巨幅油画及挂毯为主，配有 17 ~ 18 世纪造型超绝、工艺精湛的家具。宫内还陈放着来自世界各地的珍贵艺术品，其中，还有远涉重洋而来的中国古代精美瓷器。

正宫前面是一座风格独特的法兰西式大花园。近处是两池碧波，沿池而塑的铜雕丰姿多态，美不胜收。

1789 年路易十六当权时，凡尔赛宫的富丽堂皇、奢侈豪华，达到登峰造极、无以复加的地步，引起人民的愤慨。大革命期间，凡尔赛宫几乎被荒废，直至 1837 年，路易·菲利浦才重新修理，把它改为法兰西历史博物馆，展出美术、雕刻等许多艺术品。

19 世纪下半叶，凡尔赛宫又成为全世界瞩目的政治中心。1870 年，普鲁士军队占领凡尔赛，第二年德皇在此举行加冕典礼。同年，梯也尔政府盘踞在凡尔赛宫，策划了镇压巴黎公社的血腥计划。1871 ~ 1878 年，法国国民议会设在这里。1875 年在凡尔赛宫宣告成立法兰西共和国。1919 年 6 月 28 日，法国及英国等国同德国签订了《凡尔赛和约》，第一次世界大战宣告结束。

今日的凡尔赛宫已是举世闻名的游览胜地，各国游人络绎不绝。此外，法国总统和其他领导人也常在此会见或宴请别国国家首脑和外交使节。

作为欧洲最美的皇宫，凡尔赛宫沿袭了文艺复兴式的注重俗世之美和严谨秩序的风尚，是法国建筑理念超凡入圣的典范。


## 法国巴黎凯旋门

1836 年 7 月 29 日，法国巴黎凯旋门建成。

巴黎凯旋门坐落在巴黎市中心夏尔 - 戴高乐广场（又称星形广场）中央，是拿破仑为彰显自己在奥斯特利茨战役中大败奥俄联军的功绩，而于 1806 年 2 月下令兴建的。它是欧洲 100 多座凯旋门中最大的一座。

巴黎凯旋门高约 50 米，宽约 45 米，厚约 22 米。四面各有一门，中心拱门宽 14.6 米。门上有许多精美的雕刻，内壁刻的是曾经跟随拿破仑东征西讨的数百名将军的名字和宣扬拿破仑赫赫战功的上百个胜利战役的浮雕。外墙上刻有取材于 1792 ~ 1815 年间法国战史的巨幅雕像。所有雕像各具特色，同门楣上的花饰浮雕构成一个有机的整体，精美动人，其中，最吸引人的是刻在右侧（面向田园大街）石柱上的"1792年志愿军出发远征"，即著名的《马赛曲》的浮雕，是世界美术史上的不朽艺术杰作。

1920年11月，在凯旋门的下方建造了一座无名烈士墓。墓是平的，里面埋葬的是在第一次世界大战中牺牲的一位无名战士，他代表着在大战中死难的150万法国官兵。

凯旋门内设有电梯，可直达50米高的拱门。人们亦可沿着273级螺旋形石梯拾级而上。上去后可以看到一座小型的历史博物馆，馆内陈列着许多有关凯旋门的建筑史料和图片，以及介绍法国历史上伟大人物拿破仑生平事迹的图片和558位随拿破仑征战的将军的名字。另外，这儿设有两间配有英法两种语言解说的电影放映室，专门放映一些反映巴黎历史变迁的资料片。在博物馆的顶部是一个平台，游人们从这里可以远眺巴黎，鸟瞰巴黎圣母院、协和广场的卢克索方尖碑、雄伟的埃菲尔铁塔和圣心教堂等巴黎名胜。俯视凯旋门下由环形大街向四面八方伸展出的12条放射状的林荫大道，这些大道就像一颗明星放射出的灿烂光芒，因而，凯旋门又称"星门"。12条大道中，最著名的为香榭丽舍大道、格兰德大道、阿尔美大道、福熙大道等。

现在，每逢节日，就有一面10多米长的法国国旗从拱门顶端悬挂下来，在无名烈士墓上空迎空飘扬。逢重大节日时，则有一名身着拿破仑时代戎装的战士，手持劈刀，守卫在《马赛曲》雕像前。每年的7月14日，法国举国欢度国庆时，法国总统都要从凯旋门通过；每位总统在其卸职的最后一天也要来此，向无名烈士墓献上一束鲜花。而凯旋门最奇特之处，据说是每当拿破仑周年忌日的黄昏，从香榭丽舍大道向西望去，一团落日恰好映在凯旋门的拱形圈里。

## 世界上最大的舞台——巴黎歌剧院

位于巴黎市中心奥斯曼大街的巴黎歌剧院，揭幕于1875年，整整施工了13年之久。占地11万平方米，剧场长172米，宽101米，设2167个座位，舞台宽15.15米，深22.8米，高14.6米，是世界上最大的舞台。穹窿下吊着6.5吨重的分枝灯具，天花板和舞台两侧挂有大幅油画。剧场外的回廊曲折幽深，总长达19千米。整座建筑物好像一块蛋糕，兼有哥特式和罗马式的风格，尽显拿破仑时代的豪奢。剧院演出芭蕾剧、舞剧、抒情剧、交响乐等，卖座率高达95%，

除了演出场所外，其余用房属于法国国家音乐科学院和舞蹈学校。

## 埃菲尔铁塔

埃菲尔铁塔是世界驰名的钢铁建筑，法国巴黎的最高建筑物和游览中心。它矗立在市中心塞纳河右岸的战神广场上，是为1889年庆祝法国大革命100周年在巴黎举行国际博览会而建。1887年动工，1889年举行竣工仪式，以设计人法国著名工程师居斯塔夫·埃菲尔的名字命名。

塔基占地面积约1万平方米，4座塔墩为水泥浇灌，塔身全是钢架镂空结构，重达9000吨。其组成部件共18万余个，全靠100余万个铆钉铆成一体。塔高320.7米，全塔共分3层，每层有平台高栏。从地面到塔顶装有电梯和1710级阶梯，由4座墩柱支撑的第一层高57米，下面为东西南北4座大拱门，是钢筋混凝土结构。第二层离地面115米，第三层离地面276米，建筑结构猛然收缩，直指苍穹。从一侧望去，像倒写的字母"Y"。

该塔于1980年底关闭，开始了问世以来的一次最大的改建工程。首先，将铁塔第二层原来每平方米重量为400千克的混凝土平台，改为厚度8毫米、每平方米重量为95千克的钢板替代，这使铁塔的总重减轻1000吨。改建工程还包括：第二层上的豪华饭店将迁至第三层，原地重新开设了一个大众博物馆，建一"居斯塔夫·埃菲尔"接待厅，供组织学术会议、举办讲座和招待会之用。另外，还建了一座视听博物馆，游客可看到介绍铁塔历史和建筑特色的影片和电视节目。全部改建完工之后，游人到第三层平台观赏巴黎全景，将由4座同时自动上下的电梯载运，而不像过去要分层搭乘。1982年9月，第一层重新开放，辟有餐厅、商店和影剧院，另开办了介绍埃菲尔的陈列馆。20世纪50年代以来，铁塔成了法国广播电视的中心。改建后，还设立"埃菲尔铁塔"广播电台。铁塔自建成100年来，不仅是一座吸引游人观光的纪念碑，而且是巴黎这座美丽的、具有悠久历史的城市的象征。

## 悉尼歌剧院

在濒临澳大利亚悉尼港的贝尼朗岛上，雄踞着举世瞩目的悉尼歌剧院。它以新颖奇特的造型，吸引着世界众多的游客，引起人们无限暇思。整座建筑形如升出海面的一组贝壳，又似一张张迎风鼓起的白帆漂浮于海面。它的奇特还在于建筑与地形环境巧妙地结合在一起，达到了出神入化的境地。这座被当代建筑大师们誉为伟大杰作的澳大利亚表演艺术中心，是按照丹麦建筑师约翰·乌尔松的中标设计方案建造的。

悉尼歌剧院于 1959 年破土动工，耗资巨大，1973 年落成，同年 10 月 20 日由英国女王伊丽莎白二世剪彩揭幕。剧院矗立在一个平台上，占地 1.84 公顷。主体建筑外形结构成贝壳形，有三组贝壳形的屋面系统，外表铺以高级白色瓷瓦，正面是宽为 90 米的桃红色花岗岩铺设的台阶，这也是世界上最宽的台阶。剧院内部结

悉尼歌剧院

构复杂，由错落别致的各种形态独特的阶梯、平台、厅堂和走廊连结在一起，四通八达，形成一个多功能的综合体。内有可容纳 2700 人的音乐厅，舞台设在当中，舞台后壁顶端装有重达 340 千克的目前世界上最大的管风琴，舞台上方悬挂着 18 个汽车轮胎形状的白色塑料反应器，使音乐厅的音响柔和悦耳；有 1550 个座位的歌剧场，舞台面积 440 平方米，有转台和升降台，它的围幕图案是以太阳为主题设计的，称为日幕；有 550 个座位的话剧院，它的围幕图案是以月亮为主题设计的，称为月幕。舞台灯光由电子计算机自动控制，还装有闭路电视。除此以外，悉尼歌剧院内还有电影厅、录音厅、多个排演厅、展览厅、图书馆和餐厅、咖啡馆、酒吧等，大小厅室 900 多个。人们在这里可以欣赏澳洲乃至世界著名演唱团体的表演，可以在餐厅里一边品饮料一边观赏灯火下的海面，美不胜收。

## 蓬皮杜国家艺术文化中心

蓬皮杜国家艺术文化中心座落在法国巴黎拉丁区北侧，塞纳河右岸的博堡大街。这是一座设计新颖、造形特异的现代化建筑。外部钢架林立、管道纵横，并

且根据不同功用分别漆上红、黄、蓝、绿、白等颜色。它是已故总统蓬皮杜 1969 年决定创建的，故以"蓬皮杜"命名。它于 1972 年动工，1977 年建成，同年 2 月开馆，占地 7500 平方米，建筑面积共 10 万平方米，地面上有 6 层，投资总额达 98 亿法郎。

该中心分工业创造中心、大众知识图书馆、现代艺术馆以及音乐音响谐调与研究中心 4 大部分，里面陈列着各种新型工业产品，每件产品都有其发明创造及发展演变的文字说明，并配有图片、模型或实物，可以进行现场表演。工业创造中心通过举办各种展览和编辑图书资料，来介绍建筑、城市建设、公用设备以及与人们日常生活有关的工业产品和新发明。这里还有一个常年展览，用 400 幅图片介绍 19 世纪以来重要的工业发明创造，图片绘制在玻璃上，有灯光照明，醒目美观。大众知识图书馆在第一、二层，共收藏 20 世纪出版的知识性和艺术性书籍及再版的 20 世纪前的各类书籍 50 万册，法国国内外报刊、杂志 2400 多种和参考资料、辞典、百科全书等工具书 3000 多种。现代艺术馆设在第四、五层，被认为是文化中心的心脏，分别展出不同流派的作品及其有关的内容介绍，从"野兽派"到"立体派"，从"达达派"到"超现实主义"，构思大胆，立意奇特，反映了西方现代艺术的发展概貌。全部绘画目录，只需按一下电钮，便可从电视上看到。其中 800 幅名画悬挂在可以升降的板架上，参观者通过按动电钮，所需要的画幅自动下降以供观摩。音乐音响谐调与研究中心设在地面 16 米以下的深处，设有工作室、实验室、电声设备室、收音室和回音室、电子计算机控制室、音响播放大厅等。

## 世界最大的佛塔——婆罗浮屠

婆罗浮屠是一座位于印度尼西亚中爪哇省的大乘佛教佛塔遗迹，距离日惹市西北 40 千米，是 9 世纪时世上最大型的佛教建筑物。从上往下看，它就像佛教金刚乘中的一座曼荼罗，同时代表着佛教的大千世界和心灵深处。

婆罗浮屠大约于公元 842 年间，由当时统治爪哇岛的夏连特拉王朝统治者开始兴建，"婆罗浮屠"的意思是"山顶的佛寺"。后来，因为火山爆发，使这座佛塔下沉并掩盖于茂密的热带丛林中近千年，直到 19 世纪初才被清理出来。

婆罗浮屠是一座由 100 万块火山岩石块砌成的高大的寺庙建筑，整个佛塔是实心的，没有梁柱和门窗。经过历年的风吹雨打、雷轰电击，地基已大幅下沉，从底层至塔尖的高度，由原来的 42 米，已下降到 31.5 米。整个建筑动用了几十万名石材切割工、搬运工以及木工，费时 70~80 年才建成。

婆罗浮屠基座，为正方形塔层，边长大约 120 米，每边没有严格保持直线形，而是分 5 段，边缘都向外突出，打破了生硬的 5 层方形直角状基座。这样，也许是试图用建筑风格来打破香客绕行时所产生的单调感觉。塔层高 4 米，由下而上逐层缩小，在边缘的地方形成过道。第 1 层方形塔层离地面边缘约 7 米，其余每层平台依次收缩 2 米，每边中央有石级直通方形塔身顶上。方形塔层之上又有 3 层圆形基座，层层收缩，直径分别为 51 米、38 米和 26 米，每个圆形塔层都有 1 圈钟形舍利塔环绕，共计 72 座。

婆罗浮屠因为规模宏大，含义复杂而声名远扬。寺庙的每一层四周都有一条通道，由大约 1460 块经过雕刻的石板建成，还有 400 多尊宣讲佛教教义的佛像。寺庙的顶部有一座宝塔，代表最后进入涅槃境界。对于佛教信徒而言，婆罗浮屠是佛和人类互相联系的建筑。

佛塔主要结构由这个塔底和建在塔底上的 5 层方台组成。上部结构由 3 个圆台组成，其中塔底代表欲界，方坛代表色界，3 个圆坛和圆顶塔代表五色界。这一分层式的建筑形式，本身就象征着通过修行直至终成正果的全过程。事实上，婆罗浮屠显示着一条通往智慧的道路，代表着佛教的宇宙观念。还有一种说法是，塔底加上 5 层方台，3 层圆台共 10 层。人们相信，这个数字代表着 10 个境界，即表达了从积德行善到最后修成正果所要经历的 10 个阶段。

从建筑学角度来看，塔底、方台和圆台 3 个部分可能具有双重意义：一是象征三个世界——地狱、人间和天堂；一是一座真正的曼陀罗——象征大地的方形结构与象征天空的圆形结构的结合。非常巧妙的是，这座建筑从各个方向都能到达顶端。这种结构明确地向膜拜者传递着：在漫漫人生旅途中，无论在何方，他们都能够受到佛的指引，并最终获得正觉和拯救。

# 世界上最大的寺庙建筑群——吴哥窟

吴哥窟位于柬埔寨洞里萨湖西北暹粒市北 6 千米处，约建于 1150 年，是世界上寺庙建筑群中最大、最著名的庙宇。吴哥窟共有各式建筑物约 600 座，散布于约 45 平方千米的森林之中，是高棉国王领土内千百个宗教建筑之一。

600 多年来，高棉整个地区都隐没在丛林中，更边远的地区因为可能埋有地雷而变得危险。有些树木穿过建筑物在石缝中成长起来，因而导致了一些主要寺庙被毁。有人担心随着木结构建筑被湮没，这些石建筑也终究会倒塌。

12世纪时，神王苏利耶跋摩二世皇帝建造了这个巨大的吴哥窟。吴哥窟是奉献给印度教神灵毗瑟拿的，它既是一所寺庙又是苏利耶跋摩一世的陵墓。寺院周围有壕沟环绕，墙外有很大的蓄水池。吴哥窟设计匀称典雅，规模宏大，围入外墙的面积达83610平方米。参观者由外墙的门进入后，就能看见整个建筑物矗立在一个一个重叠而上的平台上面。这个圣殿的中心上方有一个61米高的塔，要到达那里还要走过几道门、一座台阶和开阔的庭院，它的四周围有4座较低的塔，是四个附属寺庙的标志。

吴哥窟丰富多彩的雕塑装饰与它严谨、匀称的设计形成鲜明的对比。石雕上，生动地描绘出印度史诗中的场面，许许多多男女神灵以挑逗姿态欢腾、跳跃。在长达数百英尺的木廊浮雕上，展现了高棉历史上真实的人物，最受喜爱和反复出现的形象，是高棉舞蹈女神受斯帕拉斯。

吴哥窟是一项辉煌的建筑成就，体现了对体积、空间以及几何体组合的深厚造诣。当时的建筑技术和风格非常有限，但它的整体效果却令人惊叹。

吴哥窟是建筑艺术的奇迹，世人把它和中国长城、埃及金字塔、印度尼西亚婆罗浮屠并称为"东方四大奇迹"。吴哥窟在历史上遭到多次破坏，直到19世纪中叶，柬埔寨人民加以发掘、修复和保护，才使这处世界文化遗产重放异彩。

## 印度的珍珠——泰姬陵

泰姬陵是莫卧尔王朝最杰出的建筑物，它倒映在庭院水池中的影象，高雅清丽、纯净和谐，充满了幻想般的神奇色彩，因此，被誉为"印度的珍珠"，是印度最完美的穆斯林古迹。

泰姬陵是世界上动人心魄的古代建筑遗迹之一。当初，为了建造这座陵墓，曾动用了22000名男女，每天工作24小时，历时长达23年之久。

泰姬陵于1631年开始动工，是沙贾汗皇帝为了纪念自己的爱妻——于生产第14个皇子时不幸去世的孟泰兹·玛哈尔而建造的。它印证了一个男子对一个女人的深情厚爱，是举世无双的爱情象征。

泰姬陵没有通常墓穴那种阴森威严、令人胆寒的氛围，反之，它所流露的是清新明快、恬静雅致。也许这才能表达沙贾汗的意愿：他希望爱妻可以继续享受人间的安乐富贵，不必孤苦地在天国寂廖苦修。

整个陵墓是用洁白的大理石砌成的，陵墓修建在一座 7 米高、95 米长的正方形大理石基座平台上。基座正中是陵墓主体，每边长 56.7 米，有 4 扇高耸的大门，门框上用黑色大理石镶嵌了半部《古兰经》经文。寝宫居中，总高 74 米，上面是一个硕

泰姬陵

大的、状似大半个球形的高耸饱满的穹顶，直径 18 米。穹顶顶部隆起一个尖顶，直指空阔的蓝天，下部为八角形陵壁。陵墓四周有 4 座 40 米高的圆柱体尖塔，为防止倾倒后压坏陵体，塔身均稍外倾。这 4 座圆柱体尖塔立在基座平台的四角，仿佛是陵墓的卫士，永远恭顺而尽职地守卫在墓旁。

整个陵墓的设计，体现了伊斯兰教"天圆地方"的概念，给人一种博大、端正和肃穆的感觉。高耸的长方形大门，居高临下，雄视四方，体现了恢弘的气势。大门的上部是圆弧形的门楣，使四四方方的下部产生了柔和的外感。经过它们的过渡，陵墓上方的穹顶，好似一个圆球悄然升起一大半，给人一种圆润和谐的美感。穹顶四周的四个小圆顶同大圆顶交相辉映，具有一种匀称的美。有了它们，尽管主顶高耸，也不给人突兀的单调感。基座四周的四座细瘦的尖塔，既突出了陵墓稳居正中的地位，又加强了整个陵墓巍峨耸入云霄、俯视天下万物的帝王气派。整个陵墓是一个和谐、完美的整体，而其上下浑然一体的白色大理石的银辉，更使它显得高雅、纯洁，富有女性的柔美。

印度诗人尼札米曾称这座宫殿是"掩映在空气和谐一致的面纱里"，它的穹顶"闪闪发亮像面镜子：里面是太阳外面是月亮"。泰姬陵一天之中呈现三种颜色：拂晓是蓝色，中午是白色，黄昏则是天空一样的黄色，这样的建筑简直可以说是一种完美的存在。总之，陵园的构思和布局是一个完美无比的整体，它充分体现了伊斯兰建筑艺术的庄严肃穆与气势宏伟。因为这座建筑所铭刻的那段美丽爱情故事，又有人把它称为是象征永恒爱情的伟大建筑。在 2007 年评选"世界新七大奇迹"时，它也入选其中。

## 我国最大的木结构宫殿——太和殿

太和殿，俗称"金銮殿"，是举行皇帝即位、寿辰、节日庆贺、颁布诏令等大典的地方，是故宫三大殿（太和、中和、保和）中最大的一个。明初建时名"奉天殿"，嘉靖四十一年（1562年）改名"金极殿"，清顺治二年（1645年）方更名为"太和殿"。奉天殿与华盖殿、谨身殿建成后，于明永乐十八年（1420年）4月毁于雷火，正统六年（1441年）重修。

太和门是三大殿的正门，广九楹，重檐歇山顶，面积1800平方米，是故宫最大的大门。门南广场内有一"金水河"，长200多米，上跨石桥5座。进入太和门后，就是外朝区的太和殿了。

今太和殿为清康熙三十四年（1695年）重修。殿面阔11间，纵深37.2米，东西横广63.96米，通高35.05米，外有廊柱72根支承梁架，重檐庑殿式屋顶，上檐斗拱出跳单翘重昂七踩。殿内设有皇帝宝座及屏风，雕镂极精。座旁有沥粉贴金缠龙金柱六根，每根高12.7米，直径1米。座顶正中的藻井悬有蟠龙衔珠，天花板、梁、枋绘饰和玺彩画，辉煌绚丽。

太和殿由55间房屋组成，面积为2380平方米。太和殿前还有一广场（3.6公顷左右），两侧有东西廊庑各32间，为外朝区辅助用房。

每逢盛典，外朝区三大殿，尤其是太和殿，场面盛大庄重。殿前18座铜鼎炉、铜龟、鹤形香炉都燃起松柏枝，殿内的铜炉点燃檀香，大殿内外香烟缭绕。加上殿外排列仪仗旗帜，殿廊下的金钟、玉磬等宫乐齐鸣，王公大臣三拜九叩、山呼万岁，更显神秘庄严。

## 古典园林之最

我国被称为世界园艺之母，特别是古典园林数目之多、规模之大、建造技术之奇特、风景之优美，举世闻名。

皇家宫苑最多的地方——北京。北京在历史上曾是金、元、明、清等朝代的国都，各代帝王都在此兴建过宫苑，明、清两代建造的宫苑遗留下来的最多。今天的北海、中海和南海就是明代的"西苑"，今天的颐和园、香山公园、圆明园、畅春园，也都是清代建造的皇家宫苑。

私家园林最有名气的地方——苏州。私家园林汇萃于江南，而江苏则有"江南园林甲天下，苏州园林甲江南"的说法。苏州在历史上有大小园林 400 余处，其中，沧浪亭、狮子林、拙政园、留园四大名园，是风景极佳的旅游胜地。

最大的皇家园林——承德避暑山庄。河北省承德的避暑山庄，是我国规模最大的皇家园林，总面积比颐和园大 1 倍，比北海公园大 8 倍。园内原有楼台廊、庭、桥亭轩榭、寺观塔碣等各类建筑 120 余组（座）。整个山庄有如我国地貌环境的缩影，给人一种"山庄咫尺间，直作万里观"的感受。

最古老的皇家园林——北京的北海公园。北海公园是我国现存历史最悠久的古园林之一，整个公园占地 1071 亩，其中，水域面积就达到了 883 亩。琼华岛位于水面南部，岛上楼、殿、亭、阁，依山傍水，参差错落，游廊曲折，风景秀丽。北海建成至今已有 800 多年。

最大的假山——景山。北京景山公园中的景山，是一座聚土叠石、五峰连缀的园林土山，中峰高 43 米，四周有路可以登升。五座山峰，峰峰有亭，都是乾隆十六年（1751 年）所建。其中，以中峰的万春亭最大。站在这里，可以俯览北京全城的壮丽景色。

最长的彩画长廊——颐和园长廊。北京颐和园里傍依昆明湖的长廊，始建于清乾隆十五年（1750 年）。这条廊总长为 728 米，中间每隔 10 米便有一座亭、阁、轩、舫。长廊中的每根梁枋上都绘有彩画，总数近 2 万幅，彩画的内容有西湖风景、山水人物、花卉翎毛等。

## 伦敦蜡像馆

伦敦蜡像馆座落在伦敦玛利尔庞街，即杜莎夫人蜡像馆，是由生于法国的杜莎夫人创建的。杜莎夫人于 1802 年到英国，开始是巡回展出蜡像，1835 年在伦敦创办了蜡像陈列馆。这些蜡像与真人一样大小，神态生动，惟妙惟肖。

陈列馆分 4 个楼层。一楼展厅是特拉法加海战的一幕：背景是纳尔逊的旗舰下层甲板，纳尔逊虽手臂被炸断，仍镇定自若地指挥英军作战。展厅内配以隆隆炮声和烟火，使人仿佛亲临战场。二楼大厅展出的是当代世界各国的领导人和英国近代君王的蜡像作品。如美国的七八位总统、法国的戴高乐、施密特，英国的撒切尔夫人，南斯拉夫的铁托等。蜡人的服装、勋章、奖章等物均与真品一样，真假难分。三楼是展出的重点，有"戏剧性场面"、"温室"、"英雄"三个展厅。

"戏剧性场面"像舞台演出,主要表现英国近代史上发生的重大事件,如维多利亚女王登基、盖·福克斯阴谋炸毁英国议会等。"温室"厅则是蜡制的花草、盆景、树木等。在这些花木中,有一些著名的政治家、作家、音乐家、演员、运动员等的蜡像。"英雄"厅展出的为各国著名影星、歌星、运动员、宇航员等的蜡像,如美国的卓别林、拳王阿里,厅内还播放模拟这些人物讲话的录音。地下室名为"恐怖室",展出欧美国家的各种刑具,如断头台、绞架、电椅等。顶楼为蜡像制作室,许多蜡像就出自这里。

# 司母戊大方鼎

司母戊鼎,是商后期(约公元前14世纪至公元前11世纪)铸品,1939年3月出土于河南安阳侯家庄武官村。此鼎形制雄伟,重832.84千克,高133厘米,口长110厘米,口宽79厘米,是迄今为止出土的最大、最重的青铜器。司母戊鼎初为乡人私自挖掘,出土后因过大过重不易搬运,私掘者又将其重新掩埋,至1946年6月,该鼎才得以问世。当年,村民锯下一只鼎耳,由于历史原因一直无法找到,现在看到的双耳,其中有一只是后来补筑上去的,成为该鼎的一大遗憾。新中国成立后,这件珍贵的国宝于1959年入藏中国历史博物馆。

该鼎身呈长方形,口沿很厚,轮廓方直,显现出不可动摇的气势。司母戊鼎,立耳、方腹、四足中空,除鼎身四面中央是无纹饰的长方形素面外,其余各处皆有纹饰。在细密的云雷纹之上,各部分主纹饰各具形态。鼎身四面的方形素面周围,以饕餮纹作为主要纹饰。四面的交接处,则饰以扉棱,扉棱之上为牛首,下为饕餮。鼎耳外廓有两只猛虎,虎口相对,中含人头,一般认为,这是表现大自然和神的威慑力。也有人推测,那个人首代表的是主持占卜的贞人,他主动将头伸入虎口中,目的是炫耀自己的胆量和法力,使民众臣服于自己的各种命令。这种推论,有一定的道理。当时的贞人出场时,都牵着两头猛兽,在青铜器和甲骨文上,经常可以看到这样的图案。鼎耳侧以鱼纹为饰。四只鼎足的纹饰也匠心独具,在三道弦纹之上各饰以兽面。据考证,司母戊鼎应是商朝的王室重器,其造型、纹饰、工艺均已达到极高的水平,是商代青铜文化顶峰时期的代表作。

司母戊鼎器型高大厚重,形制雄伟,气势宏大,纹饰华丽,工艺高超。其腹部铸有"司母戊"三个字,也有人释作"后母毋",是商王祖庚或祖甲为祭祀其母所铸。司母戊鼎的鼎身和鼎足为整体铸造，鼎耳是在鼎身铸好后再装范浇铸的。铸造这样高大的青铜器，所需金属料当在 1000 千克以上，且必须有较大的熔炉。经测定，司母戊鼎含铜 84.77%、锡 11.64%、铅 2.79%，其他 0.8%，此与古文献记载制鼎的铜锡比例基本相符。司母戊鼎的工艺，充分显示出商代青铜铸造业的生产规模和技术水平。

司母戊大方鼎现藏于中国历史博物馆，是镇馆之宝。

## 独一无二的微刻工艺

我国的微刻工艺历史悠久，独一无二。最早的微刻，要算陕西岐山县出土的一批西周甲骨文。这批甲骨上所锲刻的文字小如芥籽，笔划细如秋毫，其直笔锲刻有力，折笔劲迅，圆笔锲刻婉逸，笔法娴熟自如。个别字体径方不足毫米，足见几千年前我国劳动人民微刻艺术的高超。

微刻工艺，一般惯用于象牙、玉石、贝壳等物料上，在头发上进行刻字，称为发刻，这是一种精细绝美的工艺。进行发刻时，要选择宁静的环境，安定情绪，屏息良久，运用内功，用极细的钢丝，完全靠个人经验和感觉迅速、准确地在头发上刻字。现代苏州艺人沈为众精彩、奇特的发刻作品，于 1980 年 9 月在香港展出时，引起中外友人极大的兴趣。当时，他所展出的三件艺术品，是三根长半英寸的头发。第一根白发上刻着"学海无涯苦作舟"，署名是"艺术研究所大牛刻"。第二根白发上刻有"月落乌啼霜满天，江枫渔火对愁眠，姑苏城外寒山寺，夜半钟声到客船"的唐诗。第三根黑发上用中、英两种文字刻写"我们的朋友遍天下"。这三件发刻艺术品，在当时被人们赞为"旷古奇今，惊人绝艺"。

## 我国民间工艺美术三朵花

我国民间工艺美术历史悠久，技艺高超，窗花、团花、烙花是我国工艺美术花坛中的三朵花。

窗花，是民间剪纸艺术的一个品种。它具有简洁、明快、朴实和装饰等特点。窗花是我国劳动人民喜闻乐见的艺术形式，历来年节和喜庆的日子里，许多人家的门窗内外，都会贴上窗花、吊钱儿，以增加节日气氛。窗花来自民间，出自劳动人民之手，是反映生活的一种艺术创作，表达了劳动人民追求幸福、和平的美好愿望和朴实情感。人们把象征吉祥、富足的各种动物、花卉形象逼真地剪好，贴在窗户上，如"五谷丰登"、"六畜兴旺"、"喜鹊登枝"等。窗花，现已成为一种特定的装饰艺术品。

团花，也叫球花，是单独纹样的一种。它是将选取的写生素材组成圆形纹样，有作四周放射状的，有作旋转环绕状的。在古代的青铜器上，以及瓷器、陶器、印花被单、床罩或花布上，都有不少的团花装饰，为人们所喜爱。

烙花，也叫烫花，是我国民间工艺品之一。其工艺是用烧热的铁扦，在扇骨、梳篦、葵扇或木制、竹制家具上烫出各种人物、走兽、山水、花鸟等纹样。河南省南阳出产的烙花工艺品，闻名国内外。

## 四大名绣

中国是一个具有悠久历史的文明之邦，丰富的文化遗产是取之不尽的宝藏，刺绣艺术便是其中之一。刺绣工艺品以其本体的语言表达方式，形成了特有的艺术效果，在纤维艺术创作门类中脱颖而出。而那种沿用了传统手工艺技巧，用不同质地、颜色、肌理的碎布，施以缝绣或贴补以及绗缝的技法，被称为布艺刺绣。布艺除本身具有的技艺之外，还具有艺术性。

刺绣类纤维制品与现代空间装饰紧密相连，它的材料特性以及细腻表现，是从建筑与生态环境的角度来考虑的。刺绣类纤维制品在吸收传统工艺技法的同时，注重独创性，在材料的运用上根据创意需重新染制。

传统的刺绣，以彩色丝、棉在绸缎、绢、纱、棉布等面料上绣制，采用多种针法，富有极强的表现力。传统刺绣分为写实和装饰两种风格，写实风格的有花鸟、静物、风景、人物类图案；装饰风格的有花卉、植物等图案。按照用途，还可分为欣赏性的绣画和生活品两大类。刺绣工艺是一种细致的传统手工艺，传统的补绣工艺是利用布色的变化分割画面的空间，又用刺绣方法统一和协调画面各部分之间的关系，使整个构图在统一中求变化。在刻画装饰性的同时，也注重保留材料本身的质朴感觉，赋予其朴素的内涵。绣品一般采用传统的套针刺绣方法，在色线的运用方面去发现和创造美，努力探索内容与形式以及材料与技法之间的关系，使之和谐统一，以臻完美。

刺绣工艺还有金银彩绣等工艺形式。它是用金、银线在绣好花纹的边线及结构处勾描，并盘在花纹的表面。金银绣独具特有的装饰风格，在绣线内部，铺垫棉花、绒布使绣面突起，为加强丝线的光泽，还以黑、棕、灰、青、绛红等深暗色彩绣制图案，配以传统吉祥内容，使金银彩绣工艺更富于民族特色。

刺绣工艺品类繁多，技法多样，绣艺精美，题材广博，寓意深邃，色彩华贵，因此被称作手工艺品的经典。中国刺绣与历史、文化、民俗、科学、美学密切关联，内涵丰富，在世界文化遗产中占有极其重要的位置。中国刺绣分苏绣、湘绣、粤绣、蜀绣四大绣派。

## 苏 绣

苏绣，是以苏州为中心的江苏地区刺绣产品的总称，是在顾绣的基础上发展起来的。苏州地处江南，苏绣的发源地在苏州吴县一带，紧临太湖，气候温和，盛产丝绸。因此，素有妇女擅长绣花的传统。优越的地理环境，绚丽、丰富的锦缎，五光十色的花线，为苏绣发展创造了有利条件。在长期的历史发展过程中，苏绣在艺术上形成了图案秀丽，色彩和谐，线条明快，针法活泼，绣工精细的地方风格，被誉为"东方明珠"。

从欣赏的角度来看，苏绣作品的主要艺术特点为：山水能分远近之趣；楼阁具现深邃之体；人物能有瞻眺生动之情；花鸟能报绰约、亲昵之态。苏绣的仿画绣、写真绣逼真的艺术效果，名满天下。

苏绣技法多样，常用套针、枪针、打子、拉梭子、盘金、网绣、纱绣等，具有平、光、齐、匀、和、顺、细、密等特点，特别是乱针绣、双面绣，名扬海内外。苏绣大多以套针为主，绣线套接不露针迹。常用三、四种不同的同类色线或邻近色相配，套绣出晕染自如的色彩效果。同时，在表现物象时，善留"水路"，即在物象的深浅变化中，空留一线，使之层次分明，花样、轮廓齐整。

经过长期的积累，苏绣已发展成为一个品种齐全、画面丰富、变化多端的完整的艺术品类，形成了装饰画（如油画系列、国画系列、水乡系列、花卉系列、鸽谱系列、花瓶系列等）、实用品（如服饰、手帕、围巾、贺卡等）两大表现领域。

## 湘 绣

湘绣，是以湖南长沙为中心的刺绣产品的总称。湘绣是在荆楚织绣的基础上，吸收了苏绣的细腻表现手法而发展起来的。湘绣的特点是用丝绒线绣制，色彩丰富，极富立体感，生动逼真，风格粗犷。

湘绣在 1912 年意大利都灵博览会上，被国外誉为超级绣品。清后期，长沙城里的商人为了满足一批因镇压太平军而发迹的新贵，开设了"顾绣庄"。不久，湘绣之名压倒了顾绣。湘绣是用丝绒线（无拈绒线）绣花，其绒丝经过溶液的处理，可防止起毛，这种绣品被当地称作"羊毛细绣"。

湘绣多以国画为题材，形态生动逼真，风格豪放，曾有"绣花花生香，绣鸟能听声，绣虎能奔跑，绣人能传神"

湘 绣

的美誉。湘绣人文画的配色特点以深浅灰和黑白为主，素雅如水墨画。而湘绣日用品，则色彩艳丽，图案纹饰的装饰性较强。

在技法工艺上，湘绣以参针最具特色，俗称"乱插针"。此外，还有齐针、花针、游针、钩针、刻针等技法，能够绣出神形，以至于嗅觉之灵气。湘绣主要以纯丝、硬缎、软缎、透明纱和各种颜色的丝线、绒线绣制而成，其特点是：构图严谨，色彩鲜明，各种针法富于表现力。通过丰富的色线和千变万化的针法，能使绣出的人物、动物、山水、花鸟等具有特殊的艺术效果。在湘绣中，无论平绣、织绣、网绣、结绣、打子绣、剪绒绣、立体绣、双面绣、乱针绣等，都注重刻画物象的外形和内质，即使一鳞一爪，一瓣一叶，也一丝不苟。

从 1958 年长沙楚墓中出土的绣品看，早在 2500 多年前的春秋时代，湖南地方刺绣就已有了一定的发展。1972 年，在长沙马王堆西汉古墓中出土的 40 件刺绣衣物，进一步显现出 2100 多年前的西汉时代，湖南这一地区刺绣已达到的较高水平。此后，在漫长的发展过程中，逐渐培养了质朴而优美的艺术风格。随着湘绣商品生产的发展，经过广大刺绣艺人的辛勤创造和一些优秀画家的参与，湘绣技艺在改革中不断提高，把中国画的许多优良传统移植到了绣品上，巧妙地将我国传统的绘画、刺绣、诗词、书法、金石各种艺术融为一体，从而形成了湘绣以中国画为基础，运用 70 多种针法和 10 多种颜色的绣线，充分发挥针法的表现力，精细入微地刻划物象外形与内质的工艺特点。绣品形象生动逼真，色彩鲜明，质感强烈，形神兼备。

 **粤绣**

粤绣，是以广东省广州市为生产中心的手工丝线刺绣的总称。相传最初始创于少数民族——黎族，绣工大多是广州、潮州男子，为世所罕见。其特点是，可根据造型的需要选择色彩繁多的绣线，施针简约，绣线较粗且松，针脚长短参差，针纹重叠微凸，辅以金线盘绕覆盖，绣品雍容华贵，富丽夺目，与黎族织锦如出一辙。

其纹饰常以凤凰、牡丹、松鹤、猿、鹿以及鸡、鹅为题材。粤绣中有一类名品是用织金缎或钉金衬地，也就是著名的钉金绣，尤其是加衬高浮垫的金绒绣，更是金碧辉煌，气魄浑厚，多用作戏衣、舞台陈设品和寺院庙宇的陈设绣品，宜于渲染热烈欢庆的气氛。

粤绣的特色形成于明中后期，其主要特色有五点：一是用线多样，除丝线、绒线外，也用孔雀毛捻缕作线，或用马尾缠绒作线。二是用色明快，对比强烈，讲求华丽效果。三是多用金线作刺绣花纹的轮廓线。四是装饰花纹繁缛丰满，热闹欢快，常用百鸟朝凤、海产鱼虾、佛手瓜果一类有地方特色的题材。五是绣工多为男工。粤绣绣品应用形式多样，主要有衣饰、挂屏、裙褂、屏心、团扇、扇套等。

**蜀绣**

蜀绣，亦称"川绣"，是以成都为中心的四川刺绣产品总称。其用料以出自成都织造的红绿等色缎和自制的散线为主，绣品色质厚重，淳朴自然，富于情趣。花纹图案以花鸟为主，针法以套针为主，结合斜滚针、施流针、纺织针、朋参针等。平直庄重，色彩明亮，具有浓郁的民间吉庆色彩。由于受地理环境、风俗习惯、文化艺术等各方面的影响，逐渐形成了严谨细腻、光亮平整、构图疏朗、浑厚圆润、色彩明快的独特风格。

蜀绣的历史较为悠久，据晋代常璩《华阳国志》记载，当时蜀中的刺绣已十分闻名，且与蜀锦并列，被人视为蜀地名产。蜀绣的纯观赏品相对较少，日用品居多，所绣图案多为花鸟虫鱼、民间吉语等传统纹饰，颇具喜庆色彩，多绣制在被面、枕套、衣、鞋及画屏上。清中后期，蜀绣在当地传统刺绣技法的基础上，吸取了顾绣和苏绣的长处，一跃成为全国重要的商品绣之一。

蜀绣的技艺特点有：线法平顺光亮，针脚整齐，施针严谨，掺色柔和，车拧自如，劲气生动，虚实得体。据统计，蜀绣的针法有 12 大类，120 多种，常用的针法有晕针、铺针、滚针、截针、掺针、沙针、盖针等。蜀绣常用晕针来表现绣物的质感，体现绣物的光、色、形，把绣物绣得惟妙惟肖。如鲤鱼的灵动，金丝猴的敏捷，人物的秀美，山川的壮丽，花鸟的多姿，熊猫的憨态等。

蜀绣以软缎、彩丝为主要原料，其绣刺技法甚为独特，至少有 100 种以上精巧的绣技针法，如五彩缤纷的衣锦纹满绣，绣画合一的线条绣，精巧细腻的双面绣，加之晕针、纱针、点针、覆盖针等手法的运用，形成了十分独特而精湛的技法。

当今的蜀绣绣品中，既有巨幅条屏，也有袖珍小件，既有高精欣赏名品，也有普通日用消费品。比如人民大会堂四川厅中的巨幅"芙蓉鲤鱼"座屏和蜀绣名品"蜀宫乐女演乐图"挂屏、双面异色的"水草鲤鱼"座屏、"大小熊猫"座屏，都是蜀绣中的代表作。

# 摄影·影视

## 全息摄影

全息摄影的原理，早在 1947 年就有论述。由于当时在工艺上有许多技术问题无法解决，所以直到 1960 年在激光器得到发展，提供了相干光源之后，全息摄影才在 1962 年开始应用。它不同于一般摄影，分记录过程和再现过程两部分，即将物体的光信息贮存在感光底片上，和把感光底片上记录的光波痕迹还原成原物体形象。全息摄影记录在底片上的不是图像而是光波，因此，观看底片的记录与原物体没有任何相像之处，只能看到纷乱的圈圈点点。当用激光器照射它时，才会呈现出栩栩如生的立体形象。其摄影的记录过程是：将激光器射出的其中一束光投射到物体上，穿透物体或从物体上反射回来强弱不等的光到底片上，而另一束光则直接投射到底片上。这两束光在底片上互相干涉形成干涉图案，记录在底片上成为全息照片。当用一束激光照射底片时，就能使原来记录在底片上的光波图案还原成原来的物体形象。

与普通摄影相比，全息摄影具有很多优点：再现物体影像的立体感很强；近、远距离的视差很明显；逼真程度能达到使人难以分清是再现的影像还是实物；凭全息照片分割出来的任何一个部位的截图，都能再现原物完整的图像，且在同一底片上，能进行多次曝光，重复记录多个影像，并可单独再现各个影像。那么，为什么全息摄影还没有普及应用呢？最主要的原因是它要求具有相干性很强的光源。随着科学技术的飞速发展，未来一定会找到新的办法，使全息摄影得到广泛的应用。

## 人像摄影大师纽曼

世界第一流的人像摄影家阿诺德·纽曼，以其风格独特、形象鲜明的人像摄像作品征服了各国观众的心。《音乐家斯特拉伦斯基》是他的成名作和代表作，也是世界摄影名作。这幅摄影作品体现了作者控制画面构成的卓越能力：钢琴支起的琴盖与音乐家以手支撑头部之间形成两个相互呼应的三角形，光线柔和且影调对比鲜明，线条富有旋律与节奏感。同时，画面构图与音乐家作品演奏的粗犷、刚劲、简洁风格相吻合。此作发表后，摄影家和音乐家同时名扬四海。纽曼的《芭蕾舞演员》和《斯提格利茨夫妇》，也是世界摄影名作。前者环境处理简洁，明暗对比强烈，人物身份、气质刻画得准确、细腻。后者则巧妙地运用环境来寄寓象征意味，所摄的一对艺术家夫妇恰到好处地显示出他们的特征和艺术风格。

纽曼在人像摄影艺术上走出的这条新路，浸透了他辛勤的汗水。1918 年，他出生于纽约，19 岁进入迈阿密大学学绘画，21 岁即在摄影馆里开始摄影艺术生涯。他专攻人像摄影，曾为不少著名艺术家拍摄肖像。26 岁那年他举办了第一次个人影展，在艰苦的探索与实践中，逐渐成为了世界第一流的人像摄影家。纽曼善于把主体人物和所生活的环境紧密结合起来进行构思，善于在形象与构图上追求象征意味，善于以洗练的画面结构，用对比强烈而和谐的影调来刻画形象。这些都是他的摄影艺术具有魅力和形成独特风格的原因。

## 长镜头

长镜头，是指用一个镜头连续地对一个场景、一场戏进行拍摄而形成的一个比较完整的镜头段落。长镜头的胶片尺数，一般最短的 50 米左右，最长的在 900 米左右，拍摄时间约在 30 秒到 10 分钟之间。长镜头分固定长镜头、变焦长镜头、最深长镜头、运动长镜头 4 种，后者包括摄影机的推、拉、摇、移、升降运动。长镜头不破坏事件发生、发展中空间与时间的连贯性，具有较强的时空真实感。观众面对长镜头可以自由、从容地进行审美判断，发挥自己对影片中某一事物的思考和评价的主动性。

# 蒙太奇

对于蒙太奇这一术语的含义，中外艺术家们从不同角度作过许多阐释，虽大同小异，但至今尚没有一个公认的、统一的定义。其中，代表性较强的定义有："把动作的各个镜头在一定顺序下连接（装配）成一个完整的艺术品，这就是蒙太奇。"（库里肖夫的《电影导演基础》）

简单地说，"将若干个片断构成场面，将若干个场面构成段落，将若干个段落构成一部片子的方法，就叫蒙太奇。"

蒙太奇的构成元素，包括一切视听造型元素（如点、线条、形体、图形、图像、音响、音乐、光影、色彩、景别、特技、时间、空间等），表意元素（如解说、文字、专门符号、节奏、气氛、情绪等）和链接元素（指各种元素的组合方式，如交叉、并列、布局、反复、叠加、联动、人机交互、超级链接、非线性组合及语法规则等）。

蒙太奇的广义（或者说一般意义的蒙太奇）定义，可以从系统科学角度作如下表述：蒙太奇是指对构成艺术系统的视听造型元素、表意元素、链接元素进行有机组合，以形成具有一定艺术功能的表现手段、思维方法、操作技巧的总和。

# 立体电影

立体电影，是利用人的双眼视角差和汇聚功能等特性拍摄的，放映时产生立体效果的电影。普通的电影或照片都是一个镜头从单一视角拍摄的，影像都在同一平面上，人只能根据生活经验（如近大远小、光线明暗）对其产生空间感。而立体电影则是由类似人两眼的不同视角摄制的具有水平视角差的两幅画面组成的，放映时，两幅画面重叠在幕上呈双影，观众需要通过特制眼镜或幕前辐射状、半锥形透镜光栅来观看。观众左眼看到的是从左视角拍摄的画面，右眼看到的是从右视角拍摄的画面，通过双眼的汇聚功能，便会合成为立体视觉影像。因此，观众看到的影像好像有的在幕后深处，有的脱框而出，似触手可及，给人以身临其境的逼真感。

采用幕前辐射状、半锥形透镜光栅的立体电影，会受到观众厅座位区位置的严格限制，观众头部不能随便移动，否则立体效果就会消失，因此，观众感到异常不便。在戴眼镜观看的立体电影中，广泛采用了彩色眼镜法和偏光眼镜法。彩色眼镜法是把左右两个视角拍摄的两个影像，分别以红色和青（或绿）色重叠印到同一画面上，制成一条电影胶片。放映时，可用一般放映设备，但观众需戴一片为红、另一片为青（或绿）色的眼镜，使通过红色镜片的眼睛只能看到红色影像，通过青色镜片的眼睛只能看到青色影像。此法的缺点是观众两眼觉不平衡，容易产生疲劳；优点是不需要改变放映设备。初期的立体电影常用这种方法。1985 年，日本筑波国际科技博览会上展出了采用这种方法观看的球幕黑白电影，效果颇佳。

偏光眼镜法的立体电影，从 1922 年开始一直为各国所重视，有些国家已和大视野的电影相结合，拍成质量更高、效果更好的彩色立体电影。这种电影在放映时，左右画面以偏振轴互为 90°的偏振光放映在不会破坏偏振方向的金属幕上，成为重叠的双影，观看时，观众戴上偏振轴互为 90°并与放映画面的偏振光相应的偏光眼镜，即可把双影分开获得立体效果。由于制作和放映工艺的不同，偏光立体电影有双机和单机之分。1985 年的筑波博览会上，展出了大银幕彩色立体电影。自 20 世纪 60 年代以来，中国拍摄的立体电影基本都是偏光立体电影。

前苏联在 20 世纪 70 年代研试了全息立体电影，观看时不必戴眼镜，有很大的影像亮度范围。由于观众眼睛的视觉调节和收敛是自然的，因此，这种电影不会引起眼部的过分紧张和疲劳，观众只要转动头部，即可看到如同实物那样的位置变化，比普通电影有更大的深度感，就像真实物体那样。

## 卓别林形象的由来

我们知道的卓别林，总是戴着圆顶的小礼帽，瘦小的上衣，肥大的裤子，一双又长又笨的大皮鞋，一只竹手杖，还有黑黑的小胡子。他的这种滑稽装束是怎么来的呢？

这套装束诞生于 1914 年，当时有位导演麦克·赛纳特要拍一部喜剧片《威尼斯赛车记》，需要有一套看上去很滑稽的服装。卓别林根据导演的这一想法设计了这套服装。他在自传中写道："在去化妆室的路上，我忽然有了主意：我要穿一条鼓鼓囊囊的裤和一双大鞋子，拿一根手杖，戴一顶圆顶礼帽。我要让每一件东西看上去都显得不合适……"于是，他从胖子身上借来裤子，从瘦子身上扒下上衣，剪了人家的头发做胡子，借来礼帽，还把大皮鞋左右颠倒着穿，于是，就造就了今天我们所看到的卓别林典型的形象。

## "悬念大师"希区柯克

英国导演希区柯克（1899～1980年）以"悬念大师"著称于世界影坛。他一生导演过54部影片，大都以奇特的凶杀案或间谍活动为题材，故事情节扑朔迷离，充满神秘和恐怖的气氛，被称为"电影界最令人毛骨悚然的魔术师"。

希区柯克童年时候，有一次他做错了一件事，准备接受父亲严厉的惩罚，但父亲只是叫他把一张封在信封里的纸条给爷爷送去。到了爷爷那里才知道，纸条上写的是让爷爷处罚他。这件事给希区柯克留下了深刻印象，竟从此播下了他毕生追求悬念创作风格的种子。

1920年，希区柯克踏进影圈。1925年，他导演了处女作影片《欢乐圈》，但那时还没有形成他自己的创作风格。1929年，他的第一部惊险片《讹诈》问世。1934年，他导演了第一部间谍片《知道太多的人》和悬念片《抓贼》。1935年，他以《39级台阶》这部经典名著震动了美国好莱坞。

在好莱坞，希区柯克的第一部影片《蝴蝶梦》是取材于英国女作家达夫妮·杜·莫里叶所著的《丽贝卡》。1941年，这部影片夺得了美国奥斯卡金像奖的"最佳影片"桂冠。此后的40年中，希区柯克导演了《北偏西北》、《群鸟》、《晕眩》等十几部悬念片，以"悬念大师"的独特风格蜚声影坛。

他一生都在绞尽脑汁追求悬念和艺术创新，为制造让众人目瞪口呆、喘不过气来的惊险气氛，在影片《北偏西北》中，拍直升飞机向地面上的人俯冲；在影片《破坏者》中，让德国间谍从自由女神像的火炬上掉下来摔死。

虽然希区柯克导演的影片多次获奖，可他从来未获得过奥斯卡"最佳导演"的称号。1968年，美国电影艺术科学院授给他"塔尔贝格奖"，表彰他始终如一的努力和对电影事业的贡献。1979年，他又获得美国电影学会授予的最高荣誉——终生成就奖。

## 史上最伟大的男演员亨弗莱·鲍嘉

亨弗莱·鲍嘉（1899—1957年），美国男演员。1942年凭借在《卡萨布兰卡》中出色的表演获得奥斯卡最佳男演员奖提名；1951年凭借《非洲女王号》获得奥斯卡最佳男主角奖；1999年，被美国电影学院评为电影诞生100年以来最伟大的男演员。

1943年，鲍嘉和英格丽·褒曼一起主演了电影《卡萨布兰卡》，这部电影使得鲍嘉成为一代代影迷喜爱的明星。亨弗莱·鲍嘉在影片中扮演酒店老板里克，其深沉、内敛的表演以及英格丽·褒曼的精彩表演，使得这部描写乱世爱情的影片成为电影中的经典。同时，这部电影也使得亨弗莱·鲍嘉成为20世纪的头号男演员。

在整个第二次世界大战期间，作为一个爱国者，鲍嘉多次出席集会，并长途旅行，到遍及世界的美国军队中进行慰问演出。尽管他所扮演的银幕形象很多是粗暴的反面人物，但他本人的个性却截然相反。他彬彬有礼，为人谦和，总保持着真正的君子风度。到20世纪40年代中期，他已经成为世界上最耀眼的明星。

鲍嘉一生共演出过80多部影片，《娱乐周刊》也将他奉为好莱坞头号偶像。从法国的让·保罗·贝尔蒙多，到印度的阿什克·库马，全世界许多著名演员都坦然承认他们的表演风格和性格受到了鲍嘉很大的影响。

鲍嘉是美国人心中英雄的化身，并在世界范围内引起了强烈反响，成为一种强有力的文化纽带。鲍嘉塑造了一种新的浪漫男人的形象，在此之前，这类形象从未在银屏上出现过。

事实上，鲍嘉的长相在他所处的年代中，并不符合做一个电影男一号的标准，他的脸甚至因在海军服役时期唇部受伤而部分瘫痪。奇怪的是，所有这些竟然增加了他对影迷的吸引力。

作为演员，鲍嘉外形上的缺憾反而成为优势，他扮演的诸多角色被定义为"未经雕琢的钻石"——粗粝而脆弱。他也由此成了一代代男性影迷心目中的英雄，女性影迷心目中的情人，许多人在他扮演的角色身上找到了共鸣。

一直与亨弗莱·鲍嘉合作的导演约翰·休斯顿在鲍嘉的葬礼上致辞说：他拥有一个人可能拥有的最大天赋，并让整个世界承认了它。他得到了他所梦想的一切，也最大限度地给予了回报。我们没有理由为他伤感，相反，我们应该为自己感到遗憾，因为我们失去了一个无法替代的演员，电影史上唯一的亨弗莱·鲍嘉。

# 史上最伟大的女演员凯瑟琳·赫本

凯瑟琳·赫本（1907—2003 年）是一位美国电影女演员，被认为是美国电影与戏剧界的标志性人物，好莱坞的传奇。她共获得过 4 次奥斯卡最佳女主角奖，成为迄今为止获得该奖项的最多的人，并曾 12 次获得奥斯卡奖提名（全部为女主角）。凯瑟琳·赫本也因其机敏风趣、举止高雅、桀骜不驯的性格，深受观众与影评人推崇。

赫本于 1907 年 5 月出生于美国康涅狄格州哈特福德，共有 5 个兄弟姐妹。出生于富有而且思想开明的家庭的赫本，从小就性格直爽、思想开放，而且行为不拘泥传统。

年轻的赫本在布莱恩默尔女子学院学习时，立志做一名演员，并在大学时演了不少戏。在校期间，赫本曾多次违反校规。从布莱恩默尔女子学院获得学士学位后，赫本不顾父亲的反对，考入巴尔的摩剧团，开始她的演艺生涯。

**凯瑟琳·赫本**

1932 ~ 1934 两年间，她就主演了 5 部电影，其中第三部影片《牵牛花》荣获奥斯卡最佳女主角奖，第四部影片《小妇人》获得了同年奥斯卡最佳改编剧本奖和威尼斯电影节最佳女主角奖。

赫本晚年曾说，她这一生"过得非常精彩，非常富足，非常幸运"。自 1932 年从影至 90 年代，这位才华卓越的女演员纵横影坛达半个世纪之久，出演过 40 余部影片，凭借 1933 年的《牵牛花》、1967 年的《猜猜谁来赴晚宴》、1968 年的《冬狮》、1981 年的《金色池塘》四度摘取奥斯卡"最佳女演员"的桂冠。

这番超越好莱坞所有男女演员的殊荣，使她被誉为"凯瑟琳陛下"、"高贵、不朽的电影女神"。她的成就、她的独立人格，以及她同斯宾塞·屈赛那缠绵 26 年的恋情，也使她成为极具传奇色彩的人物。

凯瑟琳·赫本是 20 世纪美国电影最有力的见证人之一，在 1999 年美国电影协会的评选中，被评为史上最佳女演员。她的勇敢、自信、自由和率直，被认为是美国的象征，代表了真实而又理想的美国女性。

## 米老鼠与唐老鸭

动画片《米老鼠与唐老鸭》共有 100 集左右，每集包括 2~3 个独立的故事。动画片的主角有米老鼠、唐老鸭、黄狗普路拖、黑狗古非以及代尔、其普两个花栗鼠，此外，还有蜜蜂、蚂蚁、蟋蟀、马、鹿、牛、鲸、海豹等配角。动画片将动物人格化，想象力丰富，艺术造诣精湛。它以夸张的手法表现了喜、怒、哀、乐，妙趣横生，加上配之以名曲、民歌，更增添了影片的音乐美和节奏感，风靡全球。

《米老鼠与唐老鸭》，出自于美国青年画师沃特·迪斯尼之手。他从小喜欢画画，一天，他坐在汽车工场里，望着自己喜爱的画板发呆，想着自己该画什么才能得到别人的肯定。此时，他忽然看到场里的老鼠窜来窜去，似乎在他的画板上寻找食物，又像是在游戏。他找来面包屑喂它们，老鼠也很领情地吃起他提供的食物。顿时，在他脑海里涌现出了神气活现的小老鼠形象，他决定以老鼠作为动画片的主角。他和妻子为这只老鼠取名"米奇"，从此，充满智慧和欢乐的米老鼠就诞生了。此后，迪斯尼又塑造了"唐老鸭"这个可爱的角色，首次出现在《聪明的小母鸭》中。

## 奥斯卡与好莱坞

在美国，最为著名的电影奖项一是外国记者协会颁发的"金球奖"，另一项则是"奥斯卡金像奖"。比较而言，金像奖更为人们所津津乐道，因为它是美国电影界的最高荣誉，一旦获此殊荣，马上便会身价百倍。

为什么将金像奖命名为"奥斯卡"呢？这还得从金像的设计说起。金像的造型本由米高梅公司的美工师塞德里克·吉木斯构思而成，后由青年雕塑家乔治·斯坦利于 1928 年完成了塑像的制作。这尊金像的主体是一个男人站在一盘电影胶片上，他手中紧握战士的长剑，身长 34.5 厘米，重 3.45 千克，由以铜为主的合金铸成。因塑像呈金色，故称之为金像奖。1931 年金像将颁奖前夕，评审委员会的成员在一起评议，当时艺术与科学学院的图书馆管理员玛格丽特·赫里奇仔细地端详了金像后，情不自禁地叫道："呀！他看上去真像我的叔叔奥斯卡。"她的叔叔是美国大名鼎鼎的戏剧家奥斯卡·沃尔德，于是，艺术与科学学院的工作人员便称金像为"奥斯卡"，这个名称也从此闻名全球。

好莱坞是洛杉矶西北郊一个风景如画的小乡村，背倚绿草如茵的山坡，四季常青，阳光充足，拥有极好的外景拍摄条件。

1905 年前后，芝加哥一位百万富翁的阔太太汉德松到此旅游，为这里迷人的风景所倾倒，联想起一个名叫"好莱坞"的乡村别墅，于是，指着面前的山村高兴地连呼"好莱坞"，好莱坞由此得名。

1909 年，美国电影先驱之一的艾尔·克里斯蒂来到好莱坞，建立了第一座电影摄制棚，次年他在这里摄制了第一部无声短片《在古老的加利福尼亚》。随后，美国电影大王戴瓦格·里菲斯也来到好莱坞，并在此拍摄了《一个国家的诞生》、《凋谢的花朵》等影片。

1920 年，美国大制片商梅特罗·戈德温·迈耶在好莱坞建立了一个庞大的制片公司，各路明星汇聚于此。此后，大批美国影片从好莱坞输入世界电影市场，从 20 世纪 30 年代起，好莱坞逐步演变成为世界电影制作的中心。

## ➤➤ 衣饰·饮食 ⬅⬅

### 遮羞布

据《旧约·创世纪》中记述，上帝把他造出的第一个男人和女人，即亚当和夏娃安置在伊甸园内生活。上帝吩咐亚当和夏娃，园内各种树上的果实都可任他们俩吃，只是不能摘吃分辨善恶的智慧树上的无花果，否则就会断送性命。

有一天，蛇对夏娃说，你们吃智慧树的果子不一定会死，因为上帝知道你们吃了那果子，眼睛就会看得见，就能和上帝一样知善恶。夏娃听了，便摘下无花果和亚当一起吃了，结果两人眼睛果然明亮起来，才知道自己是赤身裸体的。于是，两人赶快拿起无花果树叶编成裙子来遮身。后来，无花果的叶子就成为"遮羞布"的同义词。

### 雨 衣

印第安人用天然橡胶乳制出的胶鞋，给人们的生活带来了方便。到了1823年，人们在胶鞋的启迪下，试图把橡胶这种材料应用到更加广泛的生活领域中去。

美国一位叫麦金托什的人，把天然橡胶涂在了布外套上，用以遮挡雨水。但是，麦金托什的雨衣实在令人啼笑皆非，夏天非常粘手，软软乎乎，让人简直不敢触摸，可是，冬天一来，它又硬得像只牛皮，简直无法穿在身上。麦金托什的雨衣虽然并非成功之作，但它毕竟是世界上的第一件雨衣。

# 睡　衣

　　欧美研究服装史的专家认为，"睡衣"一词，在希腊语和乌尔都语里指的是晚上在房内穿的一种肥而宽的裤子。后来，侨居印度的英法服装设计师又在这种款式裤子的基础上加以发展改进，制作出专供夜晚房内穿着的睡衣。到 19 世纪后半叶，睡衣已普及欧洲各国。

　　睡衣一般由穿着宽舒的上衣和裤子组成。据欧洲古代名医伊博萨卡里的著作介绍，伊斯兰世界早在公元 9 世纪就有这类睡衣了。然而，当时的欧洲，即使是王公贵族也还不知道"睡衣"为何物呢！直到 16 世纪，睡衣在意大利才成了较为常见的衣物，这与当时意大利已同其邻国土耳其建立了不少通商口岸不无关系。

　　在罗马时代，睡衣是专供上层阶级使用的。有专家认为，睡衣是十字军东征时代（公元 11 世纪末至 13 世纪末），从伊斯兰世界传入欧洲的。

# 领　带

　　领带是上装领部的服饰品，系在衬衫领子上并在胸前打结，广义上包括领结。它通常与西装搭配使用，是人们（特别是男士们）日常生活中最基本的服饰品。

　　领带常能体现出佩戴者的年龄、职业、气质、文化修养和经济能力等等。领带的产生受到地理气候、生活习俗及审美情趣等因素的影响，它作为物质与文化的产物顺应着历史的潮流，在求新求美中，不断地演变、发展着。

　　1668 年，法国国王路易十四在巴黎检阅克罗地亚雇佣军时，雇佣军官兵的衣领上系着的布带，就是最早见于史料记载的领带。

　　可以说，领带和西装是一对孪生兄弟，领带的产生和发展，同 17 世纪欧洲的男子服装的变化有着十分密切的联系。

　　17 世纪的欧洲男子，穿紧身衣，戴耳环，穿花皱领衬衫，丝绒，高高卷起的发型上还会戴一顶小帽，敬礼时用一个有流苏的小棒把它举起。衬衫通带是当做内衣穿在里边的，衣领装饰相当华丽，高高的领子加了一圈花边，衣领上绣着美丽的荷叶边，衣领打折迭成花环状，领子露出外衣，一眼就可看到。

直到 18 世纪法国资产阶级革命宣告了宫廷贵族生活的终结，男人才放弃了华丽服装，改换成简单、朴素的装束。那时，流行类似燕尾服式样的帝国式服装：上衣高腰节，裙摆自然下垂，大领口加灯笼袖，胸部以下略有装束，华丽的衬衫领子没有了，代之以襞领，襞领前系黑丝领带或系领结。领带呈领巾状，用白麻、棉布、丝绸等材质制作，在脖颈上缠绕两圈后，在领前交叉一下，然后垂下来，也有打成蝴蝶结状的。

据说诗人拜伦对领带系法很讲究，等到他系好满意的样式时，弃置一旁的领带已"堆积如山"了。那时女性也有系领带的，有位安公主喜欢组合黑色缎带和蕾丝制的领带，打出的领结典雅而别致。

1850 年左右，西服被采用。到 1870 年左右，人们都开始穿西服，领带，也成为，一种与西装搭配不可缺少的时尚装饰品。根据一些服饰专家的分析，领带就好像胸衣、裙子一样展现了人的性别、特征，象征着一种富有理性的责任感，体现了一种严肃、守法的精神内涵，而这恰恰是当时男性们刻意追求的。这时，领带形状为带状，通常斜裁，内夹衬布，长宽时有变化，颜色以黑色为主。

19 世纪末，领带传入美国。美国人发明了细绳领带（或称牛仔领带），成为 19 世纪美国西部、南部绅士的典型配饰。后来，又出现了一种以滑动金属环固定的细绳领带，称保罗领带。

现在的领带基本沿袭了 19 世纪末的条状款式，45°角斜向裁剪，内夹衬布、里子绸，长宽有一定的标准，色彩、图案多种多样。经过几个世纪的演变发展，随着文明程度的提高，领带也越来越讲究艺术和精细，从款式、色彩上趋向更完美、更赏心悦目。

领带一词在中国古代文献中也有记载，《宋史·五行志》里有"北海县蚕自织成绢，成领带"。这里的"领带"是指古代衣领上的饰边，而不是现在的领带。从领带传播的历史来看，领带最早传入中国的时间与西服传入中国的时间大致是一致的。

# 风 衣

风衣的出现，距今不到 100 年。英国的衣料商托马斯巴尔巴尼年轻时就经营服装面料，并积极开发新品种。他在同行的协助下，经过反复试验，终于制出了防水加毕丁（一种细密的棉织物），并于 1888 年取得专利权。

在第一次世界大战中，托马斯巴尔巴尼为了适应军队的需要，设计了一种堑壕用的防水大衣，款式为双襟两排扣，有腰带，领子能开能关，插肩袖，有肩章，在胸部与背上有遮盖布，以防雨水渗透，下摆较大，便于动作。

通过试用，英军认为这种堑壕大衣便于在雨中作战时穿着。1918年，英军正式决定采用。

随着时代的变迁，当年军人穿用的堑壕大衣逐步演变成为生活服装，但其款式一直是现代风衣的基础。风衣也由单纯的男式发展到今天的男款女款并存，式样设计上也更多样化了。在门襟设计上，由原来仅有的双排发展到双排扣、单排扣、单排门襟暗扣、偏开门襟等多种式样。衣领设计有驳开领、西装领、立领等。风衣的袖子也变得多种多样，有插肩袖、装袖、蝙袖等。风衣的颜色、装饰也有较大的变化，女式风衣的款式，更是日新月异。在国际市场上，风衣已成为服装货品中的主要品种。

# 拉 链

1893年，美国芝加哥一位精力充沛的发明家威特库姆·贾德森，作了一项他自称为"用一次连续性的滑动，使一连串钩子自动咬合和分离"的设计。这项设计包括两根链条，每根上面都装有交错的链环和钩子，当滑动部件在链条上滑动时，两根链条上的钩子和链环就咬合在一起，这就是当时的拉链，一般都装在鞋子上。只是这种拉链既笨拙，又不平滑，顾客叫苦不迭。贾德森绞尽脑汁，经过多年的努力，做出了一些改进，他把所有的钩子都装在拉链的一边，所有的链环都装在另一边，再把它们安在线带上。

1905年，贾德森换了个商标名称，拉链的销售量有了显著的增加。尽管如此，许多女顾客还是不免在公共场所当众出丑，因为拉链经常意外地崩开。

后来，贾德森无意中发现，宾夕法尼亚州的一位律师兼国民警卫军上校华克对拉链设计也很有兴趣，于是，他们俩共同开始了拉链的改进工作。

不久，华克在新泽西州创办了一家"自动风纪扣公司"，顾客都争先恐后地购买他的新产品。

经过改进的新产品还有不少问题，贾德森和华克都感到有必要聘请一位技术高明、受过专门训练的机械工程师。1906年，瑞典出生的圣德贝克远涉重洋来到匹兹堡一家电气公司工作。1907年，华克和贾德森经过协商，与圣

德贝克签订合同，改进贾德森发明的拉链。经过一段时间的改革，生意仍不兴旺。当时这种拉链远看像一排牙齿，近看好像一串小鸟巢，环状的部件互相联结在一起，上面装有一个拉件，能自动滑动，这些小的部件是用金属一次压制而成的。后来，他们一起精心设计制造了一批专用机器，开始生产出一批高质量的拉链。

## 牛仔裤

牛仔裤这种全球性流行的服装款式，发源于美国。

19世纪50年代末，有一个名叫利维·施特劳斯的普鲁士裔美国淘金者来到旧金山。他原先是个布商，随身带了几匹可做帐篷、车篷的帆布，当他看到淘金工穿着的棉布裤极易磨破时，便用所带的厚实帆布裁做出低腰、直腿筒、臀围紧小的裤子出售，大受淘金工的欢迎，进而，又成为牛仔们的特色服装。利维进而把裤料改为靛蓝斜纹粗布，他的生意越做越大，并于1871年申请专利，正式成立"利维施特劳斯公司"，后发展成为国际性公司，产品遍及世界各地。

## 高跟鞋

高跟鞋，已成为全球女人钟爱的鞋类款式。关于高跟鞋的由来，有两种说法。一种认为源于法兰西国王路易十四。当时，路易十四苦于自己身材矮小，不能在臣民面前充分显示他高贵的气度，就吩咐手下人为他定制了一双高跟鞋。此后，法国贵族男女纷纷仿效，并很快传遍全国乃至欧洲大陆。

还有一种认为，15世纪时，威尼斯有个商人，外出时害怕漂亮的妻子行为不端，就给妻子定做了一双后跟很高的鞋，以使妻子不便外出。可妻子看到这双奇异的鞋后，觉得十分好玩，就让佣人陪着她走街串巷，出尽了风头。人们觉得她的鞋很美，争相仿效，于是，高跟鞋很快就流行开了。

## 比基尼泳装

20世纪40年代，美国在太平洋上一个叫比基尼的小岛进行原子弹试验，震惊了世界。

不久，在法国巴黎，一位大胆的泳装设计师推出一种新式泳装。这种泳装用料极薄且少，可以折叠起来装入一只火柴盒，这使当时的服装界震动不小。由于这种泳装覆盖面积小，穿上后近似全裸，使当时巴黎的许多时装模特都望而生畏。一位舞女却勇敢地穿上这种泳装，并公开让记者照相。

由于这种泳装对世人的震动不亚于比基尼岛上所进行的原子弹试验，故称其为"比基尼"。

## 日本和服

日本的和服，是世界知名的传统民族服装之一，至今已有 1000 多年的历史。

和服早在 600 多年前就已基本定型，其后并没有什么大的变化。和服的种类很多，主要有"黑留袖"、"色留袖"、"本振袖"、"中振袖"等。

穿和服可根据不同的式样配束相应的腰带，腰带的结法多达 200 多种，主要有鱼甲、凤凰、仙鹤、蝴蝶、松、竹、梅、牡丹等形状。宽大舒适、色彩绚丽而又端庄大方的和服，不仅是一种实用品，也是一种艺术品。日本的绘画、戏剧艺术的发展都与和服有着密切的联系，特别是风俗版画，浮世绘中的美人画，更离不开和服。陶器、漆器、金属工艺品等，也多采用和服的花纹。

每逢庆祝传统节日，参加祭典仪式，出席茶道等，日本人总是喜欢穿上新和服。每年 3 月 3 日的"女孩节"和 5 月 5 日的"男孩节"，孩子们都要穿上和服欢度节日。1 月 15 日的"成人节"，年满 20 岁的姑娘们，会身着未婚妇女专用的"振袖"和服，打扮得花枝招展，成群结伴地去参加进入成年的庆典活动。日本的结婚仪式上，新娘要穿象征神圣、纯洁的"纯无垢"和服，新郎则身穿男性婚礼和服。

## 席梦思

100 多年前，美国有个卖家具的商人叫扎尔蒙·席梦思。他听到顾客抱怨床板太硬，睡在上面不舒服，于是动起脑筋。他试了许多办法，如在床垫中塞进厚厚的棉花，但没多久，棉花就被压实了，还是不舒服。当他见到用铁丝做的弹簧时，眼前一亮。于是，他买来一批粗细适中的铁丝，用铁丝缠绕、编织成床绷子，外面用结实的布口袋包起来，躺上去很舒服。1900 年，世界上第一只用布包着的弹簧床垫推上市场，立刻受到广大消费者的好评，人们用发明人的姓为它起了名。

订购席梦思床垫的人越来越多，手工操作速度太慢，质量也很难保证。席梦思先生请机械师约翰·加利设计一台机器，约翰花了3年时间，终于研制出专门加工弹簧垫子的机器，一只只弹簧床垫快速生产出来，席梦思床迅速扩大市场，走进了千家万户。

## 芭比娃娃

金发碧眼的芭比娃娃，是1954年于美国洛杉矶问世的。问世以来曾给世界各地数百万计的小姑娘带来快乐，并成为时装大师和收藏家觊觎的"超级模特"。

洋娃娃"芭比"，是美国鲁思和埃利奥特·汉德勒夫妇创制的。他们发现自己的女儿芭芭拉不愿玩单调乏味的布娃娃，自己用硬纸板做成娃娃，然后穿上各种小衣服，鲁思夫妇由此萌发了做穿衣服戴头饰洋娃娃的念头。于是，鲁思夫人按女儿芭芭拉的脸型做出了洋娃娃"芭比"。1954年，鲁思夫妇在洛杉矶郊区一个车库里办起了一家布娃娃和木偶玩具厂生产洋娃娃"芭比"，1959年拿到纽约玩具博览会展览，当时年鉴记载："这是一个身着漂亮时装的迷人模特。"几年以后便打入欧洲市场。

**芭比娃娃**

现在，"芭比"畅销世界各地。其新颖之处在于，过去的布娃娃是孩子用来模仿妈妈的玩具，而"芭比"能充分发挥孩子的想象力，使她进入成人世界。

## 阿拉伯的面纱

阿拉伯的面纱，是阿拉伯国家几千年来保留下来的一大"特产"。妇女要外出放牧，面对强大的风沙，不得不寻求简单的方法来保护，面纱便应运而生。

一般中老年妇女的面纱呈黑色，布质双层而厚，上街时还在鼻子上罩一块黑色软质的鼻罩，再用面纱遮盖整个面部。这样，可使妇女显得庄重。

少女上街，不戴鼻罩，透过面纱可以见到脸孔，于是严格的宗教迫使她们低头而行。面纱对妇女的约束，反映出古老的宗教影响。多数阿拉伯妇女，经济上不独立，也没有婚姻自主权，没有受教育的机会，只能一辈子侍候男人，伴着面纱走完她们的一生。她们把面纱看成自己身体的一部分，一旦除去，便十分羞怯、害怕。

有些妇女在单调的面纱上勾出花纹图案，涂上颜色，剪长裁短，如同服装一般，争奇斗妍，已成为阿拉伯国家民俗中的特色之一。

## 法官为何戴卷曲的假发

法官和律师在法庭上戴假发是英国法庭最有特色的传统之一，在一些受英国司法制度影响较深的前英国殖民地地区，也可以看到这种具有不列颠特色的文化烙印，如中国的香港。

至于英国的法官和律师为什么要戴假发，许多研究历史的人提出了种种不同的解释，但都很难说服所有的人。

根据历史学家和民俗学家的研究，英国人流行戴假发的传统大约始于12世纪，当时上层社会的人都将戴假发视为一种时尚，是出席正式场合或沙龙聚会时的正规装扮。

行家指出，司法界所用的假发与普通假发是有区别的。在英格兰，司法假发的每一边有三个卷曲而王室人员却只有两个。在苏格兰，假发的配带情况刚好与之相反，王室人员用三个卷曲的假发，而司法人员只有两个卷曲。

假发制作成本的昂贵在于人工而不是材料，因为马鬃的取得并不难，而假发的制作却是个精细活，而且没办法通过机器或生产流水线进行批量生产。

生产一个假发需要一位熟练的工匠花费大约44个工时，包括编织和打卷。

成品一般有四个颜色：白色、金黄色、浅灰色和灰色，在一些英国的老殖民地，如西非和加勒比海地区，白色非常流行，而在英国本土，金黄色和灰色最为流行。

一般一个法官的假发价格要超过1500英镑（折合人民币约18000元），而最普通的假发也不低于300英镑。

一般法官和律师不会像女士们更换帽子一样经常换假发，主要是基于一种说法：假发戴得越久，越老越脏，颜色越深，说明你吃法律饭入行的时间越长。在司法界，资历和年龄可是个宝，如同医院老医生最吃香一样。从某种意义上说，而法官的老古董假发是富有审判经验的一个说明老旧的假发反而成为了律师们招揽生意的招牌了。

一位法学院学生在取得律师资格之后，家人或朋友给他的最好的礼物就是由某位名家制作的假发。许多从事假发制作的匠人都是子承父业，甚至是世家，其制作假发的历史比某些英国贵族的家族谱系还长。

定制假发是一个需要耐心等待的过程，因为许多名匠的预约期已经在几年之后。即使能马上定制，在制作过程中，你的头也需要至少被尺子量过12次，这并不是匠人们故意折腾你，而是精致工艺的必须要求。

当然，你也可以买一个现成的，但那毕竟不如定制的合适，更何况随便买来的假发在许多法律人士看来，如同穿牛仔服出席一个庄重的宴会一样无礼。英国人素以保守著称，司法界更是如此，要求的是精确甚至是刻板，强调的是稳定与平衡，而对个性化的东西兼容性较小。

许多假发匠人世家对于每一个售出的假发都有记录，要求购买者签名备案。几百年下来，在这些记录中可以找到许多名人的亲笔签名，因为许多知名政治家在成名之前是从事律师工作的。

假发的保管也是个细致活，一般每一套假发都配有一个通风的铁盒子或木盒子，有些盒子甚至是件独立存在的艺术品，其价值远超过假发本身。早时，在英国人头上还经常长虱子的年代里，假发在保存时会撒上一些药粉，用来防虱子。

在很长的一段时期内，假发所用的原材料（马鬃）绝大部分来自于中国，这也是鸦片战争前，中英贸易中中方出口商品中除茶叶外的另一重要交易品种。这是因为欧洲马匹的鬃毛不易进行纺织，而且容易折断，而鬃毛在生产过程中需要不断地漂白和清洗，也只有中国马所产的鬃毛能经受住这些制作过程的考验。

假发的历史可谓悠久，古埃及和古罗马帝国的文献就有相关记载。然而在欧洲上层社会的流行，一般被认为是 1620 年前后。路易十三为了掩盖自己的秃顶而戴假发，这引来经常出入宫廷的贵族们的效仿，随后风靡欧洲，以至于连妇女都戴着各式的假发出席社交场合。到 17 世纪 60 年代，这一时髦又由英王查理二世传到英伦三岛。17 世纪，英国人萨缪尔·佩皮斯的日记，真实地记录了假发在英国流行的历史。1663 年 11 月 2 日，佩皮斯得知国王和公爵都将戴假发的传闻，第二天就急不可耐地将头发剃光，定作了假发。佩皮斯写道："告别自己的头发还是有些许伤感，但一切都结束了，我就要戴假发了。"由此可见，假发之所以在英国流行，榜样起了很大的作用。

数百年过去了，假发不再时髦，却成了法律人士遵循传统的严谨形象的标志。人们习惯性地将假发与地位、身份乃至正义联系起来。事务律师获得出庭权以后，就因为没有戴假发的资格而向上议院提出了好几次请求，而不少被告人，也优先选择可以佩带假发的出庭大律师为他们辩护。据说，是否戴假发还直接关系到对陪审团的说服能力呢！

# 厨师为何戴白色高帽

希腊过去有一次动乱，有些人跑到修道院避难，其中不少是著名厨师。

在修道院里，厨师们为修道士烹调，像修道士一样生活，感到很安全。但是为了有别于真正的修道士，他们要求不戴黑色高帽，而戴白色高帽，这一特殊要求得到应允。影响所及，修道院外面的厨师也竞相仿效，以戴白色高帽为厨师职业特征，这一习俗后来流传至世界各地。

# 素纱襌衣

素纱襌衣，1972 年在湖南省长沙马王堆汉墓一号墓出土，国家一级文物，现藏于湖南省博物馆。这件纱衣应属于辛追。辛追生活在汉代，是长沙国丞相利苍的妻子，死于公元前 186 年，享年 50 岁。辛追出土时，形体完整，全身润泽，皮肤覆盖完整，毛发尚在，指、趾纹路清晰，肌肉尚有弹性，部分关节可以活动，几乎与新鲜尸体相似，是世界上保存最好的湿尸。

辛追的这件素纱襌衣，衣长 128 厘米，通袖长 190 厘米，由上衣和下裳两部分构成。交领、右衽、直裾，面料为素纱，缘为几何纹绒圈锦。素纱丝缕极细，共用料约 2.6 平方米，重仅 49 克，还不到 1 两，可谓"薄如蝉翼"、"轻若烟雾"，且色彩鲜艳，纹饰绚丽。它代表了西汉初期养蚕、缫丝、织造工艺的最高水平。

唐代大诗人白居易在《缭绫》中写道："应似天台明月前，四十五尺瀑布泉，中有文章又奇绝，地铺白烟花簇霜。"人们大都以为诗中那飘渺如雾般的缭绫的描写，不过是诗人的艺术夸张。直至闻名于世的马王堆汉墓的发掘，墓中大量的丝织品，特别是两件素纱襌衣的出土，证实了诗人的描写是据实形象化的描写。

素纱襌衣每平方米纱料仅重 15.4 克，并非因其织物的孔眼大，空隙多，而是纱料的旦数小，丝纤度细。丝织学上对织物的蚕丝纤度有一个专用计量单位，叫旦（全称：旦尼儿），每 9000 米长的单丝重 1 克，就是 1 旦。旦数越小，则丝纤度越细。经测定，素纱襌衣的蚕丝纤度只有 10.2 至 11.3 旦，而现在生产的高级丝织物还有 14 旦，足见汉代缫纺蚕丝技术的高度发展。

此件襌衣的组织结构为平纹交织，其透空率一般为 75% 左右。制织素纱所用原料的纤度较细，表明当时的蚕桑丝品种和生丝品质都很好，缫丝织造技术也已发展到相当高的水平。素纱，一般为未经染色的纱织物。这件"襌衣"如果除去袖口和领口较重的边缘，重量只有 25 克左右，折叠后甚至可以放入火柴盒中。它也是西汉纱织水平的代表作，更是楚汉文化的骄傲。

素纱襌衣轻薄而透明，如何穿着呢？《诗经·郑风·丰》："衣锦衣，裳锦裳。"多数学者认为，贵为丞相夫人的辛追欲露华丽外衣纹饰，因此在色彩艳丽的锦袍外面罩上一层轻薄透明的襌衣，使锦衣纹饰若隐若现，朦朦胧胧，不仅增强了衣饰的层次感，更衬托出锦衣的华美与尊贵。有着轻柔和飘逸质感的纱衣，穿在女子身上，迎风而立，徐步而行，飘然若飞，可以凸显女性的柔美。也有人认为，这件纱衣当时是作为内衣穿着的，是一种性感内衣。

# 香　水

了解香水的历史，必须首先了解香料的历史。在东方，人们认为香料发祥于帕米尔高原，而在西方，则认为公元前 20～18 世纪的古埃及为香料发祥地。古代的香料基本是固态的，既有白檀、肉桂、丁香等香树，也有乳香、甘松、没药等树脂以及麝香、海狸香等动物分泌物所形成的。焚烧香料是宗教仪式的一部分，古代人认为上升的薰香烟雾中凝聚着祈祷，同时还能消除动物供品的异味。在饮料中加入香料不仅能够添香，还能防止变质，祭祀用的酒由于加入香料会大大增加香味。另外，人们在向神叩拜前，还要在身上涂上香料，以净化身心。

除了焚香，古埃及人还掌握了从指甲花中提取香料的方法。从古埃及历经巴比伦王朝、亚述王朝，进入希腊时期，人们经常在生活中将香油和带有香味的水作香料使用，但这仅仅是富裕阶层的奢侈品。香油是把香花掺在兽脂中，用吸附的方法制造的，一般在沐浴后涂在身上。在古希腊，人们在脸部和胸部抹棕榈油，在眉毛和头发上擦花薄荷，喉咙与膝盖处涂麝香草的浸液，手上用薄荷，小腿和脚上则涂满没药。在各种香花的浸液中，蔷薇香型最受欢迎。在罗马尼禄时代，香料已成为极大的消费品，以至最后只能发布限制消费香料的法令。罗马帝国崩溃后，香料除祭祀外，基本禁用。后来，阿拉伯人发明了从花的浸出物中析出液体的方法，开始向世界各地输出有名的戈雷香水。中世纪，十字军的兵士们把在欧洲已被废弃的香料再度带回祖国。到 14 世纪，流行的香型已变为薰衣草和堇菜。

中世纪，教堂和修道院已能制造香水。15 世纪末，意大利已广泛使用香水，16 世纪的意大利市场上，出现了带有浓烈的动物香味及杏红花香味的手套，并于不久后流传到法国和英国。被称为"现代香水之父"的匈牙利香水，是在 16 世纪问世的，极受英国伊丽莎白王室的青睐。17 世纪时，法国的红衣主教马萨兰也常浑身涂满香水。

18 世纪前后，出现了酒精、香油混成的香水，詹·玛丽·荷莉娜香水店，可称为专门出售酒精香水的鼻祖。这时的男女老少，都对香水表现出高度的热情，因而谓之"香水的时代"。路易十五的宫廷被称为"香宫廷"，使用香水的习俗从宫廷流传至市民阶层，使整个巴黎变成了"香都"。路易十六的皇后玛丽·安托万内特喜欢以堇菜、蔷薇为主的柔和香型，因而在法国大革命时期出现了名为"绞架之精"的香水（因皇后在革命期间被处绞刑而得名）。拿破仑的皇后约瑟芬，特别嗜好麝香，故有"麝香狂"的别称。

19 世纪下半叶，以法国为中心制造出合成香料，香水也不再是单纯的蔷薇或堇菜的花香。第二次世界大战曾使香水的发展一度出现停滞，到 1945 年后，香水制造业又逐渐复兴并得到快速发展。

# 口 红

口红，是在 19 世纪 50 年代才开始普及的。

早在 17 世纪初，妇女们涂染嘴唇使用的是"葡萄油"，即一种用葡萄汁和阿香草汁液制成的硬而微香的有色油膏。后来，还使用过一种用蜡和油制成的"蜡膏"。

到 20 世纪，在化学家的帮助下，美容师才成功地制造出圆柱形口红。它塑形方便，质地坚硬，而且对嘴唇粘膜无刺激作用。由于这些口红虽油质光亮，但很容易就会被蹭掉，于是法国光化学家保罗·博德克鲁在 1926 年研制出一种不易抹掉的口红。为了招徕顾客，他还给它取名为"亲吻口红"。到 1935 年，装在漂亮的电木管儿里的著名的亲吻口红已受到多数妇女的欢迎。著名画家保罗·格律奥曾画了一幅题为《蒙眼妇》的广告画，对这种耐久性口红的销售起了很大的宣传作用。

## 巧克力

巧克力又名朱古力，是用可可豆制成的食品。古人称巧克力为"神的食物"，现今则称为"能源食品"。

巧克力起源于古代的墨西哥。传说，当地的阿斯特克人经常在丛林中围着一种名叫卡卡岛阿特的树举行祭礼，并献上祭品，祈求一尊名叫"巧克力"的善神来保佑他们风调雨顺，果食丰收。他们崇拜这种树，并把树上的果实——可可豆摘下来，提取一种奇特的饮料。这种饮料以神的名字"巧克力"来命名。

墨西哥的阿斯特克人常常将炒过的可可豆碾成粉，然后加入玉米粉或辣椒粉煮成红褐色的糊来食用。这种苦味的饮料能增强体力，防治各种虚弱病症，成为阿斯特克宫廷中最受欢迎的饮料。

1519 年，西班牙冒险家科尔蒂斯到达墨西哥，并将阿斯特克人制作巧克力的原始配方引进到西班牙，从而使巧克力闻名世界，并迅速占领了全世界的消费市场。

古老的巧克力味苦而辣，并不太受欧洲人喜爱，可是在加入蔗糖之后，它变得非常可口，颇合欧洲人的口味。西班牙人对这种食品的制作方法守口如瓶，近

100 年后才传入法国。

法国国王路易十四的妻子玛丽亚是西班牙公主，她首先将喝巧克力的习惯传入法国宫廷，随后，红衣主教马萨林于 1659 年把国王签署的特许证书发给了一位巴黎商人，授权他独家经营。于是，巧克力在法国开始风行起来。

随后，伦敦、阿姆斯特丹和一些欧洲国家的首都出现了巧克力饮料馆，有的后来发展成著名的夜总会。约在公元 1700 年，英国人开始往巧克力里加牛奶，之后市场上又出现了香草巧克力、蛋白巧克力、巧克力小面包等。

到 1876 年，一名叫丹尼尔·彼得的瑞士商人别出心裁地在甜巧克力中加进炼乳，这才完成了现代巧克力创制的全过程。

巧克力制作在北美殖民地始于 1765 年，爱尔兰移民约翰·哈南办起了第一家巧克力制造厂，并自行生产出固体巧克力和奶油巧克力。

美国是世界上加工可可豆的最大国家，而瑞士则是巧克力消费水平最高的国家。

巧克力糖果香甜可口，富于营养和热量，能使人精神兴奋，这就是古代阿斯特克人把它称为"神的食品"的缘由。据说，拿破仑对巧克力能增强体力的奇特功效深信不疑，因此他在出征时总要带着它。伏尔泰也有每日喝 12 杯巧克力饮料的习惯。时至今日，在世界各国宇航员和运动员的饮食中，巧克力常常是必备食品。

# 可口可乐

可口可乐，是在 1886 年 5 月由著名的剂师约翰·彭伯顿博士在亚特兰大城配制成功的，当时这种饮料称为"特许专卖配剂"，含有古柯叶和古拉果的成分。从古柯叶中提取的汁，具有独特的滋味，而长得像咖啡豆的古拉果，内含咖啡因，具有提神效用。

后来，彭伯顿的助手罗比森建议，将这种饮料称为"可口可乐"，既悦耳动听，又标明了主要原料。罗比森还以流畅的笔法书写了"Coca – Cola"商标字样，一直沿用至今。

## 肯德基

在世界各地，在中国的主要城市，我们常常会看到一个老人的笑脸，花白的胡须，白色的西装，黑色的眼睛，永远都是这个打扮。这个和蔼可亲的老人就是著名快餐连锁店"肯德基"的招牌和标志——哈兰·山德士上校。

肯德基（肯塔基州炸鸡），通常简称为 KFC，是来自美国的连锁快餐厅，由哈兰·山德士于 1952 年创建，主要出售炸鸡、汉堡、薯条、汽水等西式快餐食品。

哈兰·山德士 1890 年出生，年轻时在很多行业工作过，做过铁路消防员、养路工、保险商、轮胎销售及加油站主等等。

山德士的成功，起始于他 40 岁在肯塔基州经营一家加油站时，为了增加收入，开始自己制作各式小吃提供给路过的旅客，因为他烹煮美食的名声吸引了过往的旅客，生意自此缓慢而稳定地发展起来。在声誉日增的同时，当时的肯塔基州长于 1935 年授予他"肯德基上校"的荣誉称号，以表彰他对肯塔基州餐饮的贡献。

山德士的拿手菜就是他精心研制的炸鸡。这是肯德基现今最受欢迎的产品，是由山德士在经历 10 年的钻研后，用调和出的 11 种香料配方烹制而成的。

美味的炸鸡虽然吸引了众多慕名而来的顾客。然而，传统的炸鸡方法却使顾客必须等待 30 分钟才可享用美食。到了 1939 年，这个难题在山德士参观了一个压力锅展示时得到解决。山德士买回一个压力锅，做了各项有关烹煮时间、压力和加油的实验后，终于发现一种独特的炸鸡方法。这种在压力下所炸出来的炸鸡非常美味，至今，肯德基仍在使用压力锅赢制炸鸡的妙方。

山德士的事业在 1950 年前后面临过一个危机，他的餐厅旁的道路要新建一条高速公路，使得他不得不售出这个餐厅。当时，他已 66 岁，但他自我感觉还很年轻，不需靠社会福利金过日子，这反而成了他事业的转机。

山德士用自己那辆 1946 年出品的福特老车，载着他的 11 种香料配方及他的得力助手——压力锅开始上路。他到印第安州、俄亥俄州及肯塔基州各地的餐厅，将炸鸡的配方及烹制方法出售给有兴趣的餐厅。1952 年，设立在盐湖城的首家被授权经营的肯德基餐厅问世。

令人惊讶的是，在短短 5 年内，山德士在美国及加拿大已发展有 400 家的连锁店，这便是世界上餐饮加盟特许经营的开始。同时，山德士也受到电视台的关注，由于整日忙于料理，他只能找出唯一一套整洁的、白色的棕榈装接受采该，这一打扮自此成为他独一无二的注册商标。此后，人们便将他的这身白西装，满头白发，及山羊胡子与肯德基联系在一起。

# 啤 酒

因为日耳曼民族嗜饮啤酒，所以不少人以为德国是啤酒的故乡。其实，啤酒起源于地中海沿岸，早在几千年前，巴比伦人、亚述人就用大麦酿制啤酒了。后来由希腊人、罗马人传入欧洲各地，18 世纪传入东方各国。

啤酒又叫麦酒，用大麦芽及啤酒花为主要原料。由于它含氨基酸丰富，发热量大，营养成分易被吸收，且味道甘洌、清爽，1972 年 7 月，在墨西哥举行的世界营养食品会议上被宣布为营养食品。

啤酒按颜色可分为黄色、黑色、褐色啤酒，此外，还有柏林的白啤酒、比利时的法罗啤酒；按发酵情况，啤酒又可分生、熟两种，亦即鲜啤酒和贮藏啤酒。

日耳曼民族饮啤酒成癖。西德的慕尼黑，每年 10 月份都要举行为期半个月的啤酒节。希特勒的发迹，也是在这里的一家小啤酒店中开始的，在德国法西斯猖獗之时，这家啤酒店简直成了纳粹的"圣殿"。

虽然德国人以喜饮啤酒闻名于世，但世界啤酒冠军却是美国人。

## 酸奶的诞生

酸奶，是一种营养丰富、易于消化的奶制饮品，源于保加利亚。很久以前，以游牧为主的色雷斯人常常背着灌满羊奶的皮囊随畜群在大草原上游荡。由于气温、体温的作用及其他原因，皮囊中的奶常变馊，且呈渣状。将少量这样的奶倒入煮过的奶中，煮过的奶很快也会变酸，这即是最早的酸奶。色雷斯人很喜欢喝这种奶，于是，不断寻求更简便、效果更佳的制作酸奶的方法。

20 世纪初，俄国科学家伊·缅奇尼科夫在研究人类长寿问题时，到保加利亚去作调查，发现每千名死者中有 4 名是百岁以上去世的，而这些高龄去世者生前都爱喝酸奶，因此，他断定喝酸奶是使人长寿的一个重要原因。后经研究，又在酸奶中发现了一种能有效地消灭大肠内的腐败细菌的杆菌，并命名为"保加利亚乳酸杆菌"。

伊·缅奇尼科夫在酸奶方面的研究成果，使西班牙商人伊萨克·卡拉索受到启发，开始了酸奶生产。最初，他把酸奶当做药品在药房销售，但生意并不理想。第二次世界大战爆发后，伊萨克·卡拉索在美国建立了一家酸奶厂，并大做广告，不久便使酸奶风靡世界。

## "狮子头"的由来

"狮子头"，用扬州话说即是大斩肉，北方话叫"大肉丸子"或"四喜丸子"。据说它的"远祖"是南北朝《食经》上所记载的"跳丸炙"。

史书记载，当年隋炀帝与嫔妃、随从，乘着龙舟带着船队沿大运河南下时，杨广看了扬州的琼花，对扬州万松山、金钱墩、象牙林、葵花岗四大名景十分留恋，回到行宫后，吩咐御厨以上述四景为题，制作四道菜肴。御厨们在扬州名厨指点下，费尽心思终于做成了松鼠桂鱼、金钱虾饼、象芽鸡条和葵花斩肉这四道菜。杨广品尝后，十分高兴，于是赐宴群臣，一时间，淮扬菜肴倾倒朝野。

到了唐代，官宦权贵们更加讲究饮食。有一次，郇国公韦陟宴客，府中的名厨韦巨元也做了扬州的这四道名菜，并伴以山珍海味、水陆奇珍，令座中宾客们叹为观止。当"葵花斩肉"这道菜端上来时，只见那巨大的肉团子做成的葵花心精美绝伦，有如雄狮之头。宾客们趁机劝酒道："郇国公半生戎马，战功彪炳，应佩狮子帅印。"韦陟高兴地举起酒杯一饮而尽，说："为纪念今日盛会，'葵花斩肉'不如改名'狮子头'。"一呼百诺，从此，扬州就添了"狮子头"这道名菜。

## "狗不理"包子

天津有一家享誉津门、驰名海内外的包子店，名叫"狗不理"。这家包子店为何偏偏取了这样一个古怪的名字呢？

据传，这家包子店开业于清同治年间，店主姓高名贵友，乳名叫"狗仔"。高贵友小时候脾气很倔强，倔起来连小狗来逗都不理睬，因此，街坊邻居都取笑他，叫他做"狗不理"。后来，高贵友去学厨艺，他制作的包子不仅选料讲究，而且技艺独到，味道更是十分鲜美，极具有特色，因而，深受广大食客赞扬与青睐。慈禧太后慕名品尝后，不禁大加赞赏。"一登龙门，身价十倍"，从此，他的包子闻名遐迩，生意越来越红火，慕名前来品尝包子的顾客与日俱增，常常令高贵友忙不过来。

后来，高贵友急中生智，想出了一个经营新点子，他在店内桌上放上几大箩洗干净的筷子，顾客们想买包子，他要求先把零钱放进碗内，然后他便照碗里的钱数按价给包子。顾客们吃完包子，放下碗筷就离店，而高贵友忙得自始至终不发一言。于是，街坊邻里们都取笑他说："狗仔卖包子，一概不理睬"。后来，好事的街坊们就把他的包子店取名"狗不理"，把他制作的包子叫做"狗不理包子"，而高贵友也不表示异议。此店名一经传开，远近闻名，一直传至今天，久盛不衰。

# 中国八大菜系

所谓菜系，是指在选料、切配、烹饪等技艺方面，经长期演变而自成体系，具有鲜明的地方风味特色，并为社会所公认的中国的菜肴流派。我国的菜系是在一定区域内，由于气候、地理、历史、物产及饮食风俗的不同，经过漫长历史演变而形成的一整套自成体系的烹饪技艺和风味，并被全国各地所承认的地方菜肴。菜肴在烹饪中有许多流派，鲁、川、苏、粤四大菜系形成历史较早，后来，浙、闽、湘、徽等地方菜也逐渐出名，于是形成了我国的"八大菜系"。

山东菜系：主要由济南和胶东两地的地方菜发展而成，在北方有很高声誉，华北、东北及京津地区都受其影响。济南菜专长于清汤、奶汤，一向以清鲜、脆嫩著称。"清汤燕窝"、"奶汤鸡脯"等，都是很有名的菜肴。胶东菜海味有名，烹调以炸、扒、蒸、爆、熘、炒等法为主。"红烧海螺"、"酥海带"等海味很著名。

四川菜系：以成都、重庆两地菜肴为代表，以麻辣、味厚著称。烹调方法注重调味，富于变化。川菜中的"宫保鸡丁"、"怪味鸡丁"、"麻婆豆腐"等，驰名中外。

江苏菜系：由扬州、苏州、南京三个城市的地方菜发展而成。扬州菜也称淮扬菜，是指扬州、镇江、淮安一带的菜肴；苏州菜包括苏州与无锡一带的菜肴；南京菜又称京苏菜，主要是指南京一带的地方菜肴。江苏菜烹调擅长炖、焖、煎、烧、炒等法，清蒸鲥鱼、百花酒焖肉、水晶肴蹄、银菜鸡丝等都是它的名菜。其中，苏州菜烹饪以清蒸、酿、白扒为主，味重于甜；扬州菜擅长于浓汁、浓汤，特别是点心最著名；南京菜擅长于焖、炖、叉、烤，尤以南京板鸭为著名。

广东菜系：由广州、潮州、东江等地方菜发展而成。主要特点是，制作精巧，花色繁多，烹调技术采取了西餐特长，善煎、烘、烤、焗、烩、酥、蒸、炸、熏、煲等法。在肉类原料上，除猪、牛、羊、鸡、鸭、鱼以外，还特别善于制作蛇、猴、猫、鼠、穿山甲等美味，仅蛇菜就有几十种款式。广东菜中的山珍海味、珍禽异兽，都是名扬海外的。

浙江菜系：主要由杭州、宁波、绍兴等地方菜发展而成。其中，杭州菜最负盛名。浙江菜讲究鲜、脆、软、滑，保持原味，如西湖醋鱼。名菜有生爆虾片、叫化童鸡、龙井虾仁等。宁波菜以海鲜居多，绍兴菜擅长烹制河鲜和家禽，富有乡村风味。

福建菜系：主要由福州、泉州、厦门等地的地方菜发展起来的，尤以福州菜著称。闽（福建）菜长于炒、溜、煎、煨，注重甜、酸、咸、香。著名的菜肴有福寿全、雪花鸡、太极明虾、烧片糟鸭等。此外，还有带有奇香异味的名菜"佛跳墙"，享誉全国。

湖南菜系：是由湘江流域、洞庭湖区和湘西山区三种地方菜所组成的，尤以长沙菜为代表。湖南菜经常采用熏腊原料，油重色浓，擅长于熏、腊、蒸、煨、炖等方法，口味重于香鲜、酸辣、软嫩。著名的菜肴有"东安子鸡"、"麻辣子鸡"、"腊味合蒸"、"清蒸甲鱼"、"子龙脱袍"等，还有用甲鱼和鸡做的名菜"霸王别姬"。

安徽菜系：由沿江、沿淮、徽州三地区的地方菜构成，取材广泛，山珍海味都有。烹调以烧、煮、蒸、原焖为主，重油、重色、重火功，这"三重"是与其他菜系的不同之处。名菜有红烧果子狸、符离集烧鸡、奶汁肥王鱼、火腿炖甲鱼、火腿炖鞭笋、雪冬烧山鸡、腌鲜桂鱼等。


# 武昌鱼

鱼是我们餐桌上不可缺少的一道美味。长江流域江湖中的武昌鱼是一种闻名中外的鱼种，也叫团头鲂。相传在公元 2 世纪时，三国末期的吴国孙皓，想把首都从建邺（即今南京）迁到武昌去，但是遭到老百姓的反对。当时流传这样一句民谣："宁饮建邺水，不食武昌鱼。"武昌鱼以此被叫响了。

武昌鱼是一种生长较快、抗病力强的江湖鱼类，最大的鱼有 6 斤重。它的老家原是湖北梁子湖，如今武昌鱼不仅在湖北，而且在江西等地也有出产。武昌鱼所以被中外人士所喜爱，是因为它肉质肥嫩，味道鲜美，肉多骨少，蛋白质和脂肪丰富。2000 多年前，《诗经》上就有"岂其食鱼，必河之鲂"的诗句，就是说吃鱼必吃武昌鱼。武昌鱼，属于是中国淡水鱼。

武昌鱼有各种吃法，用广东传统的烹饪技术做成的武昌鱼菜肴，均有独特的地方风味，如清蒸武昌鱼、烩武昌鱼、熏武昌鱼片、花生武昌鱼丸等。

# 礼仪·习俗

## 握手礼趣谈

"握手"最早出现在史前社会。人们在狩猎和战争时，手里拿着石块或棍棒，在路上相遇，如果双方都怀着善意，就伸出一只手来，手心向前，向对方表明自己没有在手上藏任何武器，然后走近，互相摸摸右手以表示友好。这种见面摸手的习惯，便成了今天的"握手"礼。

世界不同的民族，握手礼各有差异。在东方国家，普遍盛行"握手礼"。在欧洲，熟人相见常会拥抱、亲吻，新相识者之间则施行握手礼。在非洲一些国家和印度、马来西亚、缅甸一些地区，握手时一定要伸出右手，伸左手是对别人的侮辱。东非坦桑尼亚人见面礼的程序很繁杂，人们见面时先拍拍自己的肚子，然后鼓掌，再行握手礼。日本的吓夷人，见面时，先双手合十，然后男人拍胡子，女人拍嘴唇，最后才握手致意。在北欧的丹麦，未婚女性对有身份的男子，要边握手，边行屈膝礼。非洲人见面握手时，用左手握住右手手腕，然后用右手与对方握手，以示尊敬。如果握手后又握对方的姆指，最后又紧握对方的手，则表示特别的亲热。在大洋洲的一些岛上，当地居民见面握手，只是用中指勾一下。

有趣的是，世上还有关于握手最高纪录的记载：1910 年新年到来之际，美国总统西奥多·罗斯福在新年招待会上与 8513 位来宾握手，创造了单日握手次数的最高纪录。1980 年，22 岁的瑞典人斯文·拉尔欣打破了这项记录，他在首都斯德哥尔摩车站门口，16 小时之内握手达 11220 次。

## 欧洲各国过新年习俗

法国人把元旦这一天的天气看做是新一年的年景：刮南风，新的一年风调雨顺，一切顺利；刮西风，将会有一个捕鱼和挤奶的丰收年；刮东风，水果将高产。

德国人过新年，有传统的爬树比赛。赛场上有十几株高达数丈的秃树，小伙子们奋勇争先，爬到树顶上，优胜者便获得奖品。此外，还在新年组成乐队，通街游行演奏，欢庆新的一年的到来。

瑞士人过新年时，会从屋外取些白雪化成水，洒在地上压尘，然后进行清扫。瑞士人认为白雪是吉祥的。在瑞士阿彭策地区，只有男人参加庆祝元旦的仪式，妇女们要为男人制作节日服装，化装成"美女"或"恶魔"，去跳舞作乐、串门拜年。男人们的狂欢活动，从新年的第一天到翌日的黎明，而妇女们只能呆在家里。

元旦这天，意大利各家各户燃起炉火，日夜不熄。这样，在一年里一切都会顺利。据说，这种风俗是从古罗马时代承袭下来的。

葡萄牙人在每年元旦前后的 10 天，是斗牛的高潮，成千上万的人扶老携幼，潮水般涌向市镇斗牛场，以观看斗牛士的精彩表演。

元旦这天，匈牙利好友之间经常赠送两件礼物。一是一块镀金的镍币，一面是起舞的女天使，另一面则刻上"祝你新年幸福"。另一件是一个瓶状的玻璃器皿，内绘一头身穿红马夹的站立着的小肥猪，咬着奶头，举起右蹄作致意状，上面也写着"祝你新年幸福"的字样。

瑞典人在过新年之际，由家里最年轻的妇女身着盛装，头戴燃着蜡烛的桂冠，以美食招待客人。

在比利时农村，新年起床后的第一件事，就是充满敬意地向牛、羊、猪、狗等动物拜年，祝愿它们"新年快乐"。

## 亚洲各国过新年习俗

在日本人，元月 1 日至 3 日，称为"贺日"，家家户户门上都有挟着钱币的草绳或草绳编的圆圈，称为"注连绳"或"注连饰"，有招财进宝之意。有的挂上松竹，叫做"松门"。人们送给亲友的贺年礼物既有写着自己名字的毛巾，也有贺年片。日本人称贺年片为"飘舞的风筝"，在新年里谁收到的贺年片多，谁就感到新的一年前途美好，财运亨通，格外喜悦。

巴基斯坦人的新年，在阳历 3 月中旬。新年这一天，人们手拿红粉包出门，见到亲友，道过新喜，便相互将红粉扑在对方额头上。年轻人则用红墨水装进水枪里，射到亲友身上，互相表示恭贺新年大吉大利。

新加坡人在新年期间，喜欢赠送贺年片。如印着蝙蝠的贺年片，就谐"福"字，画桔子的贺年片，取其"吉"义，画苹果的象征和平，画竹子的象征文明，画松树的象征长寿和信念，画梅花的象征新年。孩子们有守岁的习惯，会一直等到午夜家长祭祀完神灵和祖先，燃放了鞭炮后才去就寝。新年一大早，他们可以从长辈们那里高高兴兴地拿到"红包"（压岁钱）。过年时，人们爱吃油炸糯米和红糖做成的甜年糕，还会有社团组成的舞狮、舞龙队沿街表演。男女老幼会穿着盛装，带上礼品走访亲友。

朝鲜人在新年到来之际，有一个特有的"送鬼"活动。他们先扎好一个稻草人，并装上一些钱，等除夕午夜过后将它扔到十字路口，以示送旧迎新、开张大吉。新年期间，要吃用枣粉、松子加糯米，拌蜂蜜煮成的"药饭"，以示日子过得甜蜜。

柬埔寨以释迦牟尼诞生日为纪元，每年4月中旬过新年。新年期间，各个寺院都要挂起佛教的五色旗帜和白色的鳄鱼像旗帜。人们纷纷到寺院朝拜，并在长老的指点下筑起5~7个沙丘，以示新年吉利，五谷丰登。

缅甸人和泰国人崇拜水，这里的新年均和每年4月的"宋干节"合二为一。新年里，人们互相洒水祝愿。未婚的青年男女，则用泼水来表达彼此之间的爱慕之情。

阿富汗和印尼人庆祝新年时，要互相登门道贺，并在道贺时说声"萨拉姆"（祝福之意）。印尼人则借新年之机检查自己的过错，以沟通思想。

在印度，一些地方有"哭新年"的奇特习俗，因为他们触景生情，感叹岁月易逝，人生短暂。在一些地区，人们要禁食一天迎接新年，由元旦凌晨开始直到午夜为止。过年前5天，各地都要演出印度史诗《罗摩衍那》，扮演史诗中英雄的人要与纸扎巨人"作战"，用点着火的箭射中它，纸扎巨人便在观众的欢呼声中着火烧毁。元旦清晨，人们提着精制的小灯，拿着红粉包，去向老人和亲友拜年。见了面，道了喜，就互相把红粉涂在额前。

## 非洲各国过新年习俗

在马达加斯加，新年前一周不准吃肉。夫妇在元旦这天要向双方的父母赠送鸡尾，还要向兄弟姐妹和亲友赠送鸡腿，以示敬意和新年的祝愿。

坦桑尼亚沿海一带的斯瓦希里族，在新年前夕，要举行"玉米穗轴日"活动，家家户户都要用木炭爆玉米花撒在屋内的各个角落，以示驱散妖魔，祈求幸福。元旦清晨，姑娘们身着节日服装，走门串户唱民歌。早餐后，在鼓乐声中，家家户户都去海滩洗澡，以示洗去污秽，迎接新年。

南非黑人用"南瓜舞"庆祝新年。当月亮升上半空时，篝火通明，整个部落集中到一起，部落首领顶着一个大南瓜徐徐起舞，跳到最后把南瓜摔碎，大家则欢声雷动，喜庆新年伊始，万事顺利。

埃及的克鲁特人迎接新年的方式极其郑重。在新年之前的两周就要准备节日祭礼的陈设，作为献给诸神的礼物。陈设祭礼时，会用8个碟子盛满大豆、扁豆、紫苜蓿和小麦的颗粒，以及植物的幼芽，预示着来年将有更大的丰收。

喀麦隆的习俗是，新年第一天的早晨，各家把屋里垃圾清除掉，然后吃上一顿美餐，表示进入新的一年。

几内亚人在新年的第一天，习惯于牵着大象在街上走来走去，人们载歌载舞，尽情狂欢。

## 美洲各国过新年习俗

加拿大视白雪为祥瑞，在新年到来时，往往把雪堆在住宅周围，筑成一道道雪墙。他们相信这样可以阻止邪魔进犯，同时将带来幸福和欢乐。

巴西人过新年要进山寻找"金桦果"，因为他们把"金桦果"视为幸福的种子，谁找到的果子最多，谁就最幸福。他们在新年遇见老朋友时，要频频拉对方的耳朵，以示恭贺新喜。

巴拉圭人将新年之前的5天定为冷餐日。只有等到新年的钟声敲响，才开始烹鸡烧鱼，大摆宴席。

北美的印第安人，当新年钟声敲响时，16个强壮男子会举起一只装着彩球的巨型篮子，从东方的大门口缓步而来。当彩球升起时，人们同声高呼："新太阳诞生了！吉祥的一年又来临了！"

墨西哥人爱好"送女贺年"。在新年这天，父母往往将年满17岁却无对象的女儿作为贺年礼物，送给任何一个男人。这里的习俗规定，被作为"礼物"送人的女儿，无权拒绝父母的做法。

## 骑士风尚

骑士是中世纪西欧封建统治阶级中的最低阶层，以服骑兵军役为条件，获得国王和领主的采邑。

由于中世纪欧洲封建领主的主要职责是打仗，因此，贵族子弟从小都要经过骑士的训练。从 14 岁起，他们要在有权势或者富有的领主家中充当扈从（即预备骑士），服侍女主人或千金用餐，学习各种礼节，吟唱爱情诗，培养讨好女主人的本领，并为她看管武器，学习打仗。21 岁时，他们才有资格通过"授甲仪式"成为一名真正的骑士。在授甲仪式上，将要成为骑士的年轻人，要在礼拜堂通宵达旦地看守他的盔甲和武器，并做祈祷。翌日，向主人行宣誓仪式，要单膝跪在主人面前，宣誓忠于主人，保护宗教和妇女，行侠仗义，扶弱济贫。宣誓之后，主人把一支剑挂在他身边，并用另一支出鞘的剑背在他的后背轻敲两下，以示承认。

骑士作为职业军人，以攻城略地为生，以舞刀弄剑为乐，凶狠好斗是他们的习性和特点。他们以勇于作战，遵守诺言，不说谎话为信条。如果有人对骑士的勇敢、忠诚和言语表示怀疑，那便是对他莫大的侮辱，定要进行决斗，拼个你死我活，以正名誉。

对贵妇保持勇敢和忠诚，也是骑士的一个重要信条。因为贵妇人在骑士年轻时扮演了教育者与指导者的角色，所以骑士对她们有一种特殊的感情。他必须听从主妇的命令，甘冒一切危险，甘受种种折磨，她永远是他最尊敬、最爱慕的偶像。因为这种风尚，还形成了一种规范化的骑士风度，即把贵妇人看作人上人，向她们作种种尊敬的表示：在她们面前鞠躬低头，吻她们的手，在社交场合让她们入上座，出入时请她们先行……这种对妇女的尊敬，后来逐渐成为欧洲"上流社会"的一种交际礼俗。

## 基督教五大节日

 圣诞节

圣诞节是基督教最重要的节日，定于每年 12 月 25 日，是耶稣基督的圣诞纪

念日。耶稣诞生的时间众说不一，一说为公元6年居里扭统治叙利亚时，另一说为希律作犹太王时。以上两说的具体日期均不见记载，到了公元4世纪，西方教会统一规定为12月25日，基督徒于此节日必会举行各种盛大的庆祝活动。古代罗马人用青枝绿叶和灯火装饰住房，向儿童和穷人赠送礼物。条顿人各部族将日耳曼人和克尔特人的宗教仪式带到高卢、不列颠和中欧等地。在节日时张挂树枝、围火团聚、走亲访友、馈赠礼物，英美等国则在家中摆上圣诞树，向亲人传报佳音，唱圣诞歌，并有人装扮圣诞老人，向儿童赠送礼物。火和彩灯成为庆祝节日活动中的中心装饰，象征温暖和长寿。常青树象征着不断进取，奋斗生存。此节在西方已成为普遍庆祝的节日。

## 复活节

复活节为纪念耶稣复活的节日。据《圣经·新约全书》载：耶稣受难被钉死在十字架后，于第三天复活。根据公元325年尼西亚公会议规定，复活节在每年春分后第一个圆月后的第一个星期日，一般在3月22日至4月25日之间。基督教多数教派都会纪念这个节日，庆祝活动的具体内容各地不一，最流行的是吃复活节蛋，以象征复活和生命。

## 受难节

受难节是纪念耶稣受难的节日。据《圣经·新约全书》载：耶稣于复活节前三天被钉在十字架上而死。这天在犹太教的安息日前一天，因此规定复活节前两天的星期五为受难节，基督教多数教派都纪念这一节日。

## 万圣节

万圣节又称鬼节，是英语世界的传统节日。传闻，最初为公元前凯尔特族人的一种宗教节日。当基督教取代了凯尔特人的宗教后，教堂便将11月1日定为所有圣徒的节日，节日的前夕称为"万圣晚祷"。为避免节日时"闹鬼"，由儿童们戴着各式假面具，在节日的前夜驱赶"鬼魂"。因此，每年10月31日夜晚，各户人家都要点燃刻成胖娃娃脸蛋形像的南瓜灯，并准备各种糖果、糕点，儿童们戴上假面具，穿上奇异的服装，装扮成"勇士"、"仙魔"，呼朋唤友，成群结伴，逐门挨户讨要糖果，并与成人一道，参加通宵达旦的化妆舞会和游行活动。各地还举行招待会，请儿童们吃招待饭，饮万圣水，并散发各种万圣礼品，热闹非凡。

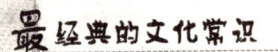

## 感恩节

感恩节又名火鸡节，美国民间传统节日，起源于300多年前。1620年，有102个英国清教徒，不堪忍受孤独而清贫的生活，搭乘"五月花号"木船，飘洋过海，到达现在美国马萨诸塞州的普利茅斯，居住在印第安人遗留的一个村庄里。他们初到该地，遇上冬天，缺乏装备，没有经验，生活十分艰难，又遇传染病流行，夺走了半数人的生命。第二年开春，他们得到了当地印第安人的帮助，学会了捕鱼、狩猎、种南瓜和玉米、饲养火鸡等技能。当年，他们获得丰收，从此闯过难关。移民们为了感谢"上帝"的恩赐，答谢印第安人的帮助，于1621年11月底的一天，大开筵席，举行摔跤、跳舞、唱歌等庆祝活动，邀请印第安人参加，活动十分成功，这就是第一次感恩节。

此后，这项活动在美国和北美各地流传下来，1795年，美国第一任总统华盛顿发布了让全国庆祝感恩节的命令，从此，感恩节正式成为全美国的节日。1863年，美国总统林肯把感恩节定为全国性放假日，1941年，美国国会规定感恩节为每年11月的第4个星期四，假期4天。

按习俗，在节日里，合家团聚，吃团圆饭，节日的传统食品是烤火鸡和南瓜饼。感恩节晚餐，是美国家庭一年中最重视的一餐。节日还要举行传统的化装游行，这一天，所有来自欧洲的白种移民，还要用糕点招待印第安人。

## 佛教的主要节日

佛教的主要节日有佛诞节、涅槃节、成道节和盂兰盆会。

## 佛诞节

佛诞节又称浴佛节、泼水节或花节，是纪念释迦牟尼诞生的节日。佛教根据"佛生时龙喷香雨浴佛身"的神话传说，在这一节日中一般要举行法会，以香水灌洗佛像，施舍僧侣，或者举行拜佛祭祖、赛龙舟，以及互相泼水祝福等活动。佛诞节的日期，日本是公历4月8日，中国汉族是夏历四月初八，傣族及其他少数民族是清明节后10天。

## 涅槃节

涅槃节是纪念释迦牟尼肉身寂灭的日子。由于南传、北传佛教对释迦牟尼生卒年月的说法不同，所以各国纪念"佛涅槃日"的时间也不尽一致。中国、朝鲜、日本等国的大乘佛教，一般定于每年夏历二月十五日（日本在近代改用公历）。在这一节日里，佛教寺院要举行佛涅槃法会，挂释迦牟尼涅槃图像，诵《遗教经》等等。

## 成道节

佛教传说释迦牟尼在"成道"之前，曾经修苦行多年，饿得骨瘦如柴，后来他遇见一个牧女送他乳糜，得免于死。此后，他坐在菩提树下沉思，于 12 月 8 日"成道"。因此中国汉族佛教徒于此日以米和果物煮粥供佛，称"腊八粥"。

东南亚一些佛教流行国家把释迦牟尼的"诞生"、"成道"和"涅槃"并在一起，称作吠舍怯（维莎迦）节，时间在 5 月的月圆日。吠舍怯节在东南亚一些佛教流行国家是全国性的传统节日，泰国将其规定为国家的重要庆典之一，斯里兰卡规定为国家的例行节日，在这天全国放假并进行大规模庆祝活动。

## 盂兰盆会

中国和日本等国，都以阴历七月十五日纪念盂兰盆会。"盂兰盆"是梵语的音译，意思是"救倒悬"。根据佛教传说，释迦牟尼的弟子目犍连之母生前不舍得给游方僧饭吃而犯罪，死后沦为饿鬼。目犍连求佛拯救，释迦牟尼要他在七月十五日僧众安居结束之时供养僧众，使母解脱。佛教根据这段故事兴起盂兰盆会。在盂兰盆会期间，佛教寺院除举行诵经法会外，往往举行水陆道场（一种施饭食以救度所谓水陆鬼的宗教集会）、放焰口（对饿鬼施食、念经咒追荐死者）等宗教活动。

# 圣纪节

"圣纪"又称"圣忌"，是纪念伊斯兰教创始人穆罕默德诞辰和逝世的节日。关于穆罕默德的生卒年月，众说不一。有的学者说穆罕默德诞生于公历 570 年 3 月 12 日，殁于公历 632 年 6 月 8 日，也有学者认为他诞生和逝世的时间都是在 3

月 12 日这一天。外国穆斯林一般是纪念他的诞辰，在这一天诵经、赞圣，讲述他的生平事迹，隆重集会庆祝。中国的格迪目（主要是宁夏回族的"老古派"）和回族的其他几个教派，是在伊斯兰教历 3 月的不同日子里作圣纪，纪念穆罕默德的逝世。教众会在这一天念经做善事，宰牛宰羊，设宴聚餐。有些教堂作圣纪的规模很大，设席数十桌甚至上百桌，参加圣纪者多达 400～500 人。

## 母亲节和父亲节

每年 5 月的第二个星期日，是母亲节。这一天，各商店、酒楼、珠宝店、旅游商店、娱乐中心的门前，都以各式各样洋溢着亲情的优惠广告，唤起人们对母亲养育之恩的回忆。为人子女者都会给母亲送上一支鲜花、一件礼物，表示感念。有的地方还组织集会，隆重庆祝这个节日。

母亲节始创于美国，倡导者是美国西弗吉尼亚州的安娜·查尔维斯女士。她是个热情而坚强的女性，同时又是深爱母亲的孝女。她的母亲安娜·里夫斯·查尔维斯夫人，在美国南北战争结束后，曾担任西弗吉尼亚州格拉夫顿城教会主日学校的总监，为安德烈美以美礼拜堂讲授美国国殇纪念日课程。在讲到战争中捐躯的英雄故事时，她感慨万分。认为应该给失去儿子的母亲设立一个纪念日，以给母亲们一种慰藉。1905 年，安娜·查尔维斯的母亲逝世。她为了纪念母亲，立志要实现母亲遗愿，创立母亲节。她到各地讲演，编印宣传品，宣扬母爱的伟大。她的倡议得到美国各界人士的支持。1910 年，西弗吉尼亚州首先正式承认母亲节为公假日，1914 年，美国参众两院通过决议，规定母亲节为全国性节日，威尔逊总统也明令规定每年 5 月的第二个星期日为母亲节。由于安娜·查尔维斯的母亲生前特别喜欢康乃馨，这种鲜花便成为母亲节的祝愿之花。

父亲节，是由美国人约翰保斯杜德夫人于 1910 年发起的。杜德夫人幼年丧母，全靠父亲抚养成人。她为了纪念慈爱的父亲，选定 6 月的第三个星期日为父亲节。6 月太阳的热力是全年最温暖的，也是日照时间最长的时候，万物得到阳光的照耀才得以成长，把父亲节放在这时，可谓寓意深长。开始时，遵行"父亲节"的人很少，到了 1924 年，在美国总统柯立芝的大力支持和号召下，"父亲节"在美国得到普遍认同。今天，这一感谢父恩的节日已遍行全球的大多数国家和地区，"父亲节"已无形中成为国际上公认的节日。

# 情人节

关于情人节的起源，主要有这样三种说法：

一种是：公元前3世纪，罗马帝国基督教徒瓦伦丁因反对当权者被捕入狱，在狱中得到监狱长女儿的悉心照料，并对她产生了感情，并在被处死前（公元前270年2月14日）给她写了封信，表明了自己的心迹和情怀。此后，基督教徒为纪念他们这份真情，把这一天定为"情人节"。

另一种说法是：瓦伦丁违背皇帝的旨意，秘密为青年人举行婚礼而遭监禁致死，死后成了情人们的"守护神"，情人节是纪念他的节日。

还有一种传说是：为纪念古罗马的牧神卢帕库斯给人们带来美好生活，人们总在这天举行游戏和舞会。在活动中，男青年可在"签筒"中抽出写着少女名字的签片，被抽中的姑娘就成为他的情人，这一天就成了"情人节"。

按传统习惯，每年2月14日这天，每个有情男子都把爱情保证送给自己的心上人。一般少女，在这一天中，总能接二连三地收到很多礼品，收到礼物少的人，就会因自己缺少吸引力而伤心。

# 外国的教师节

"尊师重教"，是一个国家、一个民族的文明前提。不少国家已设立了"教师节"。

俄国法定每年10月的第一个星期日为教师节。节日里，有的家长给教师敬献鲜花，有的家长赠给教师经典书籍作为纪念，有的家长亲自辅导孩子制作精致的手工艺品作为赠给教师的礼物。各地学校普遍成立了"家长委员会"，在教师节时，"委员会"以集体的名义给教师赠送礼物——嵌有孩子们的照片并带有对教师美好祝福的精美"纪念册"。

法国的"教师节"是每年的12月25日。节日里，学生、家长都要带上礼物到教师家里表示感谢。在法国，教师被称为"人类智慧的天使"。

德国的教师节是每年6月12日，印度的教师节是9月5日，委内瑞拉的教师节是1月15日。

## 愚人节与诚实节

4月1日是西方的愚人节，是个开玩笑的日子。它盛行于西方许多国家，而且已有几百年的历史了。根据传统风俗，人们在这一天可以任意开玩笑，报纸、电台也可以报道有一定限度的假新闻，甚至玩弄恶作剧。

在1987年的愚人节里，法国一家地方报纸报道，在法国东部的一个游泳池里藏有3颗大钻石，结果，有30人前往该游泳池，潜入水中寻找这笔财富。英国一家日报曾发表一张"独家新闻"照片，上面是英国首相撒切尔夫人在公园的一条长凳上同当时的苏联领导人戈尔巴乔夫接吻。在这一天，西方报纸报道的新闻，有不少是开玩笑的，要谨防上当。

愚人节的起源不详，据说，它与史上一些类似的节日有关，如与古罗马的嬉乐节和印度的欢悦节。其时间的选择，似与春分有关，这时天气变化突然，似乎是大自然在愚弄人类。

中世纪欧洲也曾有个愚人节，定在1月1日或此日前后，特别盛行于法兰西。节日内容包括推选假主教或假教皇，模拟教会礼仪和上下级官员互相易位。当时的这个节日可能起源于异教的农神节，后被禁止，16世纪绝迹。

美国威斯康星州有个"诚实节"，每年5月2日该州居民都要庆祝这一节日。这个节日也叫做不说谎纪念日，因为它是为了纪念一个年仅8岁而诚实的男孩子而设立的。

这个男孩名叫埃默纽·旦南，5岁时父母双亡，无依无靠的他被人收为养子。在埃默纽8岁时的一个夜晚，他刚睡着，就被楼下的敲打声惊醒。他急忙下楼，只见继父、继母正在谋杀一个寄宿在小酒店里的小贩。第二天一早，他的继父要他在警察面前说谎，埃默纽表示不想说谎话，于是继父母就把他的双手吊在梁上，用柳条抽打，逼他说谎。经过两小时的抽打，埃默纽仍然说："爸爸饶了我吧，我不想说谎。"最后，埃默纽被活活打死了。后来，市政府为纪念埃默纽的诚实，建造了一块纪念碑和一个塑像，纪念碑上写着："怀念为真理而屈死的人，他在天堂永生。"

## 佩黑纱志哀的由来

在欧美国家，黑色因其严肃、庄重被人视为表示哀悼的颜色。在古代，欧洲许多民族都有这样的习惯：一旦有人去世，死者的亲属立刻把自己伪装起来，或在身上涂黑色泥巴、穿上干草衣服，或用黑布将全身包裹起来，其用意是想吓跑死神或不让死神认出。

在左臂佩戴黑纱以示哀悼的方式，是英国仆役首倡的。在古代欧洲，贵族死了，他的仆役都要穿黑色丧服志哀，英国仆役在购不起丧服的情况下发明了佩戴黑纱的办法。由于它节俭易行，所以很快传遍了整个欧洲，以致为世界各国所采用。

## 下半旗志哀仪式

一个国家的首脑人物逝世，通常都要把悬挂在旗杆上的国旗下降一半表示致哀，有外交关系的国家也要下半旗以示哀悼，这是世界各国通行的一个国际惯例。

下半旗志哀的方式，据说是在1612年由英国海船"哈兹·伊斯"号首创的。哈兹·伊斯海船在北美北海岸探寻通向太平洋的航道时，船长不幸遇难。为了表示对船长的敬意和哀悼，船员提议下半旗。后来，发生不幸事故的船只也都效法这种志哀方式，因此，下半旗志哀的方式便在海员中逐渐流行开来。这种庄重的志哀方法，后来逐渐被陆地上采用。英国首先采用了这种志哀方式，遇到国家首脑或重要人物逝世时，以下半旗表示哀悼。后来，其他国家相继仿效，渐成世界各国通行的志哀方式。

## 婚礼中撒彩纸的由来

在婚礼中，有来宾向新郎新娘撒彩纸屑的风俗，以表示对新人的祝福。

这种风俗起源于中古时代的意大利。当时，凡参加婚礼的人，要向新人撒一把五彩缤纷的、细小的糖果，以祝福新人过甜蜜的生活。到了19世纪，人们把撒糖果改为撒彩色纸屑，但名称却没有改，仍是意大利文中的"糖果"。

## 婚纱源起

如今新婚的伴侣，喜欢男着西装，女披婚纱，拍一张合影纪念。这种结婚礼

服不是中国的传统款式，起源于欧洲。

新娘所穿的连衣裙款式、下摆曳地的白纱礼服，原来是天主教徒的典礼服。在古代欧洲一些政教合一的国家，人们结婚必须到教堂接受神父或牧师的祈祷和祝福，这样才算合法婚姻。新娘穿白纱礼服，是向神主表示虔诚与纯洁。

新郎的礼装款式，来源于欧洲 19 世纪骑士所穿的外衣，进入 20 世纪后，才逐渐被作为正式礼服来穿，它采用黑颜色以示高贵和严肃。近年来，这种男礼服已被黑西服套装取代了。

## 剪彩的由来

目前，剪彩的风尚已风靡全球。大凡一些建筑物的开工或落成，展会活动的开幕，隆重的庆典等，多会请些政府官员、社会名流前来剪彩。

其实，剪彩是 20 世纪初才开始的，从出现到现在只有 80 年左右的历史，美国是剪彩的发源地。美国人做生意，有一种风俗：每当新店开张前，都会在清晨打开店铺，并在门前横系一条布带。这样，既可防止开张前被闲人闯入，又可引人注目、招徕顾客。布带取走，宣告商店正式开张。

1912 年，有个叫威尔斯的老板在美国圣安东尼奥市的华狄密镇筹办了一家大百货公司。按照传统风俗，清早便在门前横系一条布带，等待正式开张的时刻开临。威尔斯 10 岁的小女儿牵着一条狗匆匆走出店门，无意中碰断了布条，顾客以为公司已经开张，于是蜂拥而入，争先恐后地购买货物，给开张之日迎来了大吉大利。

后来，威尔斯在第二家百货公司开张时有意让其幼女碰断布带，果然，又印来了开张大吉。于是，人们互相仿效，并在横挂布条这一习俗的基础上，又增加了让女孩碰断布条的新内容。

进入现代，小小的布条被五彩缤纷的彩带取而代之，人们开始在开张时刻用剪刀郑重地剪断彩带，"剪彩"因而得名。

## 碰杯与干杯

关于"碰杯"这一礼俗的由来，有几种说法。

一种认为，饮酒碰杯来自古希腊。古希腊人认为，在饮酒的时候，鼻子能闻酒香，眼睛能看酒色，舌头能尝酒味，唯独耳朵不能感受。于是为了弥补这一缺憾，他们想出在饮酒前互相碰杯的主意，使耳朵能听到酒杯的清脆响声。久而久之，这种做法逐渐成为一种酒席上的礼节。

另一种说法是，在古罗马武士"角力"竞赛前，双方先要喝一杯酒，以示相互勉励。但由于酒是事先准备好的，为了证明酒中没有毒药，在喝酒时，决斗双方要先把酒相互倒入对方酒中，经过拌和，然后再一饮而尽。这种习惯，后来逐渐变成了今日饮酒碰杯的风俗。

据说"干杯"一词起源于16世纪的爱尔兰，原意为"烤面包"。当时的爱尔兰饮酒者常将一片烤面包放入一杯威士忌酒或啤酒中，以改善酒味和消除酒的不纯性。

直到18世纪，"干杯"才有今天的含义，并且发展出祝酒颂词。干杯时，人们往往要相互碰杯，据说这与教堂敲钟一样，是为了驱除恶魔。而且过去干杯时，必须右手执杯，伸直与肩齐，是为了向对方表明自己腰间没有暗藏武器。

## →» 称谓·典故 «←

### 世界十国三大姓

每一个地区和国家，都有使用最多的姓氏，以下是 10 个国家的三大姓：

中国——张、王、李。

法国——马丁、勒法夫瑞、贝纳。

德国——萧兹、穆勒、施密特。

英国——史密斯、琼斯、威廉斯。

朝鲜——金、朴、尹。

荷兰——德夫力斯、德杨、波尔。

西班牙——迦西亚、弗朗德兹、冈查列兹。

瑞典——翰森、安德森、卡尔森。

美国——史密斯、詹森、威廉斯。

苏联——伊凡诺夫、瓦西里耶夫、彼得洛夫。

### 英美人姓名及称谓

英美人姓名的排列习惯一般是名在前，姓在后。如约翰·维尔逊，约翰是名，维尔逊是姓；又如爱德华·亚当·戴维斯，爱德华是教名，亚当是本人名，戴维斯为姓。但一些出身贵族的人，常常把姓放在前面，也有的人把母姓或与家庭关系密切者的姓作为名字的第二节。在西方，还有人沿袭用父名或父辈名，在名后缀以小（Junir）或罗马数字以示区别。如小约翰·维廉、乔治三世、史密斯第三等等。

妇女在结婚前都有自己的姓名，结婚后一般是自己的名加丈夫的姓。如玛丽·怀特女士与约翰·戴维斯先生结婚，婚后女方姓名为玛丽·戴维斯。

书写时，常把名字缩写为一个字头，但姓不缩写，如 G. W. Thmsn, D. C. Sullivan 等。

## 法国人姓名及称谓

法国人姓名也是名在前姓在后，一般由二节或三节组成。前一、二节为个人名，最后一节为姓。有时姓名可达四、五节，多是教名和长辈起的名字，但现在长的名字越来越少。如亨利·勒内·阿贝尔·居伊·德·莫泊桑，一般简称居伊·德·莫泊桑。

法文名字中，常常有 Le、La、de 等表示贵族身份的词，译成中文时，应与姓连译，如 LaFantaine 拉方丹，LeGff 勒戈夫，deGaulIe 戴高乐等。

妇女姓名的口头称呼，基本同英文姓名。如姓名叫雅克琳·布尔热瓦的小姐与弗朗索瓦·马丹先生结为夫妇，婚后，应称该女士为马丹夫人，姓名为雅克琳·马丹。

## 日本人姓名及称谓

日本人的姓名顺序与我国相同，即姓前、名后，但姓名字数常常比我国汉族姓名字数多。最常见的由四字组成，如小坂正雄、吉田正一、福田英夫等。前二字为姓，后二字为名。但又由于姓与名的字数并不固定，二者往往不易区分，因而事先一定要向来访者了解清楚，在正式场合中，应把姓与名分开书写。

一般口头都称呼姓，正式场合称全名。日本人姓名常用汉字书写，但读音则完全不同。如："山本"应读作 Yamamt，"三岛"应读作 Mishima，"日下"应读作 Kusaka。

## 称英国人为"约翰牛"缘由

人们通常将"约翰牛"视为英国的绰号。他那独特的形象，被视为是典型英国人的化身和英国的象征。这一绰号的形成，还有一段非常有趣的故事。

首先发明"约翰牛"这个叫法的，是阿巴斯诺特。阿巴斯诺特生于1667年，毕业于圣安德鲁医学院，担任过英国宫廷医生。他善于写作政治性的讽刺作品，自1712年以后，先后写了5本关于约翰牛和他邻居的讽刺寓言小册子，并于1727年汇辑成书，题名为《约翰牛的历史》。这部作品，以18世纪初期欧洲的国际关系格局为背景，分别刻画了代表英、法和荷兰等国的人物形象，揭示当时英、法之间在贸易问题上的矛盾和斗争。作品中的主人公约翰牛，是作为英国人的化身，被描绘成一个诚实、直爽、冒冒失失，但又脾气不好的棉布商人。

到18世纪末19世纪初的时候，约翰牛的形象频繁地出现在英国漫画栏上，被描绘成一个粗壮、愚笨，并被债务、捐税和苦难压得抬不起头的人。不久，又被描绘成一个肥胖而富裕的市民。

19世纪中叶以后，约翰牛又成了一个壮实的农场主，为人老实、爽快，但性情暴躁，身穿骑装上衣、马裤和长筒皮靴，头戴高顶帽，手里拿着一根橡木棍，有时还穿上绘有英国国旗的背心，深受人们的喜爱。

进入20世纪以后，约翰牛的形象普遍地出现在英国报刊杂志、文学戏剧以及商标上，被认为是英国和英国人民的象征，于是，人们便以"约翰牛"这个绰号来称呼英国和英国人民了。

## 称美国人为"山姆大叔"的缘由

人们都以"山姆大叔"称呼美国政府和美国人民，这个绰号是怎么来的呢？

原来，美国有个商人，名叫山姆尔·威尔逊，1766年生于马萨诸塞州的阿林顿。在美国独立战争期间，他的父亲和两个哥哥都参加了战争。当时年仅14岁的山姆尔·威尔逊也离开家庭参加了军队，这是一个具有强烈反殖民主义思想的家庭。1789年，山姆尔移民到纽约州的罗伊城，经营肉类包装业。由于他那诚实可靠的经营作风，深得人们的信任，人们都亲切地称他为"山姆大叔"。

1812年，美英战争爆发，他被委任为纽约州和新泽西州的军需检验员，负责在供应军队的牛肉箱上盖上US的标记，US是英语"合众国"的缩写。一天，来访者问这两个字母表示什么意思，当时在场的工人开玩笑地说：凡盖有US标记的肉箱，都是山姆大叔的，因为"山姆大叔"的英文缩写也是US。这个巧合的趣事传开了，山姆大叔的名字不胫而走。久而久之，人们便逐渐地把这个诚实可靠、吃苦耐劳、热爱祖国的山姆大叔的形象，当做美国人民共同品质的代表，表示尊敬。后来，在美国的报刊杂志、文学作品和漫画上频繁刊出山姆大叔各种不同的形象。

19 世纪 30 年代，一位漫画家将山姆大叔的形象，画成一个有着高高的个子，瘦削的面庞，满头银发，留着山羊胡子，头戴星饰高顶帽的老人，显得气度不凡，精神矍铄。这个形象受到人们的喜爱，久而久之，便成了山姆大叔的特有形象。1961 年，美国国会正式通过决议，承认"山姆大叔"为美利坚民族的象征。

# 公、侯、伯、子、男

公爵一词来源于拉丁文，原是罗马帝国后期人们对那些负责保卫帝国境内安全的高级军官的称呼，后来入侵的"蛮族"人借用这个词，把他们建立的国家中实际掌管大片领土的那些统治阶级上层人物称为公爵。不过，当时这个词并不含"爵位"的意思。到中世纪时，欧洲国家才逐渐把这个词当做高级贵族等级的名称来使用。

侯爵一词来源于古日耳曼语，最初是日耳曼人对镇守边境地区的军政要员的称呼，后来成为专指低于公爵而高于伯爵的贵族称号。这个词在法国、意大利从 17 世纪起就逐渐不用了，在西班牙几乎从来不用。

伯爵一词源于拉丁文，在罗马帝国晚期，帝国的臣民们用它来称呼皇帝的近臣。中世纪早期，欧洲一些王国的官员也称为伯爵。在法兰克，伯爵一度指的是某一城市的首领或某一地区的法官。后来，这个词变成了比公爵略低的贵族的称号。在佛兰德斯、巴塞罗那等地，伯爵和公爵的地位不相上下。英国人把伯爵叫 earl，原意是武士。从 11 世纪初丹麦国王卡努特统治英格兰时期起，一个 earl 管好几个郡。1066 年以后，earl 的辖地减少到只有一个郡那么大。

子爵一词来源于拉丁语。在法兰克加洛林王朝时期，人们把伯爵在某个地区的代理人称为子爵，或者称为副伯爵。后来，这个词便成为欧洲国家的一种贵族爵位，位列伯爵和男爵之间。

男爵一词来源于古日耳曼语，原指男人。从中世纪早期起，人们就把租种国王土地的人称为男爵。高地日耳曼人中，男爵一词在很长时期实际上指的是自耕农。后来，这个词才逐渐演变成贵族的称号。男爵，位列贵族的末位。

## "沙皇" 称谓的由来

"沙皇",是1546年1917年间俄国最高的封建统治者。"沙皇"的直译为"恺撒大帝","沙"是"恺"的俄语音变。

公元14世纪后,东斯拉夫人在第聂伯河和伏尔加河流域所建立的大小封建公国,随着经济的发展开始趋向统一。其中,莫斯科公国势力发展最快。到15世纪后期,它的统治者伊凡三世逐渐吞并各小公国,并且摆脱了蒙古钦察汗国的控制,建立起统一的俄罗斯中央集权国家。为了名正言顺地进一步扩张,伊凡三世娶了拜占廷帝国末代皇帝的侄女巴列奥罗格为妻。在1453年拜占廷帝国灭亡后,他便自封继承人,并企图步罗马大独裁者恺撒的后尘,但他终究未能正式加冕。直到1547年,伊凡四世才正式加冕为"沙皇",并更为明确地表明,他要像"恺撒"那样进军罗马,出兵西班牙,移师巴尔干岛,驻兵埃及,征服小亚细亚和北非。他的这种侵略扩张的企图传续给了后来的各代统治者,因而,他们大都袭称"沙皇"。

## 博士、硕士、学士

"博士"、"硕士"、"学士"这些名称,我国古代早已有之,不过和现在的含义有很大的不同。

博士,源于战国时代。《史记·循吏列传》:"公仪休者,鲁博士也,以高弟为鲁相。"《汉书·百官公卿表上》:"博士,秦官,掌通古今。"可见,博士在那时既是一种官职,也指一些博古通今、知识渊博的人。

硕士,我国五代时期就有。《五代史》记载:"前后左右者日益亲,则忠臣硕士日益疏。"宋代著名散文家曾巩在《与杜相公书》中说:"当今内自京师,外至岩野,宿师硕士,杰立相望。"可见,硕士在古代通常指那些品行高尚而博学的人。

学士,最早出于周代。《周礼·春官》:"诏及彻,帅学士而歌彻。"又见《史记·儒林传序》:"天下之学士靡然乡风矣。"可见,学士最早是指那些在学读书的人,后来,逐渐指文人学者。

现在,学士、硕士、博士是我国学位的三个等级;"博士后"不是学位,而是指获准进入博士后科研流动站从事科学研究工作的博士学位获得者。

学士学位由国务院授权高等学校授予，硕士学位、博士学位由国务院授权的高等学校和科研机构授予。高等学校本科毕业生，成绩优良，达到规定的学术水平者，授予学士学位；高等学校和科研机构的研究生，或具有同等学力的人员，通过硕士（博士）学位的课程考试和论文答辩，成绩合格，达到规定的学术水平者，授予硕士（博士）学位。授予学位的高等学校和科学研究机构，在学位评定委员会做出授予学位的决议后，发给学位获得者相应的学位证书。

对于国内外卓越的学者或著名的社会活动家，经学位授予单位提名，国务院学位委员会批准，可以授予名誉博士学位。

## 中国古人的名、字、号

古人称呼名字时，大致有三种情况：（1）自称姓名或名。如"五步之内，相如请得以颈血溅大王矣"，"庐陵文天祥自序其诗"。（2）用于介绍或作传。如"遂与鲁肃俱诣孙权"，"柳敬亭者，扬之泰州人"。（3）称所厌恶、所轻视的人。如"不幸吕师孟构恶于前，贾余庆献谄于后"。

古人幼时命名，成年（男 20 岁、女 15 岁）取字，字和名有意义上的联系。字是为了便于他人称谓，对平辈或尊辈称字出于礼貌和尊敬。如称屈平为屈原，司马迁为司马子长，陶渊明为陶元亮，李白为李太白，杜甫为杜子美，韩愈为韩退之，柳宗元为柳子厚，欧阳修为欧阳永叔，司马光为司马君实，苏轼为苏子瞻，苏辙为苏子由等。

号又叫别号、表号。名、字与号的根本区别是：前者由父亲或尊长取定，后者由自己取定。号，一般只用于自称，以显示某种志趣或抒发某种情感。称呼他人的号，也是一种敬意。如：陶潜号五柳先生，李白号青莲居士，杜甫号少陵野老，白居易号香山居士，李商隐号玉溪生，贺知章晚年自号四明狂客，欧阳修号醉翁、晚年又号六一居士，王安石晚年号半山，苏轼号东坡居士。

## 中国人的谦辞

家父、家严——对人称自己的父亲。
家母、家慈——对人称自己的母亲。

拙著、拙作——称自己的文章。

不才——称自己没有才能（表示自谦）。

不敢当——表示承当不起（对方的招待、夸奖等）。

不佞——没有才能，旧时用来谦称自己。

不敏——不聪明，常用来表示自谦。

寒舍——对人称自己的家。

寒门——指自己出身低微。

愚见——称自己的见解。

鄙意——称自己的意见。

鄙人、敝人——对人谦称自己。

涂鸦——说自己的字写得不好，以示谦虚。

绵薄——谦称自己微薄的能力。

承乏——表示所在职位因一时没有适当人选，只好暂由自己充任。

见笑——被别人所笑话，谦语。

舍间、舍下——谦称自己的家。

舍亲——谦称自己的亲戚。

窃以为、窃为——谦称自己的意见。

后进、后学、晚生、晚辈——对长者称自己。

过奖、过誉——过分地表扬或夸奖（用于对方赞扬自己时）。

孤、寡人、朕——古代君王的自称。

臣、仆、愚、蒙、不肖、在下、下走、下官、区区、牛马走、小人、小可、后学、晚生、侍生——指古代一般人的自称。

拙荆、贱内、内人——古代对他人称自己的妻子。

小儿、犬子——古代称自己的儿子。

小女、犬女——古代称自己的女儿。

蓬荜生辉：谦辞，表示由于别人到自己家里来，或张挂别人给自己题赠的字画等，而使自己非常光荣。

抛砖引玉——谦辞，比喻用粗浅的、不成熟的意见引出别人高明的、成熟的意见。

# "冒犯上帝的城市"

巴比伦是一座令人神往的古城，位于幼发拉底河和底格里斯河的交汇处。早在公元前 1830 年左右，阿摩利人就以巴比伦为都城，建立了古巴比伦王国。在古巴比伦国最出色的国王汉谟拉比死后，巴比伦不断受到外族的进攻，历经 500 多年战乱，直到公元前 7 世纪末，才在尼布甲尼撒领导下，建立了新巴比伦王国。然而，88 年后，新巴比伦王国又被波斯人彻底毁灭，显赫一时的巴比伦古城，也日渐消失在荒草之中。

那么，为什么把巴比伦城又叫做"冒犯上帝的城市"呢？这个说法来自《圣经·旧约全书》。

《圣经·旧约全书》上说，人类的祖先最初讲的是同一种语言。他们在底格里斯河和幼发拉底河之间，发现了一块非常肥沃的土地，于是就在那里定居下来，修起了城池。后来，他们的日子越过越好，决定修建一座可以通到天上去的高塔，这就是巴别塔。他们用砖和河

**传说中的巴别塔**

泥作为建筑的材料。直到有一天，高高的塔顶冲入云霄。上帝耶和华得知此事，又惊又怒，认为这是人类虚荣心的表现。上帝心想，人们讲同样的语言，就能建起这样的巨塔，日后还有什么办不成的事情呢？于是，决定让人世间的语言发生混乱，使人们互相言语不通。后来，人们就把巴比伦叫做"冒犯上帝的城市"。

# 外国典故汇编

### 皮格马利翁效应

皮格马利翁是古希腊神话中的塞浦路斯国王，善雕刻。一次，他雕刻一座美丽的少女像，在夜以继日的工作中，把全部的精力、热情和爱恋都赋予了这座雕

像。后来，爱神阿佛洛狄忒见他感情真挚，就给雕像以生命，使两人结为夫妻。于是，"皮格马利翁效应"成为一个人只要对艺术对象有着执著的追求精神，便会发生艺术感应的代名词。

## 斯芬克斯之谜

斯芬克斯是希腊神话中以隐谜害人的怪物，埃及最大的胡夫金字塔前的狮身人面怪兽就是他。他给俄狄浦斯出的问题是：什么东西早晨用四只脚走路，中午用两只脚走路，傍晚用三只脚走路？俄狄浦斯回答：是人。在生命的早晨，他是个孩子，用两条腿和两只手爬行；到了生命的中午，他只用两条腿走路；到了生命的傍晚，他年老体衰，必须借助拐杖走路，所以被称为三只脚。俄狄浦斯答对了，斯芬克斯羞愧坠崖而死。"斯芬克斯之谜"，常用来比喻复杂、神秘、难以理解的问题。

## 俄狄浦斯情结

古希腊神话中有这么一个预言：底比斯王的新生儿有一天将会杀死他的父亲，与他的母亲结婚。底比斯王对这个预言感到震惊万分，于是下令把婴儿丢弃在山上。但是，有个牧羊人发现了他，把他送给邻国的国王当儿子。这个后来取名为俄狄浦斯的王子，并不知道自己真正的父母是谁。长大后，他做出了许多英雄壮举，赢得伊俄卡斯忒女王为妻。后来，国家瘟疫流行，他才知道，多年前他杀掉的一个旅行者是他的父亲，而现在和自己同床共枕的是自己的母亲。俄狄浦斯王羞怒不已，他弄瞎了双眼，离开底比斯，独自流浪去了。"俄狄浦斯情结"，现用来喻指有恋母情结的人。

## 达摩克利斯剑

达摩克利斯是希腊神话中暴君迪奥尼修斯的宠臣，他常说帝王多福，以取悦帝王。有一次，迪奥尼修斯让他坐在帝王的宝座上，头顶上挂着一把仅用一根马鬃系着的利剑，以此告诉他，虽然身在宝座，利剑却随时可能掉下来，帝王并不多福，而是时刻存在着忧患。后来，人们常用这一典故来比喻随时可能发生的潜在危机。

## 阿基里斯之踵

希腊神话英雄阿基里斯出生后，母亲海洋女神西蒂斯握着他的脚跟在冥河里浸泡，因此，他全身除脚踵外其他地方都刀枪不入。后来，人们以此比喻易受伤害的地方或致命弱点。

 **安　泰**

安泰是希腊神话中的巨人和英雄，是海神波塞冬和地神盖娅的儿子。他的力量来源于大地母亲，只要身不离地，就力量无穷，所向无敌；如果他的身体离开了大地母亲，就会失去生存能力。后来，安泰被希腊神话中最伟大的英雄赫拉克勒斯举在空中击毙了。后来人们在写文章时就常用"安泰"来比喻作家、诗人以及政党不能脱离人民群众。

## 奥吉亚斯的牛圈

希腊神话中，奥吉亚斯是海神的儿子，他养了无数的牛，粪秽堆积如山。后来，人们以此比喻累积成堆或肮脏腐败的、难以解决的问题。

## 替罪羊

用羊替罪源自古犹太教。古犹太人把每年的 7 月 10 日（犹太新年过后第 10 天）定为"赎罪日"，并在这一天举行赎罪祭。仪式是这样的：通过拈阄决定两只公羊的命运，一只杀了作祭典，另一只由大祭司将双手按在羊头上宣称，犹太民族在一年中所犯下的罪过，已经转嫁到这头羊身上了。接着，便把这头替罪羊放逐到旷野上去，即将人的罪过带入无人之境。最后，再把那只赎罪的羊烧死。"替罪羊"一说，由此传开。

在基督教的《圣经·旧约全书》中也说，上帝为了考验亚伯拉罕的忠诚，叫他带着他的独生子以撒到一个指定的地方，并把以撒杀了作燔祭，献给上帝。正当亚伯拉罕要拿刀杀他的儿子时，有个天使加以阻止，说："现在我知道你是敬畏上帝的了，前面林子里有一只羊，你可用来'祭献'上帝。"于是，亚伯拉罕便把小树林中的那只山羊抓来杀了，代替他的儿子献给燔祭。

在《圣经·新约全书》中，"替罪羊"的含义得到进一步的发展，耶稣为救赎世人的罪恶，宁愿被钉死在十字架上，作为"牺牲"（祭品）奉献天主，并嘱咐他的 12 门徒，在他死后也照样去做。因为这是仿效古犹太人在向主求恩免罪时，往往杀一只羔羊替代自己供作"牺牲"，所以教会通常又称耶稣为赎罪羔羊。

世界各地都习惯于用"替罪羊"一词，比喻代人受过的人。

## 犹大的亲吻

犹大是《圣经》中基督耶稣的亲信弟子12门徒之一。耶稣传布新道虽然受到了百姓的拥护，却引起犹太教长老司祭们的仇视。他们用30个银币收买了犹大，要他帮助辨认出耶稣。他们到客马尼园抓耶稣时，犹大假装请安，拥抱和亲吻耶稣，耶稣被捕，后被钉死在十字架上。人们用"犹大的亲吻"比喻可耻的叛卖行为。

## 洗　礼

人类的始祖亚当和夏娃因听了神蛇的话，偷吃禁果犯下了罪，这个罪从此代代相传，叫做"原罪"；各人违背上帝旨意也会犯罪，称为"本罪"。所以，凡笃信上帝的人，必须经过洗礼，洗刷原罪和本罪。洗礼时，主洗者口诵经文，受洗者注水额上或头上，也有全身浸入水中的，故洗礼也称"浸洗"。后比喻经受某种锻炼或考验。

## 泥足巨人

泥足巨人出自《圣经·旧约全书》，说的是巴比伦王尼布甲尼撒梦见一尊巨像，其头是精金的，胸臂是银的，腰肚是铜的，腿是铁的，脚是半铁半泥的。他正观看着，忽然天外飞来一块石头击碎巨像的泥足，于是，金、银、铜、铁、泥同时化为粉末。后来，人们常以"泥足巨人"来形容外强中干、色厉内荏的庞然大物。

## 布利丹毛驴

布利丹毛驴出自14世纪法国哲学家布利丹的寓言。有一头饥饿毛驴站在两捆同样的干草之间，居然不知吃那边的干草才好，结果饿死了。比喻那些优柔寡断的人。

## 多米诺骨牌

多米诺骨牌是一种西方游戏。该游戏将许多长方形的骨牌在适度的间隔下竖立排列成行，轻轻推倒第一张牌后，其余骨牌将依次纷纷倒下。现在，"多米诺骨牌效应"常指一系列的连锁反应，即等同于人们所说的"牵一发而动全身"。

## 鳄鱼的眼泪

西方传说，鳄鱼捕到猎物时，一边贪婪地吞噬，一边假惺惺地流泪。喻指虚假的眼泪，伪装的同情。又被引申为一面伤害别人，一面装出悲天悯人的阴险狡诈之徒。

## 苦行僧

苦行僧原指印度一些宗教中以"苦行"为修行手段的僧人。"苦行"一词，梵文原意为"热"，因为印度气候炎热，宗教信徒便把受热作为苦行的主要手段。后来，人们以此比喻为实践某种信仰而自我节制、自我磨炼，拒绝物质和肉体的引诱，忍受恶劣环境压迫的人。

## 香格里拉

香格里拉典出英国小说家詹姆斯·希尔顿的名著《失去的地平线》。书中描述了在中国喜马拉雅山山脉延伸到巴基斯坦的一个小山麓里，有一处美得像童话仙境般的地方，名叫"香格里拉"。在那里，男女不问世事，不知困苦，也没有疾病和暴力，如同陶渊明笔下的世外桃源一样。人们常用"香格里拉"来喻指世外仙境，也指避世隐居的地方。

## 象牙塔

象牙塔典出 19 世纪法国诗人、文艺批评家圣佩韦·查理·奥古斯丁的书函《致维尔曼》。奥古斯丁批评同时代的法国作家维尼作品中的悲观消极情绪，主张作家从庸俗的资产阶级现实中超脱出来，进入一种主观幻想的艺术天地——象牙之塔。于是，"象牙塔"就用来比喻与世隔绝的梦幻境地。现在，也有人把大学或某领域修为的绝高层次说成是"象牙塔"。

## 黑　马

黑马源于赛马场的俚语，指外表并不起眼，赛马时却能出人意料地夺魁的马匹，并非指马的毛色。1861 年，当时既无名气又无资历的林肯当选为美国第 16 任总统，因而曾被人们称为黑马式的总统。比喻实力或价值难以预测的人或者事物。

# "东道主"的由来

日常生活中，我们经常听到称股票公司的股票持有人为"股东"，称出租房子的人为"房东"，称请客为"做东"，称负责组织安排国际会议、比赛等活动在本国举行的国家为"东道国"。

为什么这些词语都用"东"来相称呢？原来，"东"是"东道主"的简称，是"主人"的意思，典出《左传》。

鲁僖公三十年（公元前630年）九月十三日，晋文公和秦穆公的联军包围了郑国国都。郑文公在走投无路的情况下，只得向老臣烛之武请教，设法解围。当夜，烛之武乘着天黑叫人用粗绳子把他从城头上吊下去，私下会见秦穆公。

晋国和秦国是当时的两个大国，他们之间本不和谐，常常明争暗斗。烛之武巧妙地利用他们之间的矛盾，对秦穆公说："秦晋联军攻打郑国，郑国怕是保不住了。但郑国灭亡了，对贵国也并无一点好处。因为从地理位置上讲，秦国和郑国之间隔着一个晋国，贵国要越过晋国来控制郑国，恐怕是难于做到的吧？到头来，得到好处的还是晋国。晋国的实力增加一分，就是秦国的实力相应地削弱一分啊！"秦穆公觉得烛之武说得有理，烛之武于是进一步说："要是你能把郑国留下，让他作为你们东方道路的主人。你们使者来往经过郑国，万一缺少点什么，郑国一定供应，做好充分的安排，这有什么不好？"

秦穆公终于被说服了，单方面跟郑国签订了合约，晋文公无奈，也只得退兵了。秦国在西，郑国在东，所以郑国对秦国来说自称"东道主"。

这就是"东道主"的来历，本来指东方道路上的主人，后泛指主人。

## "闭门羹"的由来

众所周知，"闭门羹"意为拒客，但"闭门"何以与"羹"联系起来呢？

原来，"闭门羹"一语始见于唐代冯贽《云仙杂记》所引《常新录》中的一段："史凤，宣城妓也。待客以等差……下列不相见，以闭门羹待之。"这位姓史的高级妓女不愿接待下等客人时，就饷之以羹，以表示婉拒。客人见羹即心领神会地自动告退了。

所谓羹，最初时系指肉类，后来以蔬菜为羹，再后对凡熬煮成有浓汁的食品皆以羹称之，如雪耳羹、水蛇羹、燕窝羹等。以羹待客，比直言相拒要婉转、客气一些。可惜，现代拒客只有"闭门"，而没有"羹"了！

# 综录·其他

## 《吉尼斯世界纪录大全》的由来

1759 年，吉尼斯在都柏林的圣詹姆斯门创建了吉尼斯酿酒厂，到 1833 年，它已发展为爱尔兰最大的酿酒厂。1886 年，他在伦敦建立了一家公司，到 20 世纪 30 年代，吉尼斯在英国有两家酿酒厂，生产烈性黑啤酒。在各个酒吧，人们只出售吉尼斯啤酒，可除了苏塞克斯郡博迪埃姆啤酒花藤农场的城堡之外，吉尼斯不拥有任何酒吧。

1951 年，在爱尔兰韦克斯福德郡的一次狩猎聚会上，公司的执行董事休·比弗爵士与人争辩，什么是欧洲跑得最快的猎物。由于找不到文字记载，只得不了了之，但他没有放弃。他来到伦敦找到开设数据库的孪生兄弟诺里斯和罗斯·麦克沃特，但仍然没有结果。于是，一个大胆的计划在他脑中形成：自己编写一本书。于是，他和麦克沃特兄弟合作成立了一个专门收集世界之最资料的公司，取名吉尼斯，并于 1955 年 8 月 7 日正式出版了第一本《吉尼斯世界纪录大全》。

## 诺贝尔奖的设立

诺贝尔奖是以瑞典著名化学家、工业家、硝化甘油炸药发明人阿尔弗雷德·伯恩德·诺贝尔（1833～1896 年）的部分遗产作为基金创立的，包括金质奖章、证书和奖金。

诺贝尔出生于瑞典的斯德哥尔摩，一生致力于炸药的研究，在硝化甘油的研究方面取得了重大成就。他不仅从事理论研究，而且进行工业实践。他一生共获得技术发明专利 355 项，并在欧美等五大洲 20 个国家开设了约 100 家公司和工厂，积累了巨额财富。

1896年12月10日，诺贝尔在意大利逝世。逝世的前一年，他留下遗嘱，将部分遗产（3100万瑞典克朗，当时合920万美元）作为基金，用于低风险的投资，以其每年的利润和利息分设物理、化学、生理或医学、文学及和平五项奖金，授予世界各国在这些领域对人类作出重大贡献的人或组织。

据此，1900年6月瑞典政府批准设置了诺贝尔基金会，并于次年诺贝尔逝世5周年纪念日，即1901年12月10日首次颁发诺贝尔奖。自此以后，除因战时中断外，每年的这一天，分别在瑞典首都斯德哥尔摩和挪威首都奥斯陆举行隆重的授奖仪式。

诺贝尔和平奖的评选结果每年都是最先公布的，反映了和平奖的重要性。诺贝尔因发明硝化甘油炸药而致富，他本希望该发明广泛用于工业（如采矿、建筑）用途，但很可惜，他的发明却常常被用于战争。

1968年，瑞典中央银行于建行300周年之际，提供资金增设诺贝尔经济奖（全称为"瑞典中央银行纪念阿尔弗雷德·伯恩德·诺贝尔经济科学奖金"，亦称"纪念诺贝尔经济学奖"），并于1969年开始与其他5项奖同时颁发。诺贝尔经济学奖的评选原则是，授予在经济科学研究领域作出有重大价值贡献的人，并优先奖励那些早期作出重大贡献者。

1990年，诺贝尔的一位重侄孙克劳斯·诺贝尔又提出增设诺贝尔地球奖，授予杰出的环境成就获得者，该奖于1991年6月5日世界环境日首次颁发。

诺贝尔奖的奖金数视基金会的收入而定，早期的范围约从11000英镑（31000美元）到30000英镑（72000美元），受通货膨胀和基金会的投资收益影响，逐年有所提高。20世纪60年代为7.5万美元，80年代达22万多美元，90年代至今，持续多年都是1000万瑞典克朗（在2006年颁奖的时候约合145万美元）。金质奖章约重270克，内含黄金23K，奖章直径约为6.5厘米，正面是诺贝尔的浮雕像，不同奖项奖章的背面饰物不同。每份获奖证书的设计也各具风采。颁奖仪式隆重而简朴，每年出席的人数早期限于1500~1800人之间，现在是2000人左右。出席的男士要穿燕尾服或民族服装，女士要穿晚礼服，仪式中所用的白花和黄花必须从圣莫雷（意大利城市，诺贝尔逝世的地方）空运来，以示对诺贝尔的纪念和尊重。

根据诺贝尔遗嘱，在评选的整个过程中，获奖人不受国籍、民族、意识形态和宗教的影响，评选的唯一标准是成就的大小。

遵照诺贝尔遗嘱，物理奖和化学奖由瑞典皇家科学院评定，生理或医学奖由瑞典皇家卡罗林医学院评定，文学奖由瑞典文学院评定，和平奖由挪威议会选出，经济奖委托瑞典皇家科学院评定。每个授奖单位设有一个由 5 人组成的诺贝尔委员会负责评选工作，该委员会三年一届。其评选过程为：

——每年 9 月至次年 1 月 31 日，接受各项诺贝尔奖推荐的候选人。通常每年推荐的候选人有 1000～2000 人。

——具有推荐候选人资格的有：先前的诺贝尔奖获得者、诺贝尔奖评委会委员、特别指定的大学教授、诺贝尔奖评委会特邀教授、作家协会主席（文学奖）、国际性会议和组织（和平奖）。

——不得毛遂自荐。

# 百老汇

"百老汇"实际上有三个含义：第一层含义是地理概念，指纽约市时报广场附近 12 个街区以内的 36 家剧院；第二层含义是在百老汇地区进行的演出；第三层含义是整个百老汇这个产业，也包括在纽约市以外的地区，主要以演出百老汇剧目为主的这些剧院。

总的来说，百老汇是西方戏剧行业的一个巅峰代表，在戏剧和剧场这个行业代表着最高级别的艺术成就和商业成就。

我们今天所说的百老汇的概念，仅指在百老汇地区进行的演出。目前的演出大部分是音乐剧，主要原因是在百老汇地区上演音乐剧，所能得到的资金和财力的支持比其他地区多。

百老汇的公司和企业主要分为三种：第一是剧院经营商，第二是制作商，第三是节目经纪商。剧院经营商一般拥有或者长期租用剧院，并负责剧院的日常工作等技术方面的要素。制作商指的是开发并创作百老汇节目的公司，他们一方面要负责获取所有的创作作品的法律权利，包括知识产权等，另一方面要负责筹集资金，还要监督节目的开发过程以保证节目的成功。节目经纪商，是制作商和剧院经营商之间的中间人。

百老汇（Bradway），原意为宽街。它是指纽约市中以巴特里公园为起点、由南向北纵贯曼哈顿岛、全长 25 千米的一条长街。大街两旁高耸云端的大楼栉比鳞次，坐落着大名鼎鼎的华尔街证券交易所以及麦迪逊广场、时报广场等代表美国金融巨头和商业大亨的许多划时代建筑。最为醒目的是，在百老汇大街41街至53街之间，汇集的众多闻名遐迩的剧院。随着剧院的发展壮大，这里的戏剧表演艺术取得了无与伦比的成就，进而使现代人每每提起百老汇，似乎都已忽略了它的"宽街"本义，而把它同戏剧表演艺术融为一体，使它成了世界戏剧艺术永恒魅力的象征和代表。不过，百老汇可不是一家剧院，而是一条街上的几十家剧院。当年戏剧活动的全盛时期，百老汇号称"伟大的白色大道"，有过80家剧院的辉煌历史。后来，娱乐业中的后起之秀不断蚕食它的地盘，到现在只余下近40家剧院了，而且，多数都不在百老汇大街上，而是在其东西两侧，尤其是第44街到第53街之间。

"百老汇"这个词的含义在今天已经不仅限于这条街或剧院集中地了，人们用它来指美国戏剧艺术的精粹。作为一个演员，真正获得成功的标志，就是使自己的名字出现在百老汇大街一家剧院的霓虹灯广告上。百老汇同样创造了很多词汇，如"站在聚光灯下"，意思是成为公众注意的中心、成为名人。

"百老汇"这个充满魔力的地方，每天都吸引着成千上万来自世界各地的艺人，欢笑、泪水、骄傲、颓废，在这里随处可见。你可能一夜成名，也可能由"百万富翁"变成"穷光蛋"。也许，这就是百老汇的神奇之处，只有置身其中，才会有充分的体会。

# 第六感觉

第六感觉 18世纪法国哲学家卢梭的哲学用语。卢梭认为感觉是认识的源泉，是由外界事物作用于人的感官而使人感觉到的。人的观念是在感觉的基础上形成的，是一种"综合的感觉"，"内在的感觉"。卢梭认为人有五种基本的感觉，因此，把观念称作"第六感觉"。"第六感觉"并不是人的某个感觉器官的感觉，而是各种感觉在人心中综合起来的产物，它使人能够通过事物的外部个别特征而认识其内部的整体特征。在其伦理思想中，卢梭认为，人的良心就是这样的第六感觉，人们通过对社会上各种善恶现象的感知，逐渐形成了自己的良心。良心的作用并不是判断，并不是理性的思考，而是像感官的感觉一样，一旦面临善恶的现象，良心立即就可以感觉出来。

# 精神分析

精神分析又称"心理分析"，原指一种治疗精神病患者的方法，弗洛伊德将它扩展为一种系统的心理学理论，成为西方当代精神分析学派的主要思想原则。精神分析理论的主张是，任何心理现象和与心理有关的现象背后，都有深层的精神作用，心理学乃至哲学、艺术的本原，就在于探寻这种精神活动的内在意义。它认为，本能内驱力是人类行为的动力，这些本能又往往不为人们所觉察，但它将通过倒错、笔误、遗忘等各种方式体现出来。人的本能能量来自里比多，它在人身上有相对固定的性感区，人由幼儿到成年的成长过程，同时伴随性感区的变化。人的全部本能，可以分成自我保存本能和性本能两种。尽管这样，每个人的特殊本能结构仍有不同，它们受到个体遗传、身体素质和生活经历的影响。精神分析还主张对社会组织、文学创作、政治宗教等活动进行分析，认为上述一切活动也是源于人们种族历史的沉积和本能冲动。精神分析由于缺乏严密的证实性，而受到西方学术界的批判。

# 潜意识

潜意识精神分析学派的重要概念，指在某一时间内，人的精神活动会在不知不觉中影响人们的行为的过程。精神分析学派的代表人物把人的精神活动分为意识、前意识和潜意识三种。意识，是呈现于表层的注意中心部分，是片断的，处于不定状态；前意识，属于暂时退出意识的部分，可以再次复现或被记忆的内容；潜意识，则是充满不容于社会的各种本能和欲望，很难被意识所接纳。人的整个精神活动，首先属于潜意识系统，在一定条件下，过渡到意识系统。性欲本能是潜意识的重要内容，有着巨大的冲动力量，只是由于受社会习俗、习惯、道德等约束，退居意识之后，成为潜意识。从前意识到意识或从意识到前意识都十分容易，但从潜意识上升到意识却十分困难。然而，意识只是人的精神结构中很微弱的部分，并且源出于潜意识。潜意识经常起着作用，虽然不为人所知，却无时无刻不在影响着人们的一切言行。

## 沙　龙

沙龙是意大利语，原意为大客厅，进入法国后，引申为贵妇人在客厅接待名流或学者的聚会。"沙龙"，即是法语 Salon 的译音。

第一个举办文学沙龙的是朗布耶侯爵夫人（1588－1655 年）。她出身贵族，因厌倦繁琐粗鄙的宫廷交际，但又不愿意远离社交，于是在家中举办聚会。她的沙龙从 1610 年起开始接待宾客，很快就声名鹊起。在她的沙龙里，成员彬彬有礼，使用矫揉造作却又不失典雅优美的语言，话题无所不包，学术、政治、时尚甚至是流言蜚语。这类沙龙通常由出身贵族的女性主持，她们才貌双全、机智优雅，被称为"女才子"。

从 17 世纪开始，巴黎的名人（多半是名媛、贵妇）常把客厅变成著名的社交场所。进出者，多为戏剧家、小说家、诗人、音乐家、画家、评论家、哲学家和政治家等。他们志趣相投，聚会一堂，一边呷着饮料，欣赏典雅的音乐，一边就共同感兴趣的各种问题促膝长谈，无拘无束。

18 世纪以后，沙龙谈论的话题更为广泛，不仅有文学、艺术，还有政治、科学，有时也会出现激进的思想言论，称为革命的温床。

后来，人们便把这种形式的聚会叫做"沙龙"，并风靡于欧美各国文化界，19 世纪是它的鼎盛时期。

20 世纪的二三十年代，中国也曾有过一个著名的沙龙，女主人就是今天人们还经常提起的林徽因，可见，这种社交方式，那时就已被中国知识阶层欣然接纳了。

## 大千世界

大千世界，是三千大千世界的简称。三千大千世界，原是古印度传说的一个范围广大的世界，是佛教名词。据《长阿含经》等书记载：我们所生活的这个世界，中央是须弥山，有七山八海环绕着，海中有四大洲，海外更有铁围山。同一日月所照耀的四天下为一小世界，合 1000 个小世界为小千世界，合 1000 个小千世界为中千世界，合 1000 个中千世界为大千世界。又由于大千世界还分作大、中、小三个千世界，又称之为三千大千世界。佛教沿用其说，以三千大千世界为释迦牟尼所教化的范围。佛教传入中国后，大千世界这个词汇就沿用至今。

## 邮票诞生记

世界上第一枚邮票是"黑便士"，于 1840 年 5 月 1 日在英国诞生，5 月 6 日开始使用。它的孪生兄弟"蓝色两便士"，也同时印制。

关于邮票的诞生，流传着这样一则故事：一位英国勋爵当目睹一位姑娘因无钱支付邮资，而将自己情人寄来的信退给了邮差时，好心的勋爵表示愿意代她支付邮资，却被姑娘谢绝了。她解释说：她只要看一下信封上约定的记号，就知道内容，所以不必付出昂贵的邮资来收下这封信。

1837 年，这位勋爵发表了题为《邮政改革》的著作，建议降低邮资，并由寄信人购买邮票贴在信件上，作为邮资已付的凭证。这位名叫罗兰特·希尔的英国勋爵，实际上便是邮票的最初发明者。英国议会经过 3 年激烈的辩论之后，采纳了勋爵的建议。当时，组织了一场特别的邮票设计竞赛，最后从 2700 张画稿中选定了画有维多利亚女王 18 岁即位时侧面像的那一幅，由弗莱德列克·希思雕制印版，面值 1 便士，印成黑色，便是世界上第一张邮票。

以后，世界各国竞相仿效。1843 年，瑞士、巴西开始发行邮票。1845 年，荷兰也发行了邮票。之后，美国于 1847 年、俄国于 1849 年也相继开始发行邮票。法国于 1849 年法兰西第二共和国成立后，首度发行了 6 枚邮票，第一枚印有谷物女神色列斯的头像，面值 1 法郎。

中国第一套邮票，是 1878 年上海海关造册处印制的。

## "靠右行"的来历

车辆靠右边走的交通规则，众所周知，这一规则的来历也是由来已久。

早在古代，欧洲大陆上的军人和军队在路上相遇时，就有靠右边走的规定。这是因为当时欧洲的军人都是左手持盾牌，右手执矛或剑。施行靠右走的规定后，双方可以在持盾牌的一边走过，避免冲突或误伤。18 世纪法国大革命以前，法国的左右行驶泾渭分明，贵族的马车一定要靠左行驶，而徒步行走的下层平民则在右边行走。1789 年，法国爆发革命，罗伯斯庇尔发布命令，所有巴黎的马车和行人一律靠右行驶。后来，被拿破仑征服的欧洲国家，如瑞士、德国、意大利、波兰和西班牙等，也相继实行靠右行驶的交通规则。

中国关于车辆靠右行驶的交通规定，早在唐代已经得以施行，而制定这项规则的，则是唐代初年的大臣马周。鸦片战争后，我国因受英、日等国的影响，汽车及各种人力车、畜力车在相当长的一段时期内，被改为靠左行驶。1945 年抗日战争胜利后，美式汽车大量进口，其方向盘及灯光装置，均适用于美国车辆靠右行驶的交通规则。如果要使这种车辆适用于中国当时靠左行驶的交通规则，必须进行改装，改装费需增加车价的 1/5。为节约经费，当时的国民党政府军事委员会战时运输管理局作出决定，自 1946 年元月 1 日零时起，全国一律实行车辆靠右行驶。此习惯一直延袭至今。

## 斑马线的出现

街道上的人行横道线，是在 19 世纪以后才出现的。早在古罗马时代，意大利庞培城由于街道经常出现交通堵塞，于是人们将人行道加高，使人与车、马分离。然后，又在接近路口的地方，横砌上一块块凸出路面的石头，谓之"跳石"，以作为指示行人过街的标志。行人可以踩着跳石穿过马路，马车也可安全地通过。今天的人行横道线，很有可能就是起源于这种"跳石"。

到了 19 世纪，汽车的速度及危险性都超过了马车，跳石这类道路设施，显然是行不通的。19 世纪 50 年代初，人行横道线首度出现在英国伦敦的街道上。因为它洁白、醒目，酷似斑马身上的白斑，所以又称"斑马线"。

## 希腊四德

希腊四德是古希腊伦理学家们经常讨论的四种个人道德品质或社会道德要求，即智慧、勇敢、节制、正义。但不同的伦理学家对四德的概括和论述各有侧重，大致可分为三类：

第一类，以苏格拉底、德谟克利特、伊壁鸠鲁等人为代表，把四德看作个人在社会生活中应具有的主要美德，勇敢使人战胜危险和困难，节制使人在快乐中避免痛苦，正义使人守法和受到尊敬，而这些明智的行为归根到底都是由于具有了智慧。

第二类，以柏拉图为代表，除了把四德作为个人美德外，还把它们作为维护城邦秩序的社会道德要求，即统治者应有智慧，武士应该勇敢，劳动者应该节制，这三个等级各守其职就是正义的要求。

第三类，以亚里士多德为代表，一方面，他从不及、适当、过度的差别上考察个人的品德，认为美德是适度的品德，例如勇敢，而怯懦则是不及，鲁莽又是过度。另一方面，他把正义作为社会政治生活中的原则要求，论述了"分配的公正"和"纠正的公正"，把它们作为调节社会主要矛盾的政治和道德规范。

## 世界历史时期的划分

史前史：从人类的出现开始算起，到公元前 4000 年奴隶制产生以前的原始社会时期。

上古史：从古埃及在公元前 4000 年左右出现奴隶制国家，到公元 476 年西罗马帝国灭亡，西欧奴隶制崩溃。

中古史：从公元 476 年西罗马帝国灭亡到 1640 年英国资产阶级革命爆发。

近代史：世界近代史始于英国资产阶级革命（1640 年），终于 1917 年十月社会主义革命。中国古代史止于 1840 年鸦片战争（即中世纪史）。中国近代史从 1840 年鸦片战争到 1919 年"五四"运动。

现代史：世界现代史始于 1917 年十月社会主义革命。中国现代史始于 1919 年"五四"运动。